从教到学——

高校教师核心素养与教学改革

CONG JIAO DAO XUE

GAOXIAO JIAOSHI HEXIN SUYANG YU
JIAOXUE GAIGE

主　编　穆伟斌
副主编　李　林
王小龙

吉林出版集团股份有限公司
全国百佳图书出版单位

图书在版编目（CIP）数据

从教到学：高校教师核心素养与教学改革 / 穆伟斌,
李林, 王小龙主编. -- 长春 : 吉林出版集团股份有限公司, 2022.11
ISBN 978-7-5731-2582-8

Ⅰ.①从… Ⅱ.①穆… ②李… ③王… Ⅲ.①高等学校—教学改革—研究—中国 Ⅳ.①G642.0

中国版本图书馆CIP数据核字(2022)第215754号

从教到学——高校教师核心素养与教学改革

CONG JIAO DAO XUE —— GAOXIAO JIAOSHI HEXIN SUYANG YU JIAOXUE GAIGE

编　　者　穆伟斌　李　林　王小龙
出 版 人　吴　强
责任编辑　朱子玉
开　　本　787 mm × 1092 mm　1/16
印　　张　17
字　　数　370千字
版　　次　2022年11月第1版
印　　次　2023年8月第1次印刷
出　　版　吉林出版集团股份有限公司
发　　行　吉林音像出版社有限责任公司
　　　　　（吉林省长春市南关区福祉大路5788号）
电　　话　0431－81629667
印　　刷　吉林省信诚印刷有限公司
ISBN 978-7-5731-2582-8　　定　价　86.00元

《从教到学——高校教师核心素养与教学改革》
编委会

主　编

穆伟斌

副主编

李　林　　王小龙

编　委（按音序列排）

陈　影　　戴　航　　李超君

李　林　　刘丹丹　　刘雅楠

穆伟斌　　王小龙　　张凤娇

赵　鹏　　赵添羽

目　　录

第一章 绪论

"师者，所以传道受业解惑也。"教师是人类灵魂的工程师，是学生成长的引路人。教师的核心素养是教育工作者必须拥有的道德品质与关键能力。新时代对教师提出了新的要求，教师要与时俱进，从时代背景与学生特点出发更新教育理念、创新教学手段，不断完善教育教学能力，更好地完成立德树人的根本任务。新时期教师的核心素养包括教学素养、科学素养、德行素养、关键能力素养等，这些构成了一个内在逻辑严密的整体。在这个整体中，各个要素都有其重要作用，它们彼此独立、相互联系、相互依存，共同勾勒出了当代教师核心素养的时代画像。所谓"核心素养"，指的是同职业实力与人生的成功直接相关，涵盖了社会技能与动机、人格特征在内的统整的能力。可以说，这不仅牵涉"知晓什么"，还在现实的问题情境中发出"能做什么"的问题。因此，"核心素养"的核心既不是单纯的知识技能，也不是单纯的兴趣、动机、态度，而是重视运用知识技能、解决现实课题所必需的思考力、判断力与表达力及其人格品性。

本书对教师应具备的师德素养、知识与能力素养、综合素养等核心素养加以阐释，在教学、课程、教育评价等方面为教师提出了更新的要求。内容涉及教师核心素养和教学改革两大部分，比较好地反映了在构建高校教师核心素养框架体系时个人价值与社会价值相统一、遵循教师职业特点及发展特点的原则，将核心素养贯彻教师教育一体化进程、构建教师学习共同体。在此基础上，高校教师通过确立新的教育观念，把新颖性、前沿性、综合性和应用性内容引入教学中，灵活采用多种教学方法，因材施教，使用现代教学技术，优化考核方式和评价体系，全面推进教学改革，从素养角度构建教师培养体系，促进教师队伍建设不断完善，为中国基础教育教师培养贡献力量。

核心素养指教师应具备的适应终身发展和社会发展需要的必备品格和关键能力，突出强调个人修养、社会关爱、家国情怀，更加注重自主发展、合作参与、创新实践。核心素养是关于知识、技能、情感、态度、价值观等多方面要求的结合体；指向过程，关注教师在培养学生过程中的体悟，而非结果导向。核心素养是党的教育方针的具体化，是连接宏观教育理念、培养目标与具体教育教学实践的中间环节。党的教育方针通过核心素养这一桥梁，可以转化为教育教学实践可用的、教育工作者易于理解的具体要求，明确学生应具备的必备品格和关键能力，深入回答"立什么德、树什么人"的根本问题，引领课程改革和育人模式变革。文化是人存在的根和魂。文化基础，重在强调习得人文、科学等各领域的知识和技能，掌握和运用人类优秀智慧成果，涵养内在精神，追求真善美的统一，发展成为有深厚文化基础和更高精神追求的人。自主性是人作为主体的根本属性。自主发展，重在强调能有效管理自己的学习和生活，认识和发现自我价值，发掘自身潜力，有效应对复杂多变的环境，发展成为有明确人生方向、有生活品质的人。社会性是人的本质属性。社会参与，重在强调能处理好自我与社会的关系，养成现代公民必须遵守履行的道德准则和行为规范，增强社会责任感，提升创新精神和实践能力，促进个人价值实现，推动社会发展进步，发展成为有理想、有信念、敢于担当的人。

　　教师应当具备的、基础的、主要的职业素养，便是教师核心素养。在我看来，教师的核心素养可以分为自身的素养和教育学生的素养：自身的素养强调教师的知识、技能、情感、态度、价值观素养；教育学生的素养可以分为了解学情的素养、教学任务设置的素养、引导学习的素养、有效帮扶的素养及诊断评价的素养。当然，也可以用其他分类方式来回答教师素养的具体类别。

（本章编者：穆伟斌、王小龙、李林）

第二章　高校教师核心素养的构成要素

第一节　高校教师核心素养概述

教师对国家的热爱、社会的责任及其自身的素质，这些都是教师的核心素养。当然也包括对自身的发展、与他人的合作及创新能力。因此，教师核心素养指的是对社会发展适应性强，同时可以保证自身的终身发展需求的主要能力和品格。它是一个复杂的结合体，包括学问、能力、技术、感情、价值取向等，教师的核心素养更注重过程的感受，主要是教育学生的过程中教师自身的体会，并非一种单纯结果。

"核心素养"一词最早出现在西方一些组织和国家。目前，对其概念界定还没有统一的说法。我国专家和学者对"核心素养"的概念也进行了大量的研究，对"核心素养"的含义也有轮廓，同时也促进了我国课程改革。核心素养合理地解释了一个普通人想要更好地发展、适应快速发展的社会、实现自身价值需要哪些能力。现代社会一直强调终身学习，核心素养也是终身学习的过程。核心素养是指一个人要在知识社会中自我实现、社会融入及就业所需要的素养，其中包括知识、技能与态度。核心技能是指为了全面成为一个活跃与负责的社会成员必须具有的、广泛的、可迁移的技能。

教师的核心素养主要指教师的职业素养。研究表明，教师的核心素养包括两个方面：一方面，是自身的素养，包括教师的职业情感、专业知识、社会态度、实践技能、价值素等；另一方面，是教育学生的素养，可以分为有效帮扶有困难同学的素养、教学任务完成的素养、了解学生学习生活的素养、引导学生学习生活的素养等。当然，教师素养的分类多种多样，这只是其中一种分类。

一、核心素养的构成

根据文献研究，我们发现核心素养包括以下六个方面：①人文底蕴。主要是在教学、运用知识和技能等方面所形成的基本能力、情感态度和价值取向。具体包括专业积淀、人文情怀等基本要点。②科学精神。主要是教师在学习、教学、运用科学知识和技能等方面所形成的价值标准、思维方式和行为表现。具体包括理性思维、批判质疑、勇于探究等基本要点。③学会教学。主要是教师教学意识形成、教学方式方法选择、教学进程评估调控等方面的综合表现。具体包括乐教善教、勤于反思、信息跟进意识等基本要点。

④健康地生活工作。主要是教师在认识自我、发展身心、规划人生等方面的综合表现。具体包括珍爱生命、健全人格、自我管理等基本要点。⑤责任担当。主要是教师在处理与社会、国家、国际等关系方面所形成的情感态度、价值取向和行为方式。具体包括社会责任、国家认同、国际理解等基本要点。⑥实践创新。主要是教师在日常教学活动、问题解决、适应挑战等方面所形成的实践能力、创新意识和行为表现。具体包括问题解决、技术应用等基本要点。

高校教师核心素养的构成围绕以上几个方面，具体可以表现为高校教师专业核心素养、高校教师科研核心素养、高校教师道德核心素养和高校教师创新核心素养等。

二、核心素养的再认识

我们应该怎么理解"素养""核心素养"的具体含义呢？首先，从语源学的角度来看。"素养"的英语表述是 competency 或者 competency，它们的拉丁语词根都是 competere。其中，com- 指的是"聚合"，-petere 指的是"努力向前"，所以 competere 指的是"合力奋斗"。这里清楚地展示了"人类共同努力，以适应环境"的最初含义。简而言之，"素养"是指人们在适当的情况下所必须具备的综合素质，本质上就是人的生存状况或能力。

不管是我们对技能、知识和态度在具体情况下的应用，还是大家对技能、知识和态度的综合应用情况。这些都是核心素养的概念范围，需要我们的理解、运用，为实际生活、学习服务。

因此，经过对"素养"和"核心素养"的探索后，对它们的定义有了新的认识："素质"是指人们在有自我意识后，在一定情况下，综合运用能力、技能、知识和态度来解决相应的问题，是一种高层次、高水平的人类能力。"新世纪素质"是指我们在应对复杂问题、应对各种环境变化的过程中，具有高度的人文素质。核心素质是指在社会高速发展时期，超越"基本技能"，以创新思维、复合交际能力为核心的一种能力。教师的核心素质是时代性的、综合性的、跨领域的、复杂的。"全面"是指核心素质是知识、能力、技能、过程、方法、情感态度和价值观的统一体。"跨领域性"是指其跨越学科界限、在各种情况下运用的跨学科能力，以及将学科知识与现实环境（现实情景）相联系的"可连接性"。"复杂性"是指其立足于复杂的环境，满足复杂的需要，同时也是复杂的、高级的心智能力，也就是"心智的复杂性"。

三、核心素养的内涵

正确认识"素养"和"核心素养"的含义，需要把握其产生的时代背景。目前，世界上最为知名的核心能力研究架构，都指向新世纪资讯信息时代公民生活、职业世界及个体自我实现的新特征与需要。因而，"新世纪素养""新世纪技能"被称为"核心素养"，以核心素质为中心，以"新世纪新教师、新学习者的技能与素质"为框架，而教育专家所阐述的核心能力架构是以"为新世纪学习者的能力和素质"为基础，以"为终身学习而培养的核心能力"为核心。我国是全球对核心能力研究最多的国家，资讯通信技术突飞猛进，应用范围之广，令人类社会迅速步入资讯时代，与二十世纪的工业时代相比，已是天壤之别。"20世纪素养"与"新世纪素养"相对应，而"新世纪素养"与"核心素养"相对应。新世纪的资讯科技有何新特征？

首先，由于资讯通信技术的普及，社会经济运行方式及人力资源环境都在发生着深刻的变革。新知识、新思想、新技术的应用，使产品的迅速革新和全球化的贸易，在人类历史上首次成了经济发展的中心。同时，随着电子通信技术的不断进步，很多工作都由电子机械取代。人类的经济形态正在迅速向全球化、知识经济转型。人类社会正在迅速地向知识社会迈进。"知识社会"指的是一个人的知识、思想和技术都向商品化的时代转变。在重复的日常工作被电脑代替后，人们需要做一些复杂的工作，而电脑却做不到这一点，这就是"新世纪素养"。这种工作的核心是创造、发明和交流。目前，人们越来越重视科技创新的水平、审美品质和服务意识，也就是"附加值"。在这个新的经济条件下，一个产品和它的制造工艺的附加价值对于一个不断增加的专业和收入来说是至关重要的。除了这些，科技的飞速发展和产品的革新，也使得人们的职业发生了巨大的改变。随着全球经济持续发展，从业人员在职业生涯中，可能会有七到八个职位变动。所以，未来的教育，不仅仅是为了适应以创意为导向的事业，更是为了适应未来的事业。

其次，信息和通信技术的发展与全球化对人类的社会生活产生了巨大的影响。在这个信息化的世界里，每个人都是"数字公民"，如何才能合法地、道德地、负责任地利用资讯通信技术？当今，在全球范围内，人们工作、生活、交流越来越频繁，越来越复杂。如何应对不同的文化差异和不同的社会？如何和别人相处，和别人一起工作？在越来越多样化的社会里，人们的价值观、宗教信仰、情感、观点、利益、人际关系等都不可避免地受冲击，如何有效地处理和解决这些矛盾呢？在社会越来越网络化的今天，如何利用信息技术等多种方式来发展"社会资本""社会技能"等给社会民主与公正带来了新的机遇与挑战。在资讯时代，如何成为一个民主的公民？这一切都是对世界教育的挑战。

最后，信息化给个体的自由和自我实现带来了空前的机会和挑战。一方面，信息的洪流、社会的快速流动、科学技术的飞速发展、新职业的涌现、虚拟世界的变幻莫测等，都为个体的选择、人格的自由创造了新的机会和条件。另一方面，人们也被信息的浪潮所吞噬，承受着信息负担、信息焦虑和信息疲劳。而在虚拟的世界中，个人身份的迷失和自我概念的模糊。社会、事业的迅速变迁，使个人的适应性面临前所未有的挑战。在信息时代、全球化时代、知识时代，个体的自我行为是一个新的问题。这就意味着，一个人要有一种强烈的自我观念，能够把自己的需求转变成个体实现要求，这些都给传统的工业时代的教育带来了新的挑战。

（本节编者：陈影、刘丹丹）

第二节　教师专业核心素养

高校教师专业素质的好坏，将直接影响到高等教育的质量，影响高等教育所培养出来人才的好坏。而当前，存在这种现象：部分高校教师对专业素质发展中专业观念的认识比较简单，认为就是简单的专业知识，尤其是对专业核心素养这一概念，缺乏系统的结构意识。这一现象对发展教师专业素质非常不利，也导致现实生活中，高校教师在自己的专业素质发展道路上一直比较迷茫。正是这种模糊不清的认识，让许多高校教师在专业素质发展道路上困难重重。目前，已有相关研究，以写实的研究方法，根据具体的实际，多维度、多层面，以立体的方式，呈现了丰富而又鲜活的高校教师专业素质，弥补这方面的不足，也让我们更清晰地理解高校教师核心素养；同时，梳理了高校教师专业观念的发展过程，并总结其规律，总结出高校教师专业能力发展的特点，体会高校教师专业情感发展的意蕴等。很多研究报道，选取了高校老师作为对象，从个案中，对教师专业素质发展轨迹进行研究，促进老师的教师专业观念、教师专业能力和教师专业情感发展的理解，并进行心理剖析和行为解析，进行研究后发现，作为一个高校教师在专业观念上不仅要努力学习专业知识、教育原理，还要巧妙地运用教育原理，在"他性"到"我性"转变中逐渐形成个人教育方法，这种方法要适合于教师自己，并能灵活地将专业知识进行传授。在专业能力上，不仅要琢磨其中的道理、内涵，还要做学无止境的学习者，从生疏到娴熟的转变中逐步提高；专业情感在经历从彷徨到淡定、从抗拒到享受、从淡漠到愉悦的转变这一过程逐渐升华。我们要理解，高校教师在教师专业素质发展中的动态状态，进一步明确教师专业素质到底该发展什么，如何促进教师在专业观念、专业能力和专业情感等方面的发展。

教师需要明确自己的教师职业目标，并认真圆满地完成教学任务、活动。这一系列工作具备的能力就是教师的专业能力。心理上是从简单地认识到具体怎么操作，行动上是具体的教学手段、教学方法和教学技能。教师从事教学活动的动力和热情，来自他们的专业情感、专业理想、专业情操、专业自我。"我很喜欢教师这个职业"这样简单的想法，那么在行为上的表现，就是"我一定要从事教师这个职业，并且为之努力"。但进一步研究发现，上述只是抽象地、简单地提出了对教师专业发展的认识，而教师专业素质发展结构具体包括哪些东西，还研究得不够深入，也没有落到实处。

一、教师教育观念

20 世纪 90 年代，教师专业素质的概念产生了，说明教育观念、思想的变化，这些都促进了教育的改革。作为教师专业素质的一部分，专业知识是一种特殊形式的存在，而教师左右着专业观念，甚至决定着专业知识。我国教育学者庞丽娟、易凌云在这个方向有很多研究成果和报道，教师的教育观念是教师本身、个体所独有的观念，教师对专业知识、教育问题、教育方法独有的见解和选择取向都属于这一范畴。在时空的限制下，观念会表现出时代性、历史性、文化性，观念会组织化、系统化和理论化，也可以是零散的、无序的，甚至是相互矛盾的、相对的集合。有些教育观念是经过严密思维加工的，属于理论认识；有些教育观念则是从日常生活中产生的，属于感性认识。因而，教育专业观念具有个体性、开放性、情感性、非一致性、情境性、相对稳定性、外在表现的复杂性。教师的教育专业观念与其教育行为也存在一定的联系，有一致性和差异性的两个方面，我们应当重视促进教师教育观念的转变，以及教育行为的切实转变。具体表现应该是："教师为完成自己的教学任务，所应具有的心理、专业、行为品质的基本条件。"也就是说，当一个教师的心理、专业、行为品质没有达到要求或者尚有欠缺的时候，便不能成为一个合格的教师，相应地，也就不能很好地履行自己的岗位职责和义务。

只有通过长时间实际研究，并分别从不同的侧面深入研究，教师教育教学工作的真实含义、意义，才能够给教师专业素质下一个全面、科学、与时俱进的定义。通常认为得出全面、科学、与时俱进的教师专业素质的概念，应综合以下六个方面要求来进行界定：第一，要能如实地反映教师这个职业的特殊性，体现教师独特的本质；第二，对于教师专业素质的理解，不能由教师教育研究者凭着对教育的想象而进行设计，必须要有非常深刻的理论修养和理论背景做支撑；第三，对教师专业素质下定义必须围绕教学活动本身，也就是教师工作的中心任务展开；第四，教师专业素质是一个拥有自己独立系统的结构、内部包含十分复杂的成分，我们要反对那种元素之间简单罗列与堆砌的教师专业素质观；第五，教师的素质是结构和过程的统一，发展性、动态性是其精髓；第六，教师专业素质的概念应从其确实能为教师的教育实践活动和教师的培训工作提供理论指导，又具有可操作性两方面进行探讨。

因此，教师专业素质就是当一个教师在从事教育教学职业时，必备的基本素质和要求，这种教师职业基础性、通识性的素养、品质是建立在个体一般素质的基础上形成和发展的，也是一个教师胜任基本教育教学工作的专业品质。

二、教师专业素质

我国较早就开始了对教师能力的研究，尤其是系统研究，罗树华、李洪珍等人还出版了《教师能力学》的专著，认为教师的能力由教学能力、基础能力、教育能力、完善能力、班级管理能力、自我发展能力、自我学习能力等组成，对教师能力的研究取得了较好的应用价值和较高学术价值。教师专业能力的研究有很多方法，其中一条途径是通过教育评价来开展的，需要研究优秀教师与一般教师在能力上的差别及其具体维度，并且要进行区分；另一条途径是把教师的课堂教学能力作为影响学生学习成绩的一个因素，从而选出与学生成绩存在高相关度的那些能力因子。我们认为，教师专业能力具体体现在以下三个方面：教育方面、教师方面、学生方面。其中，教育方面包括教学内容的处理，引入新课的技能，新课的教授、巩固、复习，布置作业，拓展，小结（课堂组织与调控能力）等；教师方面包括自我发展能力、提升专业能力等；学生方面包括尊重与爱护学生的能力，与学生交往的原则、要求，了解学生各事项等。心理层面上对教师专业能力在的解析是，高校教师在教学中，把所有陈述性知识都转化为各种程序性知识的能力；行为层面上，教师专业能力表现为高校教师的各种教育教学技能。

教师专业情感在心理层面的解析是高校教师对职业价值观、职业态度、职业动机等的认识，是教师对教育工作、教育职业、教育态度的一种深厚感情，是教师进行教育活动、行为的动力，更是教师工作积极性的源泉。教师的专业情感对他们在教育活动中取得卓越、良好的教育成果，能起到积极的推动作用。因此，我们认为教师专业情感具体体现在以下方面：教育方面的表现是职业认同感、使命感、成就感、责任感、投入感，对教育工作的向往、追求、荣誉感。课程方面的表现是对课程的重视程度、课程意识（对学科、对教学）、地位及其作用。教师方面的表现是教师的地位、作用在教学过程中体现出的自豪感、满足感。学生方面的表现是对学生的态度、辅导、关爱等。

近年来关于教师教学效能感和学生观的研究也取得了很大进展。所谓教师行为的研究，包括对教师的语言课堂行为及学生对教师行为的知觉等。弗兰德斯的"相互作用分析法"，对于教师课堂行为的观察上提供了新的研究方法，这种方法为教师专业观念发展提供了全新的视角，起到了积极的作用。傅道春强调"教师将在新课程中焕发出新的生命，新课程将改变教师的教学生活，教师将与新课程同行，将与学生共同成长。"此观念是在认识基础上形成的一种看法或见解，它在本质上也是一种认识，是一种带有情感色彩与态度倾向性的认识。因此，教师的教育观念实际上已转化为教师自己的心理品质，这就是为什么观念具有制约行为的能力，这是最根本的原因。当前，心理学和教育学界把观念里的经验型观念称为教师的内隐理论。它类似某种教育理论又不具备科学理论的基本规范，却支配着教师的日常生活和教学。研究表明，教师所学的教育理论不一定会指导教师的教学实践，而内隐理论却随时随地以无意识的方式影响着教师的教学思维和对课堂教学事件的处理方式。因此，教师要形成或发展自己的专业素质就要努力通过自我反思形成或发展自己的内隐理论，即要形成和发展自己的经验型观念。另外，教师专业观念并不是一朝一夕形成的，而是在长期的教育实践中处理各种错综复杂的教学矛盾与冲突中逐步培养起来的。教师专业观念的具体体现亦包括以下四个方面。①教育方面：本质观、目的观、功能观。②课程方面：课程设计、课程实施、课程内容、课程含义、课程评价。③教师方面：角色观、职业观、发展观、责任观。④学生方面：特点，地位，交往观，基于学生的发展观、整体观、责任观。

教师专业观念在心理层解析为高校教师的专业发展意识，对教育、课程、教学、教师、学生、学习及对教育法律法规的认识理解等；教师专业观念在行为层表现为高校教师对教育事件案例的鉴别、分析、判断等。随着教育界对教师专业素质发展的不断探索与深入研究，教师专业结构也相应地发生了变化，教师专业结构复杂，当下众多有关教师专业素质的论述恰好说明了这一点。但是，这并不意味着我们对教师专业结构这一问题无从下手。已经有大量研究从各种角度对教师专业结构进行了分析，并对教师专业素质这一问题达成了共识。但是，以往的研究都是从优秀教师的素质要求或者从一流教师所具备的素质视角进行的，而从一名专业教师的视角开展研究，去分析优秀教师的内在专业结构的却寥寥无几。虽然研究者都竭力体现专业人员教师的内在结构，但其共同点仅包括专业知识和专业服务精神。我们认为，仅有专业知识和专业服务精神不足以体现教师这一专业的独特性，具备这两方面的教师仍是一名专业性的"教书匠"。大量文献资料研究发现，几乎每一项研究都涉及教师知识、能力及理念，都注重优秀教师的内在素质及外在要求。教师专业素质结构向整体化和多样化方向发展。这些都说明，随着对优秀教师专业化研究的深入，优秀教师专业素质结构的内涵也不断丰富，并且向概括化趋势发展，缺少教师专业素质结构深层次的分析，这样容易变成为了定义而下定义，把素质发展的所有要素都逐一加进来，很难保证每个点都在一个逻辑层面上。很多研究认为，教师专业素质结构不仅是各元素的简单拼凑，每一种专业素质既是独立的、有其核心要素，也是一个整体结构，相互渗透。教师在教学中的专业观念、专业能力和专业情感的三个维度，以及这三个维度中每一维度包含的心理和表象，以时间为轴，形成富有立体感的教师专业素质发展轨迹。

教师工作的重要性不言而喻。想要成为合格的教师，必须时刻保持学习的态度，具备发展自己专业的意识。这不仅是个人的意愿问题，更是教学这项意义性和使命感极强的工作所要求的。人在真正意义上成为自我发展主体，是达到了一种可以正确处理自己和外部世界关系，同时也能够整合和构建自己的内部世界，能够透过现象看本质，自觉践行自身发展。由此可见，一名真正意义的教师，想要摆脱那种"教死书"、缺乏创造性的教学方式，需要自身态度上的始终如一、对专业知识的孜孜以求及长时间的积累沉淀。

教师专业素质的发展意识是一个动态概念。它是教师对纵向时间上自己所处专业素质、专业水平、专业状态的认识，包括对曾经经历的回顾、对现在的把握、对以后的展望，是连续不断、贯穿始终的。如果我们分阶段地去观察，就会发专业素质发展意识在不同时期呈现出不同的特点，与个人的经历和成长过程紧密联系。与个体体验一样，教师是专业素质改变的主体因素，专业素质的发展伴随其自我观察、自我修正、自我管理，作为主体的教师掌握着自主权。所以，教师的成长及专业素质培养依赖于个体对岗位的看法和自身的努力程度、知识储备。也就是说，教师的自主意愿很大程度上决定了教师的专业素质水平。

从当前教师基础看，教师专业发展实践应将重点放在过程上。期望所有教师在比较短的时间内达到专业成熟的水平是不可能的，我们可以期待的一个现实的目标，就是让所有教师都能在原有基础上有所提高，并有意识地朝专业成熟方向持续前进。另外，在教师专业素质的形成与发展过程中，教师是专业发展的主体。教师拥有专业发展上的自主权；需要对专业发展进行自我设计、自我监控；具有自我发展的意愿和动力。教师的专业发展依赖教师自身的经验和智慧，要在日常的专业实践中学习、探究，形成自己的实践智慧。没有教师的主动参与和自主发展，就没有教师专业素质的形成与发展。

（本节编者：陈影）

第三节 教师科研核心素养

第一，科学意识是指人们对科学研究的热情，对科学问题进行深入的探索。研究人员的角色意识、问题意识、信息意识和协作意识是科学研究活动的内部驱动力。自我角色感是指教师对科研工作的认知状况，对科研能力、科研优势的认知状况。越是清晰地意识，他的行为就越是坚决。在此我想，对于科研型教师来说，最关键的就是身份认同。问题意识是指教师对教学现象的认知状况，对教学成果和事物的正确判断程度，以及教师选择科学研究课题的方式。越能从现象中看到事物的本质，就越能正确地选择问题，对新情况、新问题也就更加敏锐。所谓"知情者"，就是掌握科学问题和解决问题的方法，只要有足够的准备和思路，就能在最短的时间内，找到解决问题的关键。合作意识是指教师在学习过程中，利用别人的力量或者帮助别人进行学习的一种心态。协作精神越强的人，就会有越多的头脑风暴，就能更多地充实和提升自己。

第二，科研意识是开展科学研究必须具备的理论和方法。教育科学研究的目标具有特殊的性质，它所涉及的知识和方法是十分广泛和深刻的。李吉林在建立环境教育理论的同时，也进行了大量的研究，包括教育学、中小学教育史、心理学、大脑科学、美学、语言学、社会学、文艺作品、少年读物、时事科技资讯、马克思主义哲学原理、系统科学、最优化原理等。普通教师在教学科研中，除掌握必要的学科知识之外，还必须掌握教学与研究的相关知识。①教育科学研究的基本理论包括教育科学、心理学、学校管理学、教育心理学、教育统计学、教育社会学、教育经济学、教育文化学。它对教育科学研究有普遍性的指导作用。②教育科研的专业理论是一种特殊的科研活动。它具有一定的研究对象、过程、方法和结果。因此，它必须有具体的研究标准和要求，并在一定程度上构成了一种相对独立的学科。这是确保教学科研规范化、科学化的先决条件和依据。

第三，教育科研能力是指将教育科研知识应用到教育科研环境中，以解决问题、预测设计、信息筛选、实践操作、文字表达等方面的能力。①问题发现能力是科学研究的起点，能否发现问题并将其作为研究主题，是整个研究过程的重要步骤。②预测设计能力是指能够预测到未来的变化，并设计出一个整体的工作思路和目标。③信息筛选能力是指获取、识别、分类、编码、评价、使用等信息的能力。在当今社会，信息资源丰富、信息丰富，这种能力的作用日益凸显。④实践操作能力，即项目执行、调整各工作环节的能力。⑤文字表达能力，是指通过科学报告、科研论文、著作等表达方式，将自己的研究成果转化为文字。这是最后一步，也是必不可少的一步。我国化学家卢嘉锡曾说：

只有创造而不能表达的人，才是真正的科学研究者。

第四，科研精神是对真理的坚持、对事实的探索、对事实的追求、对民主的追求、对创新的全面合作。

爱因斯坦将"科学"定义为一种强有力的工具，它究竟是给社会和人类带来幸福还是灾难，这取决于人而不取决于工具。相信每一位科研人的初心和目标都是致力于科研的建设和发展事业，为科技造福人类作出更大贡献。科研竞争的压力、职称等考核评价标准的不全面，使有些科研人在这条艰辛的道路上渐渐地忘记自己做科研的初心，迷失了自我。迷失的路需要灯照亮才能回归初心，走回正轨。在学术科研道路上，高校教师职业道德的修在耳濡目染中影响着学生的思想和行为。因此，高校教师应当强化提升自己的职业道德修养，在学术工作中以身作则并和学生共同坚守科研的"生命线"。

一个好的老师，好的科研工作者，应具备渊博的知识、最佳的知识结构和扎实的科研基本能力。一个优秀的科研工作者应当具有丰富的知识知识面要宽，专业知识要扎实、精通，要钻研得深、透，要能够做到百问不倒。

科研工作者的知识不但要广博，其知识结构还应当合理。比如，从事哲学研究的人，首先应当具备广博的哲学知识，其次应当具备外语知识、中文知识、自然科学知识、数学知识、逻辑知识、历史知识和宗教知识等。一个素质良好的科研人员除知识渊博和具有良好的知识结构之外，还应当具备扎实的科研能力。这些能力包括外语能力、写作能力、演讲能力、计算机使用能力、调查研究能力、收集资料的能力、组织人员攻关能力、观察能力、社交能力、实验能力、合作能力、数学表达能力、逻辑思辨能力等。科学研究必须有科学的态度，必须有正确的动机和目的，必须有严谨的治学学风。

人们投入科学研究，会抱有各种各样的动机和目的：可能是为了个人的，也可能是为了集体、阶级、民族、国家或全人类的；可以是为了科学的，也可以是为了科学之外的；可以是为了眼前的、近期的，也可以是为了长远的、根本的。我们不完全否定个人的动机和目的，但作为从事科学工作的人来说，放在首要地位的动机和目的应当是为了推动科学和社会的前进。这种高尚的目的会产生巨大的社会精神力量，能帮助克服科研道路上的重重困难，取得科学上的最大成果。

科学研究是追求真理的事业。真理来不得半点虚假，必须坚持从实际出发、实事求是的认识路线，必须敢于坚持真理不怕压，修正错误不怕丑，不弄虚作假，不虚夸乱造，要严谨治学，一步一个脚印。搞科研需要具备什么素质？①文化底蕴：主要是指传统文化和现代文化、文学、艺术和音乐的修养等方面。不同文化背景和文化底蕴的科学家的品位是不一样的。这也会影响他们最终的成就。②思想意志品质修养：强烈的求知欲望，坚强的意志品质，不懈的执着精神，不达目的誓不罢休，要有一种"迷""痴"劲，吃苦耐劳的勤奋精神。周培源讲他的科研秘诀是四个字——以勤补拙。③思想方法的修养：

本着有怀疑、找不足、挑毛病的风格。一项科研工作不可能十全十美。看一篇文献，不但要看作者解决了些什么，创新之处在哪里，还要找出他还没有解决的问题或还需要解决的问题。而后者比前者更重要。

（本节编者：陈影、刘丹丹）

第四节 教师道德核心素养

老师就是学生生命中最可靠的指导者、品德的模范、知识的化身，是智慧的源泉，是个性的表率。换句话说，老师实际上是塑造学生完美心灵的人。所以，"德高望重，身体力行"是一个教师要一直告诫自己的话。教学是手段，教育是目的。无私奉献，以德立教，以身示教，以崇高的品格来塑造每一颗纯净的心。培养事业心，培养责任感，热爱教育。所以，作为老师，我们永远不要忘记，我们不只是一个"教书匠"，而是一个教育者，是的心灵的工程师。"以情育人，以爱为本；以言传身教，诲人不倦；以德育人，关怀关怀；以身作则，互相信任。"教育是一种心灵与心灵的共鸣。只有对学生的爱，才能把教育工作做好，才能让教育真正地发挥其应有的价值。对学生的爱，是老师的基本素质。对学生漠不关心，没有激情，绝不是一位优秀的老师。老师对学生的爱是"严"与"慈"。"严师出高徒"，如果不对学生进行严格培训，就很难培养出一个值得信赖的下一代接班人和优秀的建设者。慈，就是关心、爱护、宽容、尊重学生，充分激发学生的自尊、自信心，关注他们的学业与成长，促进他们的全面发展。教师要与学生平等互利，尊重学生、信任学生、爱护学生、保护学生。教师对学生的关爱是教师工作的核心，也是教师自身道德品质的体现。以无穷的师德之爱，打开每一位学生的心。高尔基曾说：唯爱子女者，方能教子女。无穷无尽的老师之爱能让学生敞开心扉。所以，在教学工作中，要对每一个学生报以信任与期待，聆听他们的心声，与他们的思想和感情产生共鸣，让他们感受到老师的关爱，用一言一行来感化每一个学生的心。热爱国家，热爱学生，热爱事业，这一切都体现在教师对自己的高标准上。教师带头学习是对学生的一种真诚的责任，是一种潜移默化的、深远的教育。作为一名高校教师，我们有责任去培养和培育下一代，打好国家的根基。这就需要我们自身具有一定的人格魅力，这种人格魅力体现在教师的职业生涯中，一定要具有良好的价值观念和良好的道德情操，以一颗赤诚的心塑造每一位学生。一个好老师，如果没有无私奉献和爱岗敬业的精神，是无法为人民的教育做出成绩和贡献的。老师是园丁，学生是花，要让花开得更好、更香。有些人把老师比喻成一支蜡烛，燃烧自己、照耀他人，在无声中奉献，为人类带来了光明，所以老师应该是无私的。作为一名老师，我们有责任、有义务从现在开始，从我们自己开始，通过学习，在思想、政治、文化等方面不断充实自己，以提升自己的教学质量。我们要以一种无私的精神感染着学生，用博大的学问来培养学生，用科学的方式来指导学生，用真挚的爱来温暖学生，用崇高的师德来影响学生，使学生都受到正向影响，成为一位真正的好老师。

工作者在其从事的职业活动中必须遵守的具有其职业特点的道德标准和行为规范就是我们说的职业道德。教育劳动的工具主要是教师的情感意志、知识水平、思维能力、思想觉悟、道德品质、重要教育劳动的创造性。教育劳动的形式是集体协作的基础上个体脑力劳动。教育劳动的空间是限定和自觉的统一，教育劳动的时空是限定和自觉的统一。教育劳动的人际关系众多，又具有科学性、艺术性。教育劳动的对象是有个性、有思想、有感情的人。教育劳动的目的是有理性、创造新人。

教师职业道德是由社会经济基础决定的，其根本原理取决于教育的性质与目的。理想是人在实践中产生的对未来的渴望与追求，是人的世界观、政治立场在其目标上的反映。理想的特征有超前、前瞻性、科学性、合理性、时代性、阶级性等。理想为生活指明了奋斗的方向，给生活带来动力，提升生活的精神状态。职业理想是指一个人在未来的职业生涯中所能达到的目标。教师的职业理想是其基本精神和根本。教师的职业理想包括：一是社会信仰的正确性；二是教育思想的科学开放；三是把个人理想和社会需要结合起来，正确对待教师的地位和待遇，正确对待教师的痛苦和快乐。

道德教育是指教师在课堂中进行道德教育工作，培养学生良好的道德素质，为培养高素质人才做准备。道德教育和智力教育是密切相关的，在正常的课程教学中，每个老师都要注重道德教育，注意智力教育，让两者有机融合。老师教的是在课堂上讲解系统的科学和文化知识等专业知识，是具体方法。在这个过程中必须将道德教育潜移默化地加进去。

老师需要积极探索新的教学方法，努力转变传统的教学方法，将封闭教学方法进行改良，积极探索有趣、灵活、开放的教学方法；对于包办管束式的教育方法，应该制止，积极探讨教育的先进方法；在教育的过程中，不断提高教书的艺术性和美好性，注意教书育人的美好形象，充分发挥自己的高智力。在教学的过程中充分融入感情，献身教育是教师的基本要求，专业知识是教师专业能力的体现，专业知识是教师自身发展的基础，专业知识是教师影响力的源泉，专业知识是教师创新的基础。老师要有自己的专长。做好教育的先决条件和思想基础、热爱教育、献身教育，是教师实现自我价值的重要表现，是刻苦钻研、开拓进取的重要体现。

热爱学生是教师教育学生的情感基础，是教育成功的前提，是教师最崇高的职业情感，是学生成长的动力。对学生的特殊关爱：第一，对学生的尊敬。这是对学生人格的尊重。苏霍姆林斯基曾说过："让所有的学生都能昂首阔步。"第二，要认识学生。理解是教学的出发点与先决条件。关怀指的是对学生的身心、思想、道德等方面的关怀。第三，要公平地对待学生。公平和公正地对待每一个学生，并以是非分明的态度来看待他们的不同的行为。第四，老师要对学生严而有理、严而不乱、严而守恒、严而精、严而有情。

　　教育和学习是相互联系、相互作用的。"教"与"学"可以相互促进，相辅相成。它要求教师在"教"中不断汲取"学"的养分。老师"教"的目的是"学"，而服务的质量和水准，则要看学生的教学成效。所以，一个真心爱学生的老师，不但要对学生严加管教，更要从学生的成绩这一面镜子中，时刻对自己的工作进行深刻反省，不断地提高自己的水平。它要求老师真诚地欢迎学生指出自己的错误，敢于坦率地承认自己的错误。老师并非知识与真相的化身，被学生指出错误不可怕，最怕的是为了保持自己的"威信"而将错就错。教师要鼓励、支持学生提出与自己观点相异的观点。教师要有超越自身的宽广胸襟，欢迎、鼓励、支持学生。陶行知曾说："老师的成功在于造就一个令他敬仰的人物，而老师的最大乐趣，就是要造就一个令他敬仰的弟子。"

　　教师对自己从事的教育事业具有深厚的感情和强烈的责任感，这就是爱岗敬业。教师教得好不好，取决于有没有责任感，取决于有没有深厚的感情。一个教师要把自己的事业和祖国的强大、发展、富强紧密地联系到一起，要时刻牢记自己的神圣职责，还要志存高远，在自己的工作中，感受社会的变革，在教育的过程中履行自己的职责。

　　热爱祖国是中华民族的美好传统，是国家生存和发展的精神支柱。教师要想做好本职工作，必须爱国。热爱祖国作为教师职业道德规范，是一个教师做好自己本职工作的基础。每个公民都有热爱自己祖国的义务。教师应该把热爱祖国作为自己的神圣职责。教师要不断培养自己的爱国情操，强化自己的爱国意识。激发爱国主义热情，做一个坚定的爱国者。

　　教师从事教育课程时必须具备品德、素质，同时需遵守行为规范。教师职业道德原则上指的就是调节教师与教师，教师与社会、与他人、与学生等关系时，必须遵循的基本道德规范和行为准则，以及在此基础上所表现出来的品质、道德观念、情操等。教师职业道德是我们所说的社会道德在教师职业中的体现。教师职业道德是教师在从事教育工作过程中，进行道德行为、道德选择、道德教育、道德评价等工作生活活动中，必须遵循的道德规范和要求。它说的是教师的基本义务，体现了教师所担负的道德责任。新教师职业道德规范体现了教师职业特点，是对师德的本质要求，彰显了时代特征，爱与责任是贯穿其中的灵魂和核心。

　　兴趣是最好的老师，这句话我们都知道。一个老师只有对自己从事的职业非常感兴趣，才能在教师这条职业道路上越走越远。热爱自己的岗位，才会积极进取，才会不断刻苦钻研。因此，爱岗敬业是教师职业的本质要求。

　　遵守法律是我们国家宪法所规定的，所有公民、国家机关、社会组织的基本义务，是指守法主体把法律作为自己做每件事情的标准，按照法律履行义务、行使权利等。教师的职业是高尚的，教师必须成为守法的榜样。在教师工作的过程中，对学生和同事产生潜移默化的作用，间接地促进全体人民法律素质的整体的提高，为建设社会主义的法治国家奠定基础。

教师要有诲人不倦的爱心和情感，没有爱就没有教育。关爱学生是调节学生与教师关系中最基本的行为准则。

教师最核心的职责、最重要的任务就是教书育人。育人是教书的根本宗旨，教书是育人的重要手段，二者相辅相成。《师说》有言："师者，所以传道受业解惑也"，教师不仅有教书的职责，同时也有育人的职责，不存在无教育的教学，也不存在无教学的教育。

教师要以育人作为自己的根本任务，这就是教书育人的要求。创新精神是教师需要激发学生的，我们国家实施素质教育，就要求必须遵循教育规律，我们要以培养学生的良好品行，促进学生的全民发展作为要求。

教师必须要言传身教，这就是为人师表的要求。老师的一言一行、一举一动，学生都会跟着学习和模仿。因此，教师在各个方面都要率先示范，以自己的学识魅力、人格魅力、职业魅力教育和影响学生。

朱熹曾说过："无一事而不学，无一时而不学，无一处而不学"。现代社会生活节奏日益加快，知识总量在不断增加。所以，现代社会提出了终身学习的理念，作为一个教师，更应该是终身学习的倡导者。终身学习是这个时代发展的要求，我们要勇于探索和创新，不断提高专业能力和素质，教师要不断拓展自己的专业知识，及时更新自己的知识视野和知识结构，树立终身学习的目标。

教育，首先是关怀备至地、深思熟虑地、小心翼翼地触击年轻的心灵，在这里谁有细致和耐心，谁就能获得成功。这是苏霍姆林斯基曾经说过的。学生不同于成人，他们的身体和心理都没有发育完全，需要得到老师、家人和朋友的帮助，当他们需要帮助的时候，我们要小心翼翼地给予帮助，根据他们心理的变化，适当改变教育方法，只有爱的教育才能帮助学生，才能让他们快乐健康地成长。

（本节编者：陈影）

第五节　高校教师创新核心素养

创新是人类永恒的主题，而人才是创新的第一要素和核心动力。高校教师作为创新的重要力量，是国家创新体系的生力军。研究如何提高高校教师的创新能力、改善他们的创新行为对高等教育改革和建设创新型国家有着深远的影响。同时，这也是从科学发展观的角度对高校人才开发和管理工作提出的新要求，已日益受到理论界和实务界的广泛关注和高度重视。目前，针对我国高校教师创新行为的相关研究也取得了不少成果，很多研究都是从宏观角度来探讨高层次人才、队伍建设、素质要求、环境建设等内容；针对高校教师个体的研究集中于能力和心理素质方面，集中于人才激励、创新动机、创新心理或创新投入等某个或某几个节点上的探讨。在已有研究的基础上，以社会认同理论、社会交换理论和社会角色理论为基础，尝试用员工个人层次的认知与情绪反应的心理视角，深入剖析创新行为的微观机制，探索高校教师的职业认同、组织认同、组织创新氛围、创新行为的影响和内在作用机理；并探索性地将组织认同看为职业认同与个体创新行为之间的中介变量，从而讨论高校教师职业认同对个体创新行为的作用；同时，探讨组织创新氛围对高校教师个体创新行为的作用和对组织认同与个体创新行为的调节作用。

组织认同作为一种心理情绪变量，在影响高校教师个体创新行为的过程中，除受人格、认知、思维等方面的个体特质对创新行为的影响外，可能还受到组织环境特别是组织创新氛围对个人心理状态的影响。

目前，国内外对组织创新能力与行为作了大量研究，但针对个体的创新行为研究却很少涉及，且对个体创新行为的研究，大多局限在技术创新领域，集中于研发企业的员工创新行为，专门研究作为特定知识员工群体之一的高校教师的职业认同、组织认同及创新行为的较少。我们拟从员工个人层次的认知和情绪反应研究高校教师个体创新行为的作用机制，试图将创新研究从制造业技术创新延伸至知识服务业、从企业或组织层面拓展到个人层面，丰富创新理论研究的外延和个人创新行为研究的相关理论模型。纵观已有研究，对教师职业认同的相关研究目前还处于初始阶段。首先，从内容上看，相关研究涉及的结果变量仅限于工作满意度、工作倦怠、离职倾向等心理变量，较少涉及教师工作行为变量；其次，从深度上，也只是限于证实了教师职业认同与上述变量存在关联，但对其影响机制和作用机理却鲜有研究探讨。以此为突破点和切入点，我们提出并验证高校教师的职业认同、组织认同对创新行为的影响与其作用机制，进一步推动了职业认同理论的研究，在一定程度上丰富和完善了组织认同乃至社会认同理论的研究。

大量研究对我国高校教师个体创新行为等变量进行了调查研究，并且建立职业认同、组织认同、组织创新氛围和个体创新行为的相关模型。相关学者对调查所获得的一手数据进行分析，对各研究假设和理论模型进行了验证和修订，不仅丰富了创新行为及社会认同理论，还深入了解了我国高校教师的创新工作，建立适应中国国情的高校教师创新激励机制和开发策略，建设创新型高校。要研究高校教师职业认同与创新行为的关系，就需要明确员工从职业的角度对自己如何定义，他们在职业上感知到了什么程度及认同程度如何，这样的认同程度是否能使员工做出有利于成员所属职业群体的行为，促进自身职业发展的行为，我们对相关文献的梳理和回顾，对职业认同结果变量的相关研究还仅限于离职倾向、工作倦怠、工作满意度等心理变量，较少涉及工作行为变量。这为本研究留下了空间。因此，在高校教师这一群体中，其个体的职业认同对创新行为影响效果如何，以及怎样影响创新行为都是值得本研究关注和探讨的。

高校教师组织认同对职业认同与个体创新行为的中介作用的关系根据社会认同理论，个体可同时将自己归入多个社会群体，职业群体成员也会根据所在组织形成组织认同，同时这些认同相互联系并相互影响。对于高校教师来说，首先必须具备一定的专业技能，获得相应的资质，然后才是选择与被选择进入某高校的程序。因此，我们认为职业认同的产生应先于组织认同，并对组织认同产生影响。同时，高校教师主观上需要组织提供平台和团队等支持，组织一旦提供相应的支持，高校教师对组织的认同会对员工心理和行为产生影响，从而促进个体创新行为的产生。已有研究证明，组织认同会促进员工创新行为的产生。因此，对于高校教师来说，职业认同如何引起组织认同，并且组织认同能否在职业认同与个体创新行为之间起到中介作用？在高校教师组织认同、组织创新氛围与个体创新行为的交互作用方面。目前，已有学者探讨并验证了组织创新氛围对个体创新行为的促进作用，我们也将分析验证在中国高校教师群体中这种促进作用是否成立。同时，对提高高校教师创新能力乃至全社会的创新水平等，有积极的意义。我们研究的某些成果可为高校的人力资源管理实践服务，为实施高校人才开发策略提供一定的帮助，其实践意义主要体现在：

首先，我们的研究将探索现阶段我国高校教师这一群体，职业认同是不是个体创新行为产生的前因变量，从而有助于高校管理者在实践中探索如何采取措施，从提升高校教师职业认同和职业成就出发，促进高校教师表现出更多的创新行为，进而提升高校组织绩效。研究表明，一味地强调创新投入和创新环境的建设，而忽视教师本身对职业认同的培养和提升，无益于创新行为的产生。其次，研究结果将验证高校教师职业认同对组织认同的影响，这将帮助管理者进一步理解和重视教师的组织认同在教师与组织之间的作用，在具体实践中营造组织的良好氛围，全方位切实关心组织内教师的成长与发展，不断提升他们的组织认同感和归属感。最后，还将分析高校教师职业认同、组织认同与个体创新行为之间的关系，以及验证高校教师组织创新氛围对组织认同与个体创新行为关系的交互作用，有助于高校管理者在提升教师职业认同的同时，增强教师对所在高校的认同感，并营造良好的组织创新氛围，激发他们在教学、科研、社会服务中表现出创新行为，建立适应中国国情的高校创新人才激励机制和开发策略，具体包括教师职业认同、组织认同与创新行为研究、组织文化、组织内创新基础结构、领导支持和同事支持等。

首先，高校要搭建学科组织，构筑学科平台，力争创造"人人有学科归属，人人有学科方向"的良好局面，提供优良的科研条件和配套支持。其次，采取政策措施加强高校创新人才队伍建设，积极创造更好的政策、制定更科学的制度，包括薪酬制度、人才评价与考核制度、晋升制度、人才流动等，加大对优秀创新人才的激励保障力度，同时要增加科研创新投入，在科研立项、经费争取、重大奖项评审方面给予高校创新人才更多的资源，积极加强高校创新人才队伍建设。再次，在高校创新人才结构方面，重视学科团队建设，学校对人才的管理与开发需要处理好"使用"与"培养"的关系，一方面需要人尽其才，合理使用，充分发挥其作用；另一方面，也要保障创新人才的梯队建设，避免出现断层情况，老一辈专家教授要大力培养扶植青年教师。最后，高校要加强组织文化建设，如举办各类国际前沿学术交流，倡导形成非正式的跨学科的师生互动科研兴趣小组，鼓励广大教师在学术最前沿思考问题，引导广大教师求实求真、潜心钻研的科学精神，形成鼓励创新、自由包容、协作合作的组织氛围，孕育出更多的创新思想和成果。基于人口统计学等变量差异，改善高校教师个体创新行为。研究发现，人口学统计变量包括年龄、性别、学历、职位、人才类型、学科背景、高校类型等，经过实证研究后发现，高校教师的职业认同、组织认同、组织创新氛围、创新行为在这些变量或其中的某些变量上是存在显著差异的，分析这些差异性，才有助于更好地制定高校教师管理与开发策略。

不同年龄的高校教师在创新行为上有明显的差异，30岁以上教师创新行为较好，其次是20岁，再次是40岁年龄组，而50岁这个年龄组的创新行为最差。青年教师是研究的主要调查对象，30岁这个年龄组的调查样本约占数据分析结合访谈结果的大多数。这个群体的教师主要面临结婚成家、生子等家庭压力。同时，他们在工作方面也存在一定的困惑。为此，在对这个群体的管理中，应该把工作做细，探究影响其创新行为的各种因素，给予适当的帮助和关怀。从研究结果来看，虽然不同人才类型的高校教师在创新行为上没有明显差异，但是从对调查不同人才类型下创新行为的差异性描述来看，科研型教师的创新行为最好，其次是教学型，最后是科研教学型。

在工作中，教师要有主人翁意识和爱岗敬业的精神。学校组织管理要引入工作激励和人文关怀相结合的方式，形成积极向上、团结合作、情感关怀的良好工作环境。同时，要关注教师的内在需求，保障教师群体收入水平的稳步提升，完善他们在住房、医疗、子女教育、养老等保障措施。高校管理者应根据加强对教师职业生涯规划的指导，积极开展工作培训和教师学术交流活动，引导教师在工作实践中形成自我反思的良好习惯，提升职业认同水平和职业发展。

高校要尊重教师工作自主性，实行"去行政化"管理方式。高校要保持其自主性的组织文化及学习工作方式，使得教师能有相对自由的空间和场所开展创新性的工作。另外，高校还应保持其文化优势、专业领域等基础上的相对自主性，如此才有助于教师保持独立人格，以及他们求实求真、追求科学真理的坚持。高校应坚持以"教授治校"原则为中心的教学科研管理方式，积极改进学校行政观念及作风，提升行政服务系统，保持学术精神的独立性、完整性、多样性和灵活性，促进学术健康、可持续发展。

在实证分析中可得知，职业认同在性别和学科背景方面无显著差异，但年龄在不同人才类型上差异显著，大致随着年龄的增长，高校教师职业认同会显著提高。同时，教学型高校教师的职业认同最高，其次是教学科研型、管理型，最后是科研型高校教师。根据综述的分析探讨，有针对性地对不同类型的高校教师采取相应措施，有助于提升高校教师整体的职业认同水平。要重视高校组织内环境建设，塑造崇尚创新的文化与环境。多数高校的硬件环境也已得到充分的改善，我们认为应更重视心理环境的建设和组织文化环境的建设。可以设想，当教师个体在组织中得到尊重，个体的需要获得满足，并且体会到组织时时刻刻都在关心关注他们的时候，他们就会产生对组织的归属感和认同感，与高校的价值观和理念取得一致，会内化为自己的态度和行为，增强对高校的认同，积极主动参与组织活动，同时也表现出更多的创新行为。

在建立概念模型的基础上，开展了深入访谈和问卷调查等数据研究，随后又研究探讨了高校教师的职业认同、组织认同、组织创新氛围与个体创新行为之间的关系，并得到了有意义的研究结论，这为高校提高高校教师个体创新行为及高校整体创新绩效提供了理论依据。因此，从组织管理实践的角度，高校管理者可尝试从高校教师职业认同和组织认同的影响因素入手，在理念文化、管理制度、政策活动支持、后勤保障等方面，给广大教师提供促进工作开展及实现职业理想的组织环境与组织氛围，开创高校教师职业认同和组织认同同时提升的双赢局面，激励教师开展更多创新性教学、科研及社会服务等工作。

加强教师职业认识，注重科学人文管理，提升高校教师的职业认同。教师职业认同是教师发展的内在动力，能促进高校教师爱岗敬业、尽职尽责，创造性地做好教学、科研等工作，这不仅关系到教师的职业成长与进步，还关系到人才培养和科学研究的进步。高校教师职业认同的形成受到诸多因素的影响，包括教师的职业形象、高校的组织环境、工作自主性、个体的实习培训经历等。高校教师是当今社会知识分子精英阶层的典型代表群体。因此，高校管理者在实施管理时，应注重教师职业形象的定位与重建，强化教师这一职业的专业性，从而全面提升其专业素养，丰富完善教师的角色内涵。

高校可通过制度建设和文化建设，引导和深化高校教师对职业的理解和认识，强化其对职业角色的认知，深刻体会其责任与使命，以提高他们的职业满意度及自豪感，同时促进职业情感体验与交流，引导他们树立职业目标和职业期望，而且做到常常总结并反思自身的职业状态和职业行为，提升社会对高校教师群体的支持和尊重，增进教师个体对职业的认同感。在制度建设方面，高校管理者要注重教师素质培养和科学精神提升，坚持学术诚信，开通师德民主监督渠道，这对于形成高校优良的学术风骨、师德修养、教书育人有着积极的促进作用。高校要实施人性化的管理模式，为教师发展创造良好的环境。要建立良性的、符合高层次人才成长规律的激励机制，需要逐步淡化"官本位"机制，不要再过于强调行政职务的激励作用。

（本节编者：陈影）

第六节　核心素养的局限

一、核心素养的政治学

核心素养作为新时代人才培养的新要求，已经成为衡量教育目标是否与课程目标一致的标准。在这一前提下，我们需要对核心素养的具体过程、体系和价值标准做进一步的辨析。

首先，在研究具体的教育政策和学术的时候，我们不再用"素质"，而是更多地使用"素养"。我国一直倡导"素质教育"，这也是我们教育改革的主要因素，但在具体的实施过程中，却遭到应试教育掣肘，原本要求的目标并没有达到。提高人的素质和能力是"素质教育"的根本宗旨。在《中华词典》中对素质的解释是：①事物本来的性质；②心理学指人的神经系统和感觉器官的先天特点，分别对应英文中的 nature 与 faculty。《中华词典》中对"素质"的解释是有局限性的，只是从生理和心理的角度进行了解释，这仅仅能作为我们教育的前提和条件，但不能作为我们教育的结果。有专家认为，素质教育不是教育的术语，而是一种教育的口号。"素养"在已经没有"素质"的束缚之后，"素养"作为素质和养成的合成词组，显示了先天素质与后天教养的双重优点。素质演化出了素养这个概念，可教、可学、可测的特点都是素质的基本概念，这些都在素质层次结构中得到了科学的解释和说明。于是，建构可理解、可把握、可操作、可实施、可观察、可评估的具体培养目标，产生依据学生发展核心素养体系。由此，从批判的武器真正落实为培养的目标、教学的内容、评价的标准。近年来"素质教育"从一个教育口号，借助"核心素养"的躯壳，让学校的教育从简单的知识教育走向了能力教育，进而走向素养教育。

其次，"核心素养"应该与国际上的概念一致，每个国家的教育学术组织都顺应了全球整体的局势变化以及未来的发展趋势，重新解释了新时代的核心素养。根据词语"competence"在《新英汉大辞典》中的解释是：①能力，胜任，称职；②能力的，能胜任的，合格的；③作证能力。汉语对"素养"的解释却与此不同，汉语的解释有能力和知识，又超越了能力和知识，将我们对涵养的态度重新理解和升华，包括对人的培养目标等，这些都是英文解释中完全没有的。核心素养的概念刚开始来自职业教育领域，指的是对工作、职业的胜任能力。随着教育普及化与高等教育大众化后成为一个热词。新世纪核心素养是既能实现个人的价值又能适应社会的发展，每一个人都需要核心素养，而且在各种领域和场合都需要。素养的选择应考虑其在多种情境中的适用性，包括经济与社会、个人生活等领域，以及一些特定的领域，如商业等行业，尤其突出劳动力市场对技能与素养的要求。2005 年发布的 *Key Competences for Lifelong Learning: A European Reference Framerork*，其目标在于支持各个国家，确保所培养的年轻人在基础教育与培训结束时，具备一定水平的核心素养，这使他们能够应对成人生活，并为未来学习和工作打下基础。另外，还确保了每个国家的公民成人后，可以根据自己的需求选择继续提高自己的能力。职业发展对于一个人来说非常重要，根据职业发展需要的专业能力、技术能力和知识，新世纪素质也适应了教育者这一需求。当 Competence 转变为国际政治方面的热门词汇以后，造就了社会经济的转型，同时政治和教育也发生了转变，经济和教育之间存在着很多相似或相同的词语，它们之间组成了一个互相支持的概念系统。在高等教育普及的现代社会，出现了一系列新概念、新词汇。比如：技术教育和职业教育，能力和效率，有天赋，有进取精神。与此同时，大学里的一些重要概念和词汇就被抛弃了，这些词汇和概念非常重要，是一种思维的理解和判断，而这些思想的核心是辩证的思考、跨学科的智慧。其开始于职业教育，发展在高等教育，流行于基础教育。词语绝不是中立的，而是客观存在的，新词语的出现和流行、演化、使用、传播和老词语的暗淡和废弃，都记录了历史的各种价值和社会利益。威廉斯运用"历史语义学"对文化和社会中的几个关键字进行了分析，不仅着重于词义的历史渊源，还突出了当前的时代特征。

二、"核心素养"的人才观

我们说"素养"，针对的是"人才"，也就是财富的创造者和使用者。人是有潜力的，而教育则是发掘隐藏在人们心灵深处的潜力，如记忆、推理、想象、体力、审美观、与他人交流、领袖的天性等。"人"被识别、定义和命名为"人才"，即经济生活中的关键角色，不仅仅是生产者，还是消费者。教育的最大作用是鉴赏人性、养人心、安身立命。潘光旦说："完人"是指一个人的身体、精神、心理三方面的发展。德、智、体育是个人素质的体现。

三、警惕对核心素养僭越

一些学者认为，"核心素养"是指从"学习成果"中定义"未来人才"的范畴。学习成果、能力绩效成为师范类学生核心素养的一个重要维度。可评估、可显现、可测验，让素质教育有了落脚点，有了行动的支撑点。在文化修养中，"结果"是怎样的？具体来说，就是在一系列复杂的工作环境中，面对技术、专业或技能的工作，其中包括项目的设计。在项目执行和问题解决等环节中，表现出的个体能力在职场中是一种衡量员工能力的手段。但是，教育只能面向人，要将人看作目的和结果，而不是工具。教育是一项有温度有情感的活动，而不是有形的心脏、手、大脑等可以评价的事物。

教育外在和内在的联系却是十分复杂的。可以是数量和质量，也可以是行为和价值。二者也许是一致的，也许是完全不同的。行为和头脑等是可以评价的。至于精神和性格，则是无法评价的，要善用评价。教育并不只是人的外在表现，而是人的内心和内心的修养，其中包含着很多无法评价和理解的内隐因素。

教育内涵既有深度，也有综合性，如何评价单个和分散的指标？"智"不仅是指获取知识，更是指培养人的价值观。近代，人将"德育"与"智育"彻底分离，"智"一词的本义便隐含在其中。有了这样的认识，才能分辨出对与错的区别；用来对待别人，就能分辨出善恶和耻辱；用来做事情，就能知道利弊得失。人的全面、和谐地发展，是教育的根本。潘光旦在《完人教育新说》中，主张德、智、体、群、美、富六育，也是这样的意思。

所谓的"富"，就是指"素质教育"的强大，即发展科学的教育。教育是一种"学以为己"的活动，它可以让人掌握自己的时间，也就是不受别人的支配，生活就是靠着这种活动来陶冶自己的心性，才能进于善德。这是我们的教育目标。

"核心素养"的研究从一开始就揭示了有些部分会来源于学生的家庭和社会生活。但"核心素养"的落实，却忽略了它的复杂性和多样性，仅仅把"核心素养"放了学校，加强学校教育。即使是在学校里，"核心素养"也不仅仅是从正式的课程中得到的，更是从正式的实践中学习到的。但"核心素养"在学校里的应用却是固定的。核心素养"落地"的起点是厘清当前学校教育所塑造和培育的素质究竟是怎样的。总而言之，核心素养指应具备的适应终身发展和社会发展需要的必备品格和关键能力，突出强调个人修养、社会关爱、家国情怀，更加注重自主发展、合作参与、创新实践。

四、加快核心素养视角下的教师专业标准制定进程

加快核心素养视角下教师专业标准的制定进程是逐步推行核心素养视角下教师专业标准的前提与关键环节，其直接决定了核心素养视角下教师专业标准的实施成效与能否实施的问题，所以这一环节的开展需要周密思索与部署，具体可参考以下步骤进行。

首先，组织一批专家学者研究并确定以核心素养为导向的教师核心素养指标及其内容。尽管我们已经有了核心素养为导向的教师专业素养指标，但是这只是一家之言，其中难免有所疏漏与不周全之处，故而其仅可作为确定以核心素养为导向的教师专业素养指标的参考，却不能直接作为广泛推行的教师专业标准内容。如若想要确定核心素养视角下的教师专业标准就必须集合众多专家学者的意见，通过彼此之间的商讨交流，提出具体的以核心素养为导向的教师专业素养指标及其内容，如此才能更为客观、全面地提出有利于培养学生核心素养的教师专业素养。

其次，广泛征询社会意见，完善并确定核心素养视角下的教师专业标准。在这一过

程中可采用问卷调查与个别访谈相结合的方式进行，将前期专家学者提出的以核心素养为导向的教师专业素养指标及其内容作为问卷调查与访谈的主要内容，了解其余专家学者及广大一线教师群体的想法，之后对问卷调查与访谈结果进行分析整理，并据分析结果调整、修正前期提出的以核心素养为导向的教师专业素养指标及其内容，以此增强核心素养视角下的教师专业标准的准确性与可行性，并最终确定出核心素养视角下的教师专业标准。

再次，政府出台文件公示核心素养视角下的教师专业标准。确定、推行核心素养视角下的教师专业标准是弥补核心素养视角下教师专业发展缺失的重要措施，对于促进核心素养的培育具有积极意义。倘若其仅仅停留于学术领域，那么，一方面，将会由于领域间的无形界限导致众多一线教师难以接触、了解到核心素养视角下的教师专业标准，从而制约了其自身形成以核心素养为导向的教师专业素养；另一方面，会使部分教师安于现状，不自觉地按照核心素养视角下的教师专业标准进行专业发展，如此将导致核心素养视角下的教师专业发展想要培育核心素养的目的的落空。相反，如若政府出台文件公示了核心素养视角下的教师专业标准，就意味着政府对推行核心素养视角下的教师专业标准是持肯定态度的，要求教师群体积极以核心素养视角下的教师专业标准为依据进行专业发展，而这将有效提升核心素养视角下的教师专业标准的公信力与权威性，从而有利于推动教师群体在满足了现行教师专业标准的基本要求后，自觉主动地以核心素养视角下的教师专业标准为依据，促使自身不断符合核心素养视角下的教师专业标准对教师专业素养的要求，进而为培育核心素养目标的实现提供有力保障。

过渡期间要妥善处理两种教师专业标准之间的关系。这里所说的"两种教师专业标准"是指现行教师专业标准与核心素养视角下的教师专业标准。当现行教师专业标准向核心素养视角下的教师专业标准过渡时，为避免混乱必须处理好这两者之间的关系，使其各司其职、相互配合才能产生预期效果，促进目标的实现。若直接实施较高要求的教师专业标准势必会使教师队伍人员锐减，以至其难以满足我国教育对教师数量的基本要求，故而在当前情况下我们仍需推行现行的教师专业标准以保障我国基础教育对教师基本数量与质量的需求。而要求其与核心素养视角下的教师专业标准在整体目标上保持一致，则是为方便其后续向核心素养视角下的教师专业标准过渡所做的铺垫。

要以核心素养视角下的教师专业标准作为教师专业发展的高级标准。通过将其与作为基本标准的现行教师专业标准相结合，有利于形成多层级的教师专业标准体系，这不仅符合教师专业发展的实际需求，还有利于不同阶段与水平的教师更好地实现其自身专业发展。有研究者曾从教师教育改革的需求出发阐述了多层级教师专业标准体系的合理性，也有研究者从教师专业标准制定的原则出发承认了多层级教师专业标准体系的合理价值。前一原则认为处于不同阶段的教师需以不同的教师专业标准做指导，方能有效促进教师专业发展。后一原则认为教师专业标准既应有最低要求，也应有为教师发展创造一个"最近发展区"的空间。最低要求与"最近发展区"的结合，体现的就是教师专业标准内部的层级性。所以，将核心素养视角下的教师专业标准作为教师专业发展的高级标准，与现行教师专业标准共同构成多层级的教师专业标准，体系具有现实性与合理性，对于促进教师的持续发展具有积极意义。因此，我们需要将核心素养视角下的教师专业标准作为教师专业发展的高级标准，并视其为核心素养视角下的教师专业标准与现行教师专业标准之间理想关系的一部分。

最后，实现从现行教师专业标准向核心素养视角下的教师专业标准的完全过渡，从而使核心素养视角下的教师专业标准成为教师专业发展的基本标准。发展学生核心素养已成为当前教育的重要内容，随着时间的推移，其势必会在全国范围内广泛普及、渗透，并最终成为基础教育的基本教育任务而非难以企及的教育理想。那时，有利于培养学生核心素养的是教师最基本的专业素养。如若仍以现行教师专业标准作为教师专业发展的基本标准，势必会阻碍学生核心素养的形成，影响我国教育基本质量。因此，我们需要实现现行教师专业标准向核心素养视角下的教师专业标准的完全过渡，使核心素养视角下的教师专业标准成为教师专业发展的基本标准，如此才能有效保障培育学生核心素养这一基本教育任务的广泛落实。

总之，若要妥善处理现行教师专业标准与核心素养视角下的教师专业标准这两者间的关系，逐步推行核心素养视角下的教师专业标准，就需形成以现行教师专业标准为基本标准，以核心素养视角下的教师专业标准为高级标准，最终实现现行教师专业标准向核心素养视角下的教师专业标准的完全过渡的理想关系。

（本章编者：陈影）

第三章　教师的课堂艺术

教师是个神圣的职业。一位好的教师往往会给学生带来深远的影响，而那些好教师必备的素质就是讲好课，他们的课堂或生动有趣或能引人深思。俗语讲"台上一分钟，台下十年功"，一个能够牢牢抓住学生注意力的课堂，是需要在课前投入大量的精力去备课的。教师如果想真正做到传道有术、授业有方、解惑有法，使授课效果事半功倍，让学生在轻松、愉快的氛围中学习知识，那么课堂教学就是一门值得探索的艺术。基于此，本章主要探讨教师基本功、教师语言艺术、教师课堂管理、教师形体艺术、教师着装打扮。

第一节　教师基本功

随着科技的发展，各种教学辅助设备和软件等如雨后春笋般出现，这给教师的授课工作带来了极大的方便，教师可以依靠事先做好的幻灯片等来提示下一个要讲解的知识点，省去教师"默课"的环节。但事物都是具有两面性的，教师过分依赖现代化教学设备和手段会削弱教师"脱稿授课"的能力。当遇突发停电事件时，有的教师甚至无法上课。那些受学生欢迎的、课堂爆满的教师，在他们的课堂上，多媒体只是个"配角"。

所以，身为一名合格的人民教师，应拿得起粉笔，放得下课件，上能利用现代化教学手段，下能回归单纯板书，能够接受新鲜事物，更无惧"拉闸"式课堂。所谓"拉闸式"课堂，是指教师脱离多媒体、幻灯片等现代化教学设备和手段后，以最传统的方式上课的一种授课形式。

身为高校教师，若想让自己的课堂充满活力和朝气，就要夯实教师的基本功：我们要依据教学大纲精心备课，将备课思路整理成教案，将教案上的重点难点内容制作成课件，将课件上的精华凝练成板书。教师只有对以上基本功掌握得轻车熟路，才有可能在课堂上收获教师应有的掌声和尊敬。

一、教案书写

高校教师通常将课件视为备课结果，除用于检查和比赛外，很少有高校教师能够重视书写教案的重要性。然而，当你静下心来认认真真写一篇教案时就会发现，这是一个梳理思路、发现问题、提前为可能出现的问题找到解决方案的"默课"过程。因此，写好教案对高校教师来说是很有必要的。

高校教学有其本身的专业性、职业性和开放性等特点，因此高校教师的课堂知识量大，讲授内容不限于书本教材。鉴于以上特点，建议大学的教案应以章节为单位来撰写，不建议以课时为单位来撰写。

（一）教案的书写格式

1. 教案的结构与格式

教案的结构是指构成教案构架的必备内容，主要包括教学目标、教学重点与难点、教学过程等。作为贯穿教材、教学大纲和课堂教学活动的桥梁与纽带，教案在与时俱进、不断创新的基础上，增添了教材解析，以及教学方法、指导思想和教学反思等新内容。根据教案的呈现效果，可以将教案分为条目式教案、表格式教案和融合式教案。

第一，条目式教案。将教案中的条目按照特定顺序排列，以此为框架形成的教案，被称为条目式教案。由于条目的结构顺序相对固定，教师可以根据教学指导思想，合理增减条目数量，科学叙述条目内容，确保条目对应的相关研究、设计与安排能够做到张弛有度、详略得当。条目式教案的条目容量具有收放自如的伸缩特性，此种相对灵活的教案设计形式，能将教学目标、教学重点与难点、教学过程等必备内容囊括其中，并在教学过程中添加情景创设、感受与体验、比较与分析、拓展延伸等部分。条目式教案的特点是书写清晰、思路明确、逻辑性强，教案的整体思路通俗易懂，教学流程层次分明。

第二，表格式教案。以表格的形式呈现教案内容，能够增强教案整体的规范性、清晰度和逻辑感。根据教案的基本结构和教学要求设计表格类型，并将教学内容依次填入表格，由此形成的表格式教案不仅具有很强的提示性，而且设计灵活、简明扼要、一目了然，有助于提高教学效率。

第三，融合式教案。将条目式教案与表格式教案组合得到的教案形式，即为融合式教案。作为教师普遍使用的教案呈现形式，融合式教案可以灵活运用条目式教案与表格式教案的优势，从而实现教案为教学服务的理想目标。一般而言，把教学内容、教学理念、教材分析、教学目标、教学重难点、学生分析以条目的形式进行呈现，并用表格梳理复杂的教学过程，有助于活动设计意图的清晰展示。

总体来说，为教学服务的教案格式，在呈现形式方面并无固定要求，教师可以根据教学的实际条件和具体情况，合理选择并恰当运用教案格式，教案只需做到语言简洁、条理清晰即可。

2. 教案的设计准备

撰写教案的目的是教师能够对教学进行理性的设计和把握，便于教学活动的组织与展开，更好地实现教学目标，提高学生的学习效率。而撰写教案的前期准备工作是很重要的。

教师在撰写教案前需要分析教学内容与学生的基本情况，科学组织教学过程，合理选择教学方式。上述都属于教案撰写前的准备工作。通过书写的形式，将构思教案的过程借助文字表达出来，这是教案设计的关键环节。简单罗列教学内容、教学目标、教学重点与难点、教学过程，由此组成的教案缺乏构思，不能称为优质教案。只有科学分析、综合考虑各种教学因素，并以此为基础构思设计教案，明确教学目标、教学内容、教学对象、教学时间、教学方法，才能得到符合教学实际情况的有效教案。

第一，教学目标。教学目标既是教案设计的核心，也是选择教学方式、组织教学活动的主要依据。因此，设计教学目标时，必须充分考虑学生的认知特点与知识基础，及时反思教学目标设计过程中存在的问题。

第二，教学内容。教学内容既包括教材内容，也包括课程拓展内容。明确教学内容是分析教学内容的前提。在总结教学内容的过程中，着重设计教学重点与教学难点，确保学生能够轻松掌握所学内容。

第三，教学对象。教学对象接受并理解教案内容，是教案设计的意义所在。为了优化教学对象的学习体验，教案设计必须考虑教学对象的基本特点与实际情况。学生是学习活动的主体，了解学生的基础知识水平、学习风格和学习能力，是教师设计教案时应该重点考虑的关键环节。

第四，教学时间。由于每节课的教学时间相对有限，教师在设计教案的过程时，必须合理规划各项教学内容，确定好教学活动的组织环节及教学游戏的导入顺序，并在规定时间内顺利完成教学任务。

第五，教学方法。教学方法的选择，既要考虑教学对象与教学内容的特点，也要考虑教师水平与教学条件的限制。面对不同的教学情境，采用的教学方法也会存在差异。

3. 教案的书写技能

教案的书写技能主要包括教案的内容表述与词语选择，以及教案的简繁呈现和格式设计。

第一，教案的内容表述与词语选择。组成教案各部分的内容并不相同，在表述教学目标、教学重点与难点、教学过程时，必须注意词语的科学选择与恰当运用。比如，叙述教学目标时，由于每节课通常设置三条教学目标的细分要点，在分层次论述教学目标导向的过程中，应该注意行为动词的合理使用。此外，叙述教学重点与教学难点时，可以基于教学内容的知识结构与教学对象的具体学情，直接陈述教学内容，无须使用行为动词。

第二，教案的简繁呈现和格式设计。教案内容不受字数限制，教师可以根据自身的教学能力和书写风格等实际情况确定教案的呈现形式。教学经验丰富的教师在熟悉教学思路和教学过程的前提下，可以使用简略式教案书写教学纲要。

教师在缺乏教学经验的情况下，可以详细描述教案内容，注重教材各章节知识点的有效衔接。教师如果使用详述式教案，那么自由发挥的空间较小，授课缺乏灵活性。相比之下，简略式教案留给教师自由发挥的空间较大，授课不拘泥于固有模式，更加灵活多变。教师应该根据自身的教案书写风格和教学经验，选择合适的教案呈现形式。

教学课题、教学目标、教学重点与难点、教学过程是教案的必备内容。教师设计教案格式时，可以根据实际情况酌情添加或者合理选取其他内容，确保教案的格式设计能够发挥教学提示作用，并呈现教师的教学能力、个人喜好与授课风格。

4. 教案的反思技能

反思是教师书写教案的关键环节。反思对于教案书写的重要性主要体现在以下两点：第一，实际的课堂教学活动充满复杂与不确定性因素。教案是教师的备课成果，所有的教学环节都是预期构思和提前设计的结果。但是，在实际的教学过程中，学生作为学习活动的主体，具有明显的自我意识和独立思维，当教师的授课内容与讲课方式超出学生的理解范围时，学生随时都有可能对教师质疑，由此可能造成课堂教学的不可控因素增多，教师面临的教学困境难以突破。课堂教学的不确定性和复杂性要求教师必须反思教案设计的科学性与合理性。第二，教师根据自身教学经验与主观意识设计教案，无法解决时空环境变化导致教师思维发生改变的问题。教师质疑教案设计的过程，也是教师反思教案设计的过程。教师只有反思、质疑并及时修改教案，才能提高教案的设计水平。

教案反思可以从课前、课中与课后三个方面着手。

第一，课前反思。教师在完成教案撰写任务的基础上，需要思考教案可能遗漏的内容及课堂教学的薄弱环节，明确课堂教学出现问题时，教师可以选择的应对策略。

第二，课中反思。教师在教学过程中发现教案存在问题时，可以根据实际的教学情况及时作出调整，确保课堂教学活动有序组织并且能够顺利开展。与此同时，教师还可以在出现问题的教案内容旁边做好标记，并在课后及时修改，推动教案的不断改进与日益完善。教师的教学行为并非简单根据教案提示单向传授知识，而是在理性思考与科学探究意识的推动下，及时发现教学活动存在的问题、缺点与不足，尽快做出改进与调整，从而不断积累教学资料、教学素材与教学经验。

第三，课后反思。课堂教学活动结束是教案反思的最佳时机。假设性是课前反思的特点，随机性是课中反思的特点，理性则是课后反思的特点。课后，教师有充足的时间带着冷静、客观的态度去思考，更易分析出教案的优点和不足，看出教案与实际教学的距离。除教师个人的反思外，也可以借助于外力来进行反思，如让学生、同事提出教学问题。发现教案的不合理之处；教师观摩其他教师的教案，与自己的进行对比。这些都是教师进行教案反思的方式和途径，通过这些反思，来不断提高和完善自己的教案组织能力和书写技能。

总体而言，教案的设计和书写过程就是一个"思—写—思"的过程。第一个"思"是教师写教案前的准备工作，是指教师对教案的整体设计和构思，这是能否写出优秀教案的重要判断要素之一，有时在这个环节上所下的功夫可能是最大的。中间的"写"是把第一阶段的"思"用文字表达出来的过程，在这个过程中教师应注意自己的书写规范性和清晰性，以便于在教学过程中的提示和以后的分析总结。第二个"思"是课后的反思，是在教学过程结束后对教案的反思，这个"思"也是很重要的，它是提高教案书写的"魔法师"，是检验教案优劣的"检测师"，好的教案都是在不断地锤炼之后才出现的，在不断地总结中慢慢提高的。

5. 教案设计时的注意事项

第一，重形式而轻内容。服务教学活动的教案，在具体实施环节容易出现注重形式而轻视内容的现象。条目式教案、表格式教案和融合式教案是三种常见的教案格式。其中，表格式教案由于具有设计灵活的特点，深受教师喜爱。然而，部分教师在撰写表格式教案的过程中，为了追求格式美观、整齐划一，经常擅自修改教学内容，无序增减教案项目，盲目地以格式设计为中心，忽视教案在教学过程中真正发挥的实际作用，导致影响教学计划的有效实施。因此，必须尽力克服教案设计的形式主义。

此外，教师必须重视教学目标之间的内在关联，采用恰当的方法开展具体的教学活动，致力于有效提升学生的知识理解能力与技能掌握水平。教学内容对学生身心发展产生的感性影响与理性作用，有助于学生的健康成长与思维创新。为了取得理想的教学效果，教师设计教学目标时，既可以合并相似条目，也可以"留出"其他条目，从而设计出这节课真正需要达到的目标。

第二，有教无学的单项教案。这是在教案设计和教学过程中容易出现的一个小失误，教学过程叙述的往往是教师的活动，如教师先讲哪些内容再讲哪些内容，将其条理清晰地罗列出来，却未发现有关学生的具体学习活动，这样的教案在实施时容易成为单项的传输过程，学生就扮演了接受者的角色。所以，在教案的设计中，可以从两个维度来考虑，即教师活动和学生活动两个方面，这样在实施中就形成了一个双边的、动态的教学互动过程。此外，并不是每篇教案都要有教师活动和学生活动两个维度，这样的设计只是提醒教师在教学中要关注学生的表现，充分尊重学生的主体性。若是教师已在教学中形成了尊重学生主体性的习惯，也可以把学生活动一项去掉。由此引申，教案中的其他项目，教师也可以根据不同的教学内容、教学对象、教学时间、教学情节等进行合理的取舍，赋予教案更多的变数，使教案更具灵活性和实践性。

第三，复制教学内容而无实质。有的教师，特别是刚刚踏上教学岗位的教师在撰写教案时，很容易把对教学内容的分析视为教案，于是整个教案就是一个教学内容的"复制"与"再现"。

一方面，是由于教师对教案的不正确理解。教案又称课时计划，是教师在上课前准备的教学方案，是教师以课时为单位设计编写的，供教学使用的具体方案。教学内容只是它的组成部分之一，而教学方式的选择、教学过程的设计也是教案应考虑的内容。同时，还要明确教案与教学内容的关系。教案是在理解、分析教学内容的基础上再次组合与调整，以及在此基础上的拓展和深化。

另一方面，是由于教师的教学态度。有些教师认为只要自己把教学内容分析并理解透彻，教学方式和手段并不重要，不必耗用大量的时间和心血去考虑，一种教学方式可以运用于所有的教学或是一节课中可运用单一的教学方式，只要让学生掌握就可以，很少考虑不同教学内容与教学方式的关系，以及学生与教学内容之间的距离，这样的教案显然很难起到它本身应有的作用。

第四，无视教案或被教案主宰。无视教案或被教案主宰的情况主要是指在教学中教师没有按照教案的设计进行或是严格按照教案的设计进行授课。这是教案在实施中的两个极端，前者的教案设计与教学毫不相干，后者完全被教案奴役。究其原因都是因为没有合理地设计教案，即没有做好教案设计的准备工作。

一方面，是教案的设计与具体的教学实际之间存在较大的鸿沟，教师预先设计的教案不能在教学中具体实施，于是便只好放弃原来的教案，临时根据具体情况进行教学，这样组织起来的教学结果可想而知，相当于一个没有备课的教师在上课一样。

另一方面，是教师的教案设计太过具体，教师很难根据上课时的具体情况进行合理变通或是在某一环节上进行改变，很可能影响到下一环节的实施，整个教学的进程就会受到影响。所以，教师为了完成教学计划，实现教学目标，就只好按照教案的设计进行授课。但是，教案再完美，也只是对教学过程的预期设定，具体的教学情况未必会完全与之吻合，因此严格按照教案的设计来上课也是不可取的。

（二）教案中教学评语

受现代化教学手段影响，高校学生的纸质作业几乎被电子文件替代了，这就使得教学评语的形式也由传统的、在作业上的评语变得多元化，为教师与学生的沟通交流建立了绝佳渠道。比如，通过网络对学生进行答疑、在班级群与学生的互动、考试后针对学生的考试分析等。

1. 教学评语的作用

教学中的评语主要是指教师对学生学习的效果反馈及评价。它的作用是对学生的学习效果提供诊断，指出学生对知识点的掌握程度，哪里需要再巩固，哪里需要再复习，以给学生下一步学习提供思路，指明方向。除此之外，教学评语还有以下三个方面的作用。

第一，激励作用。评语既可以用来评价学生的日常表现，还可以发挥激励作用。与机械刻板、单调乏味的等级评价和分数评价不同，教师评语能够从人文关怀的角度出发，侧面反映学生的学习优势和不足，增强学生对当前学习效果的整体感知与客观认识。教师评语可以深化学生的自我效能。通过对此学生过去的学习情况与现在的学习成果，在纵向比对过程中，学生能够看到努力付出而收获的成果，并感受到学习进步带来的成就感。等级评价和分数评价也可以帮助学生认清自身定位，看到学习成果的进步或倒退。但是，由于上述两种评价方法以全班所有同学为参照，横向对比更加强烈，忽视了个体对纵向对比的情感需求，很难发挥正向的激励作用。此外，等级评价和分数评价更容易将学生置于整个班级的排名中，带给学生错误的自我判断。在这种情况下，只有发挥教学评语的激励作用，才能帮助学生摆正心态，实现对自我的清醒认知与不断超越。

第二，导向作用。评语是学生获得学习情况反馈的重要来源。教师评语是学生自我评价的基础。学生可以从教师评语中及时发现自身存在的问题与不足，并以此为依据，科学调整学习策略，及时明确日后的努力方向。此外，书写方法与格式比较灵活的评语，还可以促进学生接受自身存在的学习问题。面对自我意识觉醒的学生，鼓舞人心、建议中肯的评语，比强制生硬、发号施令的语言更有吸引力。因此，充满人性光辉的教师评语，更容易获得学生的身心认同，并有效提升学生的学习积极性，切实发挥教师评语的导向作用。

第三，交流作用。书面性评价语灵活的格式和形式可以发挥沟通交流的作用，评语可以是对学生的学习活动进行分析与总结，可以是对学生的学习方式、学习态度、学习情趣的询问，还可以是向学生提出改进学习的途径。教师可以使用抒情、幽默等不同风格的语言进行书写。因此，在很大程度上，评语成为教师与学生之间的一种交流方式，而不是教师单向的个人评价。同时，评语也可以成为家长了解学生具体学习情况的一种方式，增进教师、学生、家长之间的联系，使家长根据学生的学习情况有针对性地采取适当的措施，有效地配合教师的教学，以提高学生的学习成绩。

2. 教学评语技能

第一，树立正确评价观念。观念决定着教师的行为，树立正确的评价观念是教师在写评语时应该首要解决的问题，有了正确的观念才能够对学生的表现给予正确、客观的定位和判断。首先，明确评价的目的。教师的评语是为了让学生对自己的优缺点有一个全面、正确地了解，指出自己在学习上的优势，知道自己还需要强化的地方。同时，激发学生的学习动力，用富有鼓励性、建议性的语言来激励学生的学习，当学生从教师的语言中感受到学习的美好，有了学习的愿望时，教师的评语才真正发挥作用了，所以在写评语时一定注意语言的正确使用，不要用一些负面的、具有打击性的语言来作为评语的内容，即便是学生身上存在很多缺点，也应用委婉表达代替直言不讳。其次，树立正确的师生观。要明白"闻道有先后，术业有专攻"的道理，课堂上教师是领路人，其他方面学生也许更专业，所以没有谁绝对是谁的老师，师生之间应该是平等的关系，因此教师写给学生的评语也应避免用训斥和命令的口吻。

第二，合理把握评语的尺度。合理把握评语的尺度是教师在撰写评语时应该遵守的一个准则。首先，客观的评价语言。教学的评语要根据每个学生的实际情况进行书写，既不要夸大学生的优点或是掩饰学生的缺点，使其产生骄傲的心理，也不要放大学生的缺点，出现影响学生心理的语言。其次，真诚的评价态度。教师的评语应该真诚、中肯、平实，使学生能从教师评语的字里行间感到教师对自己学习的关心。教师在评价时要对学生一视同仁，不要对某位学生有意见就戴着"有色"眼镜来看学生，而是保持一名教师应有的态度。

第三，能够体现评语的魅力。人们都喜欢听赞美的语言。首先，善于发现学生身上值得肯定的闪光点，这就需要通过深入的调查和观察来发现学生身上的亮点。其次，书写学生的"美"。比如：对于一位很胆小的学生，她在课堂上总是不敢大胆地表现，教师的评语可以是"你是一个漂亮、上进的学生。在课堂上总是能看到你对知识渴望的美丽眼神，老师多么希望你能积极地参与表现，把你对知识的理解勇敢地展现在大家面前"；对于一位极有天赋却学习不积极的学生，教师的评语是"成功是勤奋和天才的集合体，缺一不可，如此有天赋的你再加上勤奋这双翅膀，定能使你在天空上自由地翱翔"。

二、课件制作

课件在高校课堂的意义是以突出呈现课程的重点、难点为基本目的，并以多媒体超链接的结构制作的相对独立的教学软件。课件一般包括的媒体类型有文本、表格、图表、图片、声音、录像、动画等。Powerpoint是制作课件最常用的办公软件。它功能强大，文字与图片、声音、录像、动画的排版变化灵活，主要用于制作各种演示幻灯片，适用于演讲、教学等场合。

作为备课的重要环节之一，课件的制作也有着举足轻重的地位。教师在课堂上对课件的依赖程度与对教案的依赖程度不可同日而语。学生在课堂上所需记录的知识点也几乎全部来自课件。然而，高校教师日常所用的多媒体课件，多数都是从教材附带的光盘中导出来稍加调整修饰后就投入使用。

不可否认的是高校教师既要科研，又要教学，平时的事务性工作也会占据教师一大部分时间和精力，这对高校教师亲自制作每一节课的课件来说是个巨大的挑战。但是教材附带的课件，通常情况下都只是将教材内容搬运到幻灯片上。每一页幻灯片都不出意外地铺满了密密麻麻的文字，让人抓不住重点，找不到参考价值；学生想要记笔记时需要通篇读一下才能提取到所需信息；这样教学效果势必也会受到影响。但我们可以在原有课件的基础上，针对教学内容和重点适当地对课件进行修改。修改时可以遵循以下原则。

（一）课件的界面

首先要知道，课件是由界面、文字、图像、表格、图表、声音、影片、动画、链接等因素组成的有机体系。制作课件的目的一是给我们的授课过程起到提示作用，二是将大量的知识点以画面的形式呈现在学生眼前，便于学生课上记录、课下复习。

界面通常包含有图形与文字。界面的设计是对素材取舍及形式的处理手段。在设计中，需要对设计的形式反复推敲、琢磨，才能使其达到完美的境地。这些经提炼而成的形式又往往受一些最基本的原理所支配，受最基本的形式法则所制约。

（二）课件文字

课件上文字存在的意义是便于学生阅读和记忆，同时对教师的授课内容起到提纲挈领的作用。但如果整页幻灯片都是文字，就容易出现一时间找不到重点，只能"照本宣科"的惨状，这会瞬间让学生失去兴趣。而一个文字精练，重点难点一目了然的幻灯片，才是课堂上的法宝。因此，我们在制作课件时应遵循能用图表说明就不用表格，能用表格说明就不用文字。

（三）文字排版

一个美观大方的课件能给人以舒适愉悦的视觉享受。这就要求我们在制作课件时，使用的背景色要合理，颜色搭配要协调，禁用饱和度较高的色彩，因为长时间观看会使人感觉到视觉疲劳。为突出重点，可以将文字加粗或者涂色，将文字的行数控制在 7 行左右为宜，行距约 1.3 左右，字号选用约 32 号，字体一般选用黑体，便于远处同学也能够清晰地看见。幻灯片周边应留有一定空间，不要占满整个页面。句与句、知识点之间用符号分隔开，便于观看。

（四）课件的链接

有时候我们需要在讲完一个知识点后再回到目录以便让学生清楚地知道知识体系，显然我们不能一页一页地去翻找。这时候我们可以在课件中设置链接，插入超链接以实现幻灯片跳转。超链接的设置对象可以是文字、图形、图像等。

有些知识点是很难用语言清晰明了地讲解出来的，如电子的跃迁、生物与酶的结合、化学分子式的立体构型等，这时如果我们能用动画或者模型将这些抽象的东西画出来，给学生一个画面，学生很容易就能明白其中的奥妙了。

课件的制作还有很多技巧，想做好一个课件也不是一蹴而就的，这需要我们不断学习并更新课件制作技能。总之，一个好的课件往往能打开学生通往知识世界的大门，教师们应同样重视课件的制作。

三、板书设计

有研究表明，人类所接受的视觉、听觉、感官等各种信息中，视觉信息约占四分之三，可见视觉信息的重要性。而板书，正是教师以黑板为媒介利用汉字、阿拉伯数字、英文字母或者是图画、表格等具象的视觉成像向学生传递信息、输出知识的过程，以帮助学生加深对重点知识的掌握和理解，这个过程是简单地给学生播放一下幻灯片、视频等先进的教学工具无法替代的。因此，拥有行云流水般的板书能力在互联网教育和信息化教育大行其道的今天，仍然是教师必备的基本功之一。教学板书能力对于教师而言是必需的，这也是评判教师基本功是否合格的一个标准，因此教师需要不断增强教学板书能力。板书的好坏与教学质量息息相关，同时工整美观的板书可以影响学生的审美能力，调整学生的整体学习态度。在教育教学过程中运用板书能力也可以突出教学重点，让课堂更加生动形象，激发学生学习的积极性。同时，不同形式的板书可以让学生对知识有不同的理解与记忆，拓展学生的思维。因此，一个好的老师需要具备一定的板书能力，并要不断提升此方面的能力，让教学更具效率。

板书能力是教师必须具备的业务能力，它是通过在黑板上书写文字或绘画图表等向学生传递信息的教学行为方式，教师的板书应做到准确、灵活、凝练、有效。教学板书能力的训练目标可以概括为以下五点：①提高对板书的重视程度，深刻认识板书在教学中的意义，在教学过程中将板书作为重要的教学手段；②能够通过分析具体的例子来说明板书的要求与原则，并掌握基本的板书技能；③能够结合板书的知识与要求，书写合格的教学板书；④能够安排好书写板书与讲授知识的时间，使其合理结合，提升教学质量；⑤能够客观评价自己和其他教师的板书，进而完善自己的板书，并为其他教师提出具有建设性的意见。

（一）板书设计的作用

1. 将抽象的语言具象化

尽管教学语言是课堂交流教学信息的主要方式，但它转瞬即逝，不易长时间记忆。而作为口头语言辅助工具的板书，能简明扼要、条理分明地把教学内容表现出来，使视听两种感官相结合。由于板书和口头语言两种信号的协同作用，使得口头语言所表达的内容更明确、更突出，因而能取得更好的教学效果。

2. 揭示知识的结构体系和内在联系

板书是在课堂上根据授课内容随讲随写的，它的主要作用是将知识框架和结构体系以文字的形式展现出来。

3. 突出重难点，便于记忆

好的板书设计可以让整个教学框架更清晰明了，让学生可以高效率并连贯地接受所学知识，增强学生的归纳能力。板书可以概括整体的知识体系，将中心思想更清晰地表达出来，便于学生提炼教学精髓，让复杂的知识逐步简单化，更容易被学生理解。当然，在实际教学时教学板书还可以反映出各种问题，让学生去逐步思考，理解文章的意思。随着科技的不断发展，很多教师在授课的时候会选择与多媒体相结合，让整个课堂和教学过程绘声绘色。有声授课的优点有很多，不仅可以让课堂更生动有趣，还可以给予学生更直观的教学印象。但是教学板书是整个教学活动的精髓，学生可以通过板书直接明白教学内容的重点，找到整节课程的核心，同时学生还可以根据板书来做相应的笔记，便于课下学习与反思，为后期自主学习奠定坚实的基础。

4. 教师不断提升教学板书能力可以有效提升学生的注意力

目前，多媒体教学虽然很多，但是在教学过程中操作速度过快，没有让学生深入体会就进入下一环节，不利于学生记录知识要点、领略中心思想。教学板书的运用可以很好地避免此类缺陷，让学生对整体的教学内容有更深入的回味，课下可以根据板书内容深入了解其中的意义，其简明扼要的思想更能让学生提升学习效率。有序的板书可以促进学生双向思维的发展，增强学生自我学习、自我思考的能力。

板书中的文字、符号等均会因为教学内容的不同而有所差别，所呈现出来的组合、颜色等也多种多样，在教学活动中可以有效吸引学生的注意力，促使学生积极主动地去学习新知识。当然，板书以画的形式出现还可以有效刺激学生的视觉，从而减少其疲惫心理，让其在授课过程中可以更集中精神，快速将学生引入教学情境中。

（二）板书设计的优化

教师在教学过程中需要不断提升板书设计，板书设计不同于简单的板书罗列，需要根据教学内容去进行构架。教学板书的设计与编排可以让学生从中快速找出重点难点，高效率地完成学习任务，提升整体的教学效果。

（三）板书设计的提升

教师要不断提高自己的板书能力，为提高教学质量服务，可以从以下方面入手：

1. 合理规划，划分主副区

目前，高校教室的黑板都是两块拼在一起，可上下左右移动。由于一侧黑板常常会被PPT挡住，通常将远离PPT的一侧黑板作为主板书，主要书写章节标题及重点内容，上下各预留15厘米左右的距离，以便后排同学观看。被PPT挡住的那块黑板通常还有一小半的位置，这部分作为副板书，通常用来写一些提示性内容或画一些辅助性图表、符号等。主板书写重点需要掌握的内容，不去擦除；副板书临时写些零散的东西，可随写随擦。

2. 注意板书的书写。

（1）书写格式。

第一，标题及内容的位置。通常我们将标题写在主板书的正中间，以凸显教学内容的主题。其他教学内容从主板书的边缘开始，不宜过长。

第二，标题及内容的序号。序号是讲授内容层次结构的反映，它能快速梳理出知识点之间的关系及条理性。如果我们的授课内容只有一个主题，那么标题可以不用标注序号，只需要对所讲内容分级进行标注序号，标注序号的原则是：一级标题用"一"；一级标题下的二级标题用"（一）"；二级标题下的三级标题用"1."；四、五、六、七级标题以此类推分别为"（1）"、"①"、"A."、"a."等。通常我们只用到三级标题就够了。这里需要注意的是带括号的序号及标题后面没有标点符号，因为括号能清晰地将序号和标题区分开来，而其他不带括号的序号后面都带有标点符号，通常是英文状态下的小圆点，目的是为避免序号与标题混淆。

（2）粉笔字书写的方法。

第一，运笔要领。

正确的运笔方法有助于写出行云流水的板书，粉笔字不同于钢笔字，我们不能采用单纯的手握姿态，而应该是采用拇指、食指、中指三指合力将粉笔固定于手中，并用手腕发力将粉笔固定于黑板，进而运笔行书的过程。同时，要注意将粉笔尖端预留出约1厘米的距离，并与黑板呈30度至60度的夹角。手腕要用力，以免字迹不清。

第二，书写姿势。

头部：为保证视线与黑板持平，我们既不能仰头也不能低头，这是能够写出字正腔圆、整齐划一的板书的前提。

躯干：身体不但要与黑板保持平行，还要随着书写不断平移，保证每一行字既不"上楼梯"也不"坐滑梯"。这里需要注意的是很多教师在写板书时不自觉地会面对黑板背对学生，这是不可取的。因为我们背对学生的时候，学生看不到老师的脸和眼睛，就会觉得老师的注意力没有在自己身上，很容易溜号甚至做与课堂无关的小动作。所以，当我们板书时不要背对学生，可以采取"侧身侧脸"的姿势进行板书。

手臂：有经验的教师或许会发现，如果手臂不弯曲去板书，短时间内就会感觉手臂酸软，所以正确的运笔姿势是能够快速板书的前提。为能"多、快、好"地书写板书，我们的手臂应呈自然弯曲的姿态。

字迹要求：为便于辨认，通常我们采用楷体字，尽量避免使用行书等个性化较强的字体，且每个粉笔字的大小控制在7厘米宽、10厘米高为宜，以保证后排学生能清晰辨认，并保证字与字之间距离合理、不拥挤。

四、新课导入

导入是为使学生能够进入学习状态而讲述的与本节课程相关的内容，新课导入看起来无关紧要，但却有着举足轻重的地位。然而现实中我们常见的课堂开端是：同学们，这节课我们讲抗精神病类药物，大家把书翻到第123页，然后教师打开课件，开始将标题写在黑板上，一堂课就这样在学生涣散的精神状态下猝不及防地开始了……或许有人会说，大学生的注意力很容易集中，想听课的学生自然很快进入状态，不想听课的学生怎么导入也是无济于事。但请你想象下面这个场景：老师一进来对大家说："同学们，你们昨天睡得都怎么样啊？有没有人做梦，有没有人失眠？"学生肯定会出乎意料，觉得你是在关心他们，师生间的情感轻易地便建立起来，这时候肯定会有学生说："我没睡好或者我失眠了"。即使没人回答你也没关系，你可以说你自己失眠了，吃了治疗失眠的药物。然后接下来就可以问，你所知道的治疗失眠的药物有哪些？你知道这类药物为什么可以治疗失眠吗？它们是怎么作用于人体的呢？它对我们有没有什么危害呢？它属于哪类药物呢？

试问第一种课堂和第二种课堂，哪个更能激发学生的求知欲？更能吸引学生注意力？更能让学生的大脑高速运转？更能将学生迅速带入课堂？这就是新课导入的魅力和目的所在。它可以使学生成为课堂的主人甚至主动发问者。

（一）导入功能

1. 集中学生注意力

课堂时间很短，对于学生来说，要在有限的时间内尽可能实现高效率的学习非常重要。每一节课都是新的开始，万事开头难，这就需要教师采取科学合理的方法导入教学，调动学生的学习热情，提升学生的兴奋度，帮助学生全身心地投入到学习中去，实现高效率课堂。

2. 激发学生的学习兴趣

兴趣是最好的老师，兴趣能够使人产生期待。因此，教师应通过精彩的导入激发学生的学习兴趣，使学生能够带着强烈的期待去学习、去求知。

3. 联结新旧知识

一切新的知识和技能都建立在原有知识和技能的基础上，所谓温故知新，因此课堂导入可以选择联想的方式，如从旧有知识或技能引入新的课程内容，帮助学生建立起知识技能体系，使学生能够完整、系统地学习。

4. 沟通师生感情

教学指的是"教"与"学"，由此可见，教学的过程就是教师和学生之间互动沟通的过程。教师的情绪能够影响学生的学习情绪，学生的学习热情也会影响教师的授课水准，只有师生之间能够互尊互爱，形成融洽的气氛，教学活动才能顺利开展。因此，教师在导入环节也应重视师生交流沟通，应努力以饱满的工作热情、亲切的话语去感染学生，使学生能够在轻松和谐的课堂中学习。

（二）导入原则

（1）目的性原则。系统论的观点认为，教学过程的结构也是一个系统。在教学过程中，可以将导入看作"头"，"头"是为后面的环节服务的，导入和后面的过程共同形成整体，不可分割；一旦分割，无论导入多么精彩，也会丧失存在的意义。因此，导入不能孤立，必须要与教学目标和内容以及学生的特点等结合进行设计，将学生自然地带到所要学习的知识领域中去。

（2）时间性原则。导入部分是课堂教学的开始，是引导学生进入学习状态，将学生带入新的知识殿堂的十分重要的活动。但需要注意的是，导入并不是教学过程的重点，教师应尽量用最短的时间迅速帮助学生集中注意力，激发学生的学习兴趣，使学生快速进入学习状态。因此，导入部分应做到紧凑安排，时间不宜超过 5 分钟。

（3）艺术性原则。通过富有艺术魅力的导入使学生以最佳心态投入到学习活动中，更有利于以下环节的展开。导入是一门教学艺术，不可能找到固定不变的模式，全在于教师依据教材特点和学生的实际进行创造性设计，以取得预期的教学效果。

（三）导入要求

1. 导入要符合教学内容

导入必须要有明确的目的，一切导入手段都是为顺利进行新课服务的。缺乏目的性的导入，手段无论多新颖，都是违背教学规律的。

导入要与教学内容紧密联系，从教学一开始便吸引学生注意力，将学生带入到新内容的教学中，有些教师总是想方设法地追求花哨，实际上内容已经脱离教学整体，即使导入再精彩也缺乏实用价值。因此，导入要充分考虑建立在所授教材的内容上，而不能游离于教学内容之外。

2. 导入要适应学生特点

学生是学习的主体，在设计导入形式和内容时要依据学生的知识基础、学习特点、心理特征，关注学生身边发生的、令他们感兴趣的事情。如果对学生的知识和心理水平了解不足，那么很可能会使课堂导入部分平淡无味、流于形式。事实上，有些导入内容都是教师从自己的预想出发进行设计，根本不符合学生的实际需要，在学生看来可能既肤浅又单调。这样的导入不但不能激发学生的求知欲，反而抑制了他们的学习兴趣，与开发学生智力的教学宗旨背道而驰了。因此，导入必须要做到充分考虑学生的特点，以学生为主体进行设计，以帮助学生活跃思维、增强参与度为原则，使学生能够主动、自然地进入角色，积极参与到课堂中来，从而提高学习效率，完善课堂教学。

3. 导语尽量短小精悍

导入不是课堂教学的主要环节，它只是一个前奏。因此，要求教师在设计导语时，要短小精悍、简洁明了、概括性强。导入仅仅是一堂课的引子，用时过长，就会影响正课的内容时间。所以，在导入时一定要合理取材，控制好教学时间，适可而止。

（四）导入技能

（1）导入技能训练目标。①了解导入的类型和导入的基本要求；②应做到能够迅速集中学生注意力，激发学生的学习兴趣和求知欲，使学生能够明确学习目的，从而以饱满的精神状态进入新课的学习。

（2）导入技能训练程序。①学习导入的相关理论。②分析范例。通常包括四种方式，即阅读教案、见习课程、观看录像、指导教师示范。③编写教案。教师在编写教案的过程中应思考以下问题。为什么选择这种导入方法？导入与内容、目标的关系是什么？导入中的选材是否科学合理？还能否用其他方法导入，哪一个更好？教案的编写是否紧凑，逻辑是否严密？④导入实践。对设计好的导入进行实践，实践可使用6到10人的小组，也可用大班形式。课前应先对导入作简短的说明，主要说明的内容包括目标、类型和设计简介等。⑤教学反馈。实践结束后应进入反馈环节，应仔细分析实践与设计的不同之处，对实践中出现的问题要重点关注，对任务的完成情况要认真总结。

五、教学设计

教师想要教学工作顺利地开展，需要设计教学过程。教学过程的设计要求教师掌握教学设计能力。早在之前，人们开展教学活动的时候就关注到了教学设计，只是当时使用的教学设计方法、教学设计观念和现代的教学设计方法观念不同。具体来讲，教学设计指的是运用系统性方法去完成预期设置的教学目标，并且遵循教学规律开展教学活动的具体过程。从内容角度对教学设计进行划分，可以将教学设计分成两种：首先，广义角度的教学设计，指的是把教学过程分成不同的层次，逐一进行教学设计；其次，狭义角度的教学设计，指的是针对某一个单元内容、课程内容或者课时内容、培训内容进行小范围的系统设计。此处讨论的教学设计是狭义角度的教学设计。

教学设计就像盖房子，一定要事先设计好房间布局，每个房间的大小，每个物品的摆放位置及事先给物品预留的位置，这样才能在房子盖成以后，舒舒服服地住在里面。如果一切都没有计划，而是想到哪做到哪，就有可能会出现需要返工的现象，或者是得到一个因设计不合理而住着不方便的房子。同理，我们只有在课前对所要讲授的内容、目标、重点、难点、考点都精心设计，让它们在适当的时间出现在适当的位置，才是一个"有计划、有预谋、有组织"的课堂。

（一）教学的目标设计

教学目标指的是在教学活动开始之前预先设置的教学应该达到的结果。教学设计需要在形成教学目标之后开始，以教学目标为依托，遵循教学目标的指引。具体来说，教学目标设计有以下两方面的含义。

（1）教学目标可以帮助学生更好地参与学习活动。学生开展学习活动需要遵循教学目标的指引，学生开展学习活动最先要做到的就是确定清晰的学习目标，然后选择适合的学习方法，教师应该在学生开展活动之前明确要求学生通过学习之后要达到哪种水平，掌握哪些能力。

（2）教学目标有助教师之间、师生之间及教师与家长之间开展更充分的交流。教师在确定具体的教学目标之后，课堂授课活动可以有清晰的目的，学校领导可以清晰了解教师所做出的教学规划。教师还可以借助教学目标为载体，和学生展开有效的沟通，让学生尽快了解学习的主要目的。除此之外，教学目标的确定还能让家长更好地配合教师共同完成教学计划、教学任务。

课堂教学评价的展开需要教师和学生共同努力。虽然教师提前设置了课堂教学目标，但是不一定保证课堂会完全按照预设的轨迹向前推进。课堂当中学生的参与会让学生直接带着自己的知识、经验及自己在生活当中的所感所悟，使得课堂当中出现预设之外的事件。面对节外生枝的事件，教师应该灵活应对，迅速建立课堂当中的生成性教学目标，以此来保证教学效果。教学目标当中应该明确学生要做到的行为，要达到的能力水平。除此之外，教学目标还应该可以评价、可以检测，教学目标必须清晰，否则教学目标没有办法在具体的教学当中被有效操作。

（二）教学的过程设计

1. 教学过程呈现出的一般特征

教学过程由教师负责引领。在教师的带领和引导之下，教学课堂会不断向前推进。教学当中涉及诸多要素，如教师、教材、多媒体设备、学生、教学使用的方法、内容、设置的目标、开展的评价等，所有的要素当中教师和学生是参与教学活动的基本要素，教师和学生也是教学活动的重要主体。

教学过程存在矛盾，教师提出的认知任务和学生现有能力水平之间存在差异，这一矛盾出现在完整的教学过程当中，属于教学基本矛盾。其他矛盾的出现都以基础矛盾为前提。教师开展教学需要时时关注基本矛盾，也需要处理基本矛盾，教师需要通过任务设置提高学生认知水平，让学生有所成长。教学只有解决了基本矛盾，才能取得有效的教学成果。

在学习过程当中开展的认知活动可以让学生了解到更多的知识、了解到更深层次的知识。学生在感知知识之后，可以对知识有深层次的理解，并且运用知识。学生在认知和了解知识的过程中，需要进行复杂的认知分析。具体来讲，学生的教学认知过程主要有以下三个特点：

第一，认识对象具有间接性特征、系统性特征。学生需要根据认识对象，也就是教材当中的知识去了解世界，此种知识了解属于间接知识了解，而且教材当中的内容经过系统化整理，学生在了解这样的知识之后会利用知识去改变自己的主观看法。但是这些改变不能仅仅停留在理论层面上，也要结合实践。教师需要为学生提供能够开展实践的条件。

第二，认知过程当中学生的主动性以及受动性。学生需要根据教师的指导去学习教材当中总结出的前人经验，学生本身的心智不够成熟，对知识的理解和吸收需要教师的帮助。所以，在认知过程中，学生体现出了被动性特征。但是知识的理解与吸收不能是完全地被动接收，学生也需要自己主动地构建知识体系，对知识作出思考。所以，学生也会体现出主动性特征。在学生的主动理解吸收下，学生将会得到更好的成长。

第三，认识具有的教育性特征。学生通过学习更新自己对世界的了解和看法，可以提高自身的能力以及素养水平，这足以说明认识能够发挥教育作用。

2. 教学过程阶段与功能

（1）教学过程的基本阶段

第一，准备阶段。教学设计过程的开始需要有确定的、明确的、清晰的教学目标，目标确定之后还要结合学生的实际特征，在此基础上明确教学起点，对学生展开针对性教学。除此之外，还需要关注教学方法、策略、设备等方面的设计。在教学过程结束之后，教学设计工作并没有停止，教师还需要结合课程结束之后的反馈信息去思考如何优化接下来的教学设计。只有不断地反思调整，教学才可能达到最优水平。

第二，实施阶段。该阶段需要使用教学方法、教学策略。通过方法和策略的运用，将准备阶段设计的相关计划彻底实施在教学过程中。实施阶段需要关注学生的主动性、积极性，需要调动学生的主体性。除此之外，教师还要关注课堂节奏、课堂氛围，教师需要灵活处理课堂当中可能出现的突发事件。

第三，评价阶段。评价阶段的实施主要是为了获得真实的教学反馈，以此来判断教学目标是否真正实现、教学策略是否真正发挥作用。在评价阶段，教师需要分析学生的学习成果，了解学生是否实现成长与进步。教师需要根据分析之后得到的结果去调整接下来的教学活动，优化教学设计。

（2）教学过程具有的功能

具体来讲，教学过程具有的功能主要包括三个方面。

第一，教学方面的功能。教学过程可以让学生了解到人类发现的客观规律，可以让学生了解更多知识，也能够让学生形成独立思考、独立创造的能力。通过教学过程，学生可以掌握自身学习需要的技巧及知识。在教学过程中，学生将前人的经验转化成自己的经验。

第二，发展方面的功能。在教学过程中，学生无论是思维、智力，还是语言能力、思考能力、观察能力都会有一定的成长。除此之外，学生的运动、技能、审美能力、操作能力也会有所提升。可以说，在教学过程中，学生有了全方位的发展。

第三，教育方面的功能。教学除可以让学生在知识水平、能力水平方面有所提升之外，还会让学生的价值观、人生观、世界观发生改变。也就是说，教学过程体现出教育性，具备教育功能。

（三）教学的策略设计

设计教学目标的时候就已经确定了教学过程要讲解的内容，并且明确了教学应该讲解到哪种程度，学生应该学习哪些知识。但是，明确如何开展教学问题需要借助教学策略设计。顾名思义，教学策略是教师在教学过程当中使用的教学方式、教学方法，教师使用教学策略是为了让教学目标更顺利、更有效地实现，教学策略除涉及教学目标实现需要使用的方式方法之外，还涉及教师运用的班级管理方法、问题情境创设方法。

1. 教学策略的特性

第一，目的性。教学策略应始终以教学目标的需要开展设计。也就是说，教师应根据教学目标的需要去设置适合的教学策略。所以，教学策略体现出目的性特征。

第二，灵活性。教学目标不同的情况下，使用的教学策略也应该有差异，不能让同一个教学策略没有差别地应用在所有的教学课堂当中。当教学条件内容及学生能力有所变化之后，教学策略也应该出现改变。

第三，多样性。如果教师在教学过程中使用的教学策略比较单一，那么教学策略将很难为更多教学目标的实现提供支持。所以，教学应该根据目标设置多种多样的教学策略。

第四，创造性。实际的教学情境充满变化、非常复杂。所以，教师在开展教学活动的过程中，需要注意灵活地运用教学方法、教学策略。因此，教学策略是教师智慧和教学艺术的充分体现。

2. 教学策略设计注意事项

（1）设计教学策略的依据

第一，教学策略在设计过程中要遵循教学目标的指引。教学策略的主要目的就是完成教学目标。所以，设计过程当中需要以教学目标作为基本指引。

第二，设计教学策略需要依据学习理论的支持以及教学理论的帮助。教学想要成功，就需要遵循学习理论及教学理论的要求去设计科学合理的教学策略，以此来保证学习效果有效提升、教学任务有效完成。在这个过程中，教师切忌使用自己的主观看法。

第三，设计出的教学策略要符合教学内容的需要。当内容不同时，教师应该选择不同的教学策略。

第四，设计出的教学策略要符合学生特征。不同的学生习惯使用的学习方式、学习风格存在差异，教师应该针对性地设计适合的教学策略。

第五，教学策略的设计要符合教师当下的教学条件。不同教师在能力、教学水平、经验及风格方面都有一定的差异。所以，教师需要选择适合自身教学特点的教学策略，这样才可能更好地发挥自身在教学方面的优势。

（2）设计教学策略的原则

第一，把问题当作教学策略设计的中心。在教学过程中，教师除为学生设置问题、让学生带着问题去思考之外，也应该让学生在接触教材内容之后引导学生根据教材内容提出问题。提出的问题应该涉及两个方面：首先，质疑。教师应该引导学生提出与教材观点或者教师观点不同的其他想法。其次，提出发展问题。教师应该引导学生在掌握一定知识的基础上去观察、分析，然后提出有见解性的、值得商榷的问题。这两种问题的提出有助学生开展创新性研究活动。

第二，教学设计应该注重学习方式方面的设计。学习方式指的是学生在学习过程当中愿意使用的学习策略、学习习惯及学生展现出来的学习倾向。教学策略的设计应该更加注重实现学生的个性化学习。教师应该通过教学策略的设计引导学生开展多样化且个性化的学习。当教师发现学生学习方式有所变化时，教师应该改变自身的教学方式，以此来不断培养学生的主体性、积极性、能动性，让教学变成学生主动学习的过程，让学生自主承担学习的责任，形成正确的学习习惯。根据学生的学习方式去转换教学策略能够让学生的学习由被动性、接受性变成主动性及发现性，可以更好地激发学生的学习兴趣、学习热情。因此，设计教学策略要关注学习方式的设计。

第三，教学策略设计应该关注学生体验。新的课程教学标准强调教学要关注学生的体验。学生需要在具体的情境当中获取知识、获取经验。所以，教学策略设计时，应该以学生为主体，为学生设计适合学习需要的教学情境。符合学生需要的教学情境可以让学生更好地开展学习、更好地进行认知、更好地将理论和实践结合。在适合的情境当中，学生将会获得更为丰富的学习体验，学生也会将自己体验到的知识不断地内化吸收，真正做到知识的掌握。

此外，教师教学策略的设计，还应该关注到学生对教学策略设计的参与，学生在参与教学策略设计的过程中，应该整体全面地参与所有环节，教师也应该引导学生积极参与教学策略设计。分析教学的本质，可以发现教学本质是师生不断互动、不断交流的过程。所以，教学策略的设计也需要学生参与，需要师生展开互动，师生应该通过对话的方式更好地开展教学活动。想要让教师意识到学生对教学策略设计参与的重要性，需要更新教学观念，让教师体会到交流对话的重要性，让教师意识到教学是师生之间所开展的良好互动。

（本节编者：张凤娇、刘丹丹）

第二节 教师语言艺术

教学语言是教师向学生输出知识、传递信息、表达观点的一种载体，它虽不是教学活动的内容，却是一切教学活动的基石。人类是情感动物，教师在课堂上的教学语言应是有感情、有温度的。教师如果想上好一堂课，语言也起着至关重要的作用。如果教师能够通过情趣盎然的表述，鞭辟入里的分析，入木三分的概括，恰到好处的点拨来代替从头到尾平淡如水的泛泛叙述，则更能激发学生学习兴趣，从而把学生带进绮丽的知识海洋，并开启心智，陶冶情操，获得精神上的满足，从而更好地为实现教学目标服务。

一、教师的口语表达艺术

教学口语是指教师通过口头表达的教学语言。它应是在普通话的基础上配以个人用语习惯从而形成自己的讲话风格，进而用于进行课堂教学的工作性语言。教师授课的语言应是以教学内容为中心，以学生的行为特征为依托，以特定的授课教材为支撑，在规定的时间范围以独一无二的风格，为达到预设的教学目标和要求而使用的一种表达方式。教学口语的艺术性在于它是富有情感的，情感随着授课方式有起有伏，声调随着授课内容有升有降，节奏随着授课进程有徐有疾，语速随着授课时长有快有慢，而这一切都是为了使学生享受课堂上的听觉效果，调动学生的求知欲望，烘托课堂的活跃氛围。教师可根据学生在课堂上的表现，根据教学内容的难易，当快则快、当缓即缓，从而展示教学内容的难点和重点、广度和深度。

教师教学口语的水平会对学生学习效率产生直接影响，也会直接决定教学目标的实现程度。因此，教师必须掌握教学口语的相关技巧。教学口语虽然被称为口语，但是它属于教师职业使用的语言，和教师日常当中的口语还是存在很大差别。教师教学当中使用的口语是日常口语和书面用语之间的结合。教学口语主要是有声语言。除此之外，也会借助态势语言作为辅助。因此，它显现出一般口语的特征。但是，在教学内容教学任务的约束下，教学口语并不像日常口语那样随意，而会相对规范、相对严谨，也能够体现出一定的教学艺术性特征。

教学场景、受众群体和教学方法等因素都是教学口语的因变量，教学口语会随着以上因素的改变而进行适当调整。之所以要使用口语去教学，是为了让学生更好地消化和汲取知识，因此教师在课堂上与学生互动时，教师的口语要根据受众群体的接受能力进行实时调整。一位具有较高口语修养的教师，学生在其课堂的学习效果往往不会太差，他的教学目标也很容易实现。

（一）口语表达的特性分析

1. 教育性

教师不但承担着教书的责任，更是承担着育人的责任。教师不但要将自己毕生所学倾囊相授，更要在这个"相授"的过程中润物细无声地将正确的人生观、价值观放入"囊"中，让学生学到的不只是科学知识，还有人生经验和道理，是正确的"三观"。当我们向学生输出这些时，要以平等的姿态去传达，要以理服人，而口语化的表达则更能使学生容易接受。

2. 规范性

首先，表现在语言的形式上。身为教师无论出生于何地，都应采用标准的普通话和规范的汉字进行授课，发音要标准，词汇要规范，语法要正确。有口音的方言，网络流行用语，不是国际通用的缩写、简称、代名词等都不能出现在课堂上；说话要通顺连贯，没有语法错误。其次，表现在语言的内容上。为确保教师所说的每一句话都能清晰明了、准确无误地被学生迅速理解和接受，教师用语必须在内容上是规范而毫无歧义的。

3. 针对性

语言会有特定的表达对象，在教学过程中，教学口语的表达对象是学生。但是，学生处于成长过程中，不同年纪的学生会有不同的特征。所以，教学不能使用完全一致的教学语言。教学口语的运用需要考虑到学生在年龄、个性等方面的差异。教师应该根据学生年龄、学生个性有选择地使用抽象语言、具体语言、直接语言或者含蓄语言。除此之外，教师还要考虑到不同学科教学口语之间的差异。教学口语具有的针对性特征使得教学课堂内容的表达异常丰富、异常多彩。

4. 科学性

科学性要求在表达教学口语的过程中，内容必须准确、必须符合逻辑关系。不同的学科学习的学科概念、学科规律不同。但是，无论是哪一个学科在传授知识的过程中都会运用到自己学科的专业术语，这样的专业术语通常情况下不可以被改变、被替换。所以，教学口语强调科学性，强调内容概念的表达准确、精准。特别对于一些相似的概念，教师必须做到精确表达，否则就可能会导致理解歧义。

除此之外，还要关注不同的教学语言之间存在语言关联。所以，要注重语言表达前后的逻辑性、层次性、系统性。语言表达应该做到有条理、清晰，教学口语前后不能出现矛盾，不能出现错漏。

5. 启发性

启发性要求教师使用启发和引导的方式让学生理解知识、吸收知识。一名优秀的教师可能会注重示范，可能会注重讲解，可能会善于启发，但是他一定不会使用灌输式的方法让学生去吸收知识、理解知识，也不会通过知识数量的衡量去判断学生的学习效果。相反，优秀的教师会更加关注学生在能力思维等方面的发展。教师对学生的启发引导需要教师适当地使用合适的教学语言，需要教师为学生设置疑问、创设情境，引导学生的思考，激发学生的主动探索，引起学生的好奇心。

6. 口语性

教学过程中，教师需要把提前准备好的教案及讲稿转化成学生可以理解的、相对通俗的教学口语。如果教师在教学当中完全使用书面语言、完全运用概念术语去讲解，那么那些抽象化的术语很难激发学生学习兴趣。教师需要借助教学口语的方式让教学内容的展现更加绘声绘色，这样才有利于学生对知识的吸收。

7. 生动性

课堂教学语言应该注重语言的活泼以及语言的生动，如此才能更好地激发学生对学习的参与欲望，才能真正提升教学效率。具体来讲，教学口语的生动性涉及情感性、艺术性、机智性及多样性。

语言最能够表情达意，教学口语的运用也可以传递出教师的情感。在教学过程中，当教师投入情感时，教师的口语也会自然而然地传递出教师的感情倾向。学生可以从教师口语当中感受到教师的关心。教师教学口语当中传递出的诚挚、饱满的热情会让所有的学生都受到感染。

教学口语显现出的艺术性特点指的是教学口语的声调、语速、节奏都会出现一定的变化。教师教学口语的抑扬顿挫可以让学生鲜明地注意到教学内容的变化。教师教学语速的变化能够调节课堂气氛、课堂节奏。如果教师在一节课堂当中声调语速节奏一直没有变化，那么学生很容易对课堂感到厌倦，学生也不会获得良好的课堂体验。正确的做法是教师需要观察学生对学习的反应，然后适当地做出语速、节奏、声调等方面的调整，以此来促进学生对教学内容的更好吸收。

在课堂教学过程当中，学生可能会给出多种多样的反馈，此时就要求教师灵活运用教学口语机智应对学生的问题，引导学生一步一步分析问题，教师的机智应对可以保护学生学习的主动性，也能够让学生正确意识到自己的问题。

（二）口语表达语言的分类

1. 导入语言

导入语言起着过渡作用，目的是让学生放下当下正在做的与课堂无关的事，逐渐把思绪收回来以便集中精力听课。我们日常看到的短短十几分钟的小品表演，在开始之前都要有个开场白交代一下时间、地点、人物及故事背景，以免观众不明所以，一堂四十五分钟的课更需要一个开场白来引出本次课堂上为什么要讲解这些授课内容了。一段成功的导入语言会将学生涣散的精神状态一下集中起来，勾起学生的求知欲。导入语言通常控制在二到五分钟之间，可以是一个问题或是一个故事。对于一堂课而言，良好的开端是必不可少的。成功导入语言应做到以下四点。

第一，言简意赅，张弛有度。导入语言只是课前的热身活动，若这时候喋喋不休，学生会觉得老师说的是与课堂教学无关的内容，更容易转移注意力。因此，导入语言应围绕授课主题开展，并且简洁凝练、收放自如。

第二，形式灵活，注重创新。教学导入不一定局限于口语来进行，它的形式可以是多种多样的，教师可以根据特定教学内容进行个性化的课前导入。它可以是播放画面感强的幻灯片和视频，也可以是刺激听觉的音频等。一个别开生面的课前导入，往往是开启成功课堂的第一步。

第三，目标明确，提高效率。课堂导入的形式多种多样固然是好的，但我们不能为了追求形式而忽略课堂导入的本质和意义。我们不能为了导入而导入，不能单纯为了让学生知道"我们要上课了"而导入。课堂导入就像是"开胃菜"，学生能否在课堂上"大快朵颐"并不在于盛装"开胃菜"的器皿，而在于"开胃菜"本身是不是真的能"开胃"。因此，我们要明确课堂导入是为教学目标和内容服务的，它的设计也应当紧密围绕教学内容，为突出教学重点而服务。

第四，注入情感，创设情境。提高教师的职业荣誉感，那课堂导入就在师生的情感共鸣中悄悄地发挥作用了。

2. 讲授语言

讲授语言是教师较系统、完整地阐释教材内容的教学用语，是课堂教学中最主要的教学语言。主要通过讲授学科知识传授学科技能，提高学生的知识水平及各种能力。教师把教学中的新知识、重点与难点内容，用自己理解的、浅显易懂的语言向学生阐释、分析、叙述、说明，使学生掌握学科知识。

3. 提问语言

提问语言是以发问的形式开发学生的智力，唤起学生进行思维活动而使用的语言。课堂教学过程本身就是一个提出问题、分析问题、解决问题的过程。所以，提问是课堂教学的常规教学手段。好的提问是深化知识的阶梯，是触发灵感的引导，是感悟理性的契机。

4. 应变语言

应变语言是指教学过程中，教师针对突发的情况，为调整师生关系而保证教学的顺利进行所采用的课堂语言。课堂应是向未来方向挺进的旅程，随时都可能发现意外的通道和美丽的园景。可见，课堂教学本身就是一个动态生成的过程。在教师、学生和文本多项的交互和对话中，会出现许多教师预设之外的情况。这就要求教师在教学过程，根据各种情况，灵活运用应变语言，机智、巧妙地调控教学活动。应变语言是教学机智和语言机智的表现。当然，这是教师通过长期课堂教学实践而获得的较高层次的教学口语能力。

5. 结束语言

结束语言又叫作断课语言、结尾语言，是教师在课堂教学即将结束时，对这堂课的内容做提纲地归纳或引领学生利用所学知识进行拓展迁移所使用的教学口语。结束语言在教学中所起到的作用是多样化的。在授课过程中，教师所讲解的知识点往往是分散的。教师为了让学生对所学的知识有完整的印象，可以利用结束语言对所学知识进行归纳总结，起到提纲挈领的作用。另外，临近下课，学生的注意力往往会分散，因此一个精心设计的结束语言，可以重新激发学生的兴奋点，从而获得好的教学效果。讲课也如写文章一样，要注意章法。好的结束语言不仅仅对本堂课起着收束的作用，还能够将教学延伸至课后、课外，甚至是下节课。

二、教师的语言表达要求

身为教师，每当走上讲台，我们就要忘记其他身份，整理好情绪，不被情绪左右思想，不因情绪影响学生。但教师并非圣人，生活中，除教师这个身份外，我们还是子女，是父母，是夫妻，是同事。每一个身份都有每一个身份应承担的责任和义务，每一个身份都是成年人烦恼和快乐的来源。但就因为我们是教师，我们不可以将个人情绪带入到课堂。然而，人类的语言是与情绪有着莫大关系的，这就对教师的语言表达提出了要求。

（一）动机的崇高性

教师这一职业非常崇高，教师要负责教书育人。受到这一职业的职业特性影响，教师的语言也需要具有崇高性。教师使用教学语言是为了传播知识、启发学生的心灵、影响学生的成长。所以，教师应该在教学的各个环节当中都注重语言的完美运用，应该借助语言去引导学生理解知识、理解道理。虽然不同的谈话、不同的课堂在谈话需求动机方面会存在差异，但是，从整体上来看，所有的课堂和谈话都需要遵循教书育人的总要求，所有的谈话和课堂都需要服务于教书育人。

教师以传播知识为己任，以立德树人为目标。教师需要借助于知识作为中间载体对学生进行教育，对学生的技能进行培养。可以说，师生关系以知识作为连接纽带而形成，教师所开展的各项活动都离不开知识的支持。比如，课堂教学、作业批改、实验指导、课后辅导等都与知识有紧密的关联。在这样的情况下，教师使用教学语言时就必须体现出语言的科学性。语言必须表达准确、科学、客观，知识语言内容必须符合客观规律。

有时候教师不经意的一句话，就会改变学生一生的轨迹。因此，教师说的每一句话，都应是发自肺腑地为学生好，然而不排除为学生好的话有时候只能是忠言逆耳，这就到了考验教师语言表达能力的时刻了。我们可以动动脑筋，思考一下怎么把逆耳的话顺着说，并让学生接受，这才是我们最终的目的。"良言一句三冬暖，恶语伤人六月寒"，教师应以学生为中心，一切为了学生，为了学生的一切，苦口婆心也好，循循善诱也罢，将学生引领到对其最有利的轨道上来。

（二）形式的规范性

规范性原则指的是教学语言必须符合规范要求。教师使用的语言是学生语言表达要遵循的典范，只有教师本人有较高的语言素养，在语言表达时遵循规范原则，学生才可能在教师的引导和示范之下也形成符合规范要求的语言表达习惯。具体来讲，教师语言的规范性体现在两个方面：首先，基础语言应该做到规范；其次，学科语言应该做到规范。基础语言和学科语言当中相对重要的是基础语言，基础语言规范要求教师教学当中使用到的基本教学语言必须准确流畅。

1. 语言准确简洁

教师是知识的传播者，所以对于教师教学语言的首要要求就是做到表达准确、表达简洁。语言涉及语音、语法、语义及语汇四个方面，语言的准确表达需要关注四个方面。首先，要求教师运用普通话，也就是发音要做到准确。除此之外，词汇、语法结构的使用也应该做到准确。教师应该分析不同词汇之间存在的差别，在合适的情境中运用适合的词汇。教师还应该注意前后语义表达的逻辑性，要避免语言的混乱，要做到每一个句子都反复推敲。语言表达过程中主语与宾语之间的关系应该表述清晰。其次，语言应该做到简洁，简洁是针对语言表达效能设置的要求。教师输出的内容一定要精要，一定要将主旨内容、中心内容输出表达出来。除此之外，教师还要注重在有限的时间内输出更多的知识。如果教师能够运用简洁的语言在有限的时间内传递更多的知识，那么学生对知识的吸收效率也会有所提升，学生也会掌握更多的知识。

2. 语言应该表达生动流畅

生动强调的是语言要绘声绘色，要能够吸引他人的关注。首先，语言表述应该形象生动。教师应该借助于语言将原本抽象的内容描述成具体、形象的内容，让原本深奥的知识变得浅显易懂。其次，语言应该有一定的引导性，不断地吸引学生向更深层次探索，不断地激发学生的想象力。再次，语言应该活泼，让人感觉眼前一亮。最后，语言应该适当幽默有趣。教师可以使用比喻、拟人等方式对语言进行处理，让学生更好地了解教师要表达的主旨思想。

（三）群众的可接受性

教师想要做到语言表达的生动，就需要在平时多加练习，慢慢探索适合自己的语言表达风格，教师可以尝试转换语言叙述角度、创新语言表达方式，如此可以有效提高语言的生动性、形象性。教师在语言表达时，需要考虑学生的年龄、心理状况，使用学生可以理解、可以接受的语言展开教学活动，教师表达出来的内容只有被学生理解才能真正发挥作用。所以，语言运用一定要强调可接受性。

任何学习都需要一定的兴趣作为引导，在兴趣的引导下，活动会显现出某种倾向。教师需要借助于语言去激发学生的兴趣，进而引导教学活动的开展。通常情况下，和个体有关的知识能够激发个体对某项活动的兴趣。教师可以为学生提供与他们过往经验有关的新颖内容，以此来激发学生的好奇心。同时，教师还可以配合运用幽默语言更大程度地激发学生的兴趣，引导学生向更深层次的知识探索。

（四）语境的适应性

一个社交能力强的人在特定环境下组织特定语言的能力也一定是信手拈来的。社会交流需要人掌握说出正确话语的表达能力、说出适合场景氛围的话语的表达能力。也就是说，语言表达除符合语言本身提出的运用规则、逻辑规则之外，还要适合语言情境。教师要面临的语言情境非常复杂，如比较严肃的课堂情境，相对轻松的课下交流情景，相对欢快的晚会娱乐情境，非常沉重的错误事件处理情境，等等。面对如此复杂的情境，教师必须具备高强度的语境适应能力，在不同的场合，教师要使用不同的语言表达方式。一般情况下，如果情境相对严肃、相对正式，那么教师应该注重语言的条理性，注重内容的突出，强调内容表达的简洁、正式。如果情境相对轻松愉悦，那么教师可以适当地使用生动的语言、幽默的语言，不必处处拘谨。生动的语言有助于师生之间构建出亲近的师生关系。

教师对不同语境适应度的强弱主要体现在教师能否精准控制语言。在谈话交流过程当中，如果教师发现语言形式没有办法被交流对象理解或者语言表达方式引起了交流对象的反感和误会。那么，教师应该及时作出交流方式的调整和转换，这样语言才能更好地服务于交流对象。在不同的教学场合当中，语言控制能力至关重要。教师应该及时关注教学场合当中的信息反馈，如学生的语言、神情、动作、眼神。教师应该根据反馈信息及时调整语言方式，使用可以更好被学生接受理解的语言表达方式。

（五）沟通的技巧性

身为高校教师，面对的学生都是具有独立思想且有主见的个体。当遇到问题时，他们不容易轻易地认同教师的观点，无法站在教师的角度去看待问题，这就给高校教师的工作带来了困难。基于此，高校教师要有一定的沟通技巧才能顺利解决问题。

首先，在与学生进行沟通的过程中，教师要表达出对学生的认同感，让学生知道他的诉求或是存在的问题可以被理解的。这时候需要教师用慈祥的温柔的言语去讲述出学生的感受，让学生知道正在进行的谈话是平等的、有温度的。当学生知道他是被理解的，沟通的大门才是打开的，学生的心扉才是敞开的。其次，当学生愿意真正平等地沟通后，教师应表达出身为教师是如何看待问题的，从旁观者的角度客观分析问题。这时候需要做的是要用自己的言语坚定地输出自己的观点和想法并尽量使学生理解。最后，教师可以再以开导的口语将问题化解，让学生反思自己的问题进而解决问题。

（六）语速的适当性

日常生活中，有些人说话让人听着很舒服，如沐春风，而有些人说话却会让人产生不快的情绪，这跟语速有着莫大的关系。身为高校教师，更应注意自己在课堂上的语速：如果语速过快，学生会听不清知识点，跟不上教师授课进度，长此以往学生会感到吃力，从而产生烦躁的情绪，影响教师授课效果；如果语速过慢，学生或有困意或有焦急甚至会有呼吸不畅等情况，很容易对课堂失去兴趣；如果语速不当，学生的注意力很难专注于授课内容上，无论教师的知识点讲解有多么深刻，都很难达到预设教学目标。因此，教师一定要控制好自己的语速，以使口语成为自己授课的利刃。

（七）语调的差异性

遇到过一个令人终生难忘的教师，每次他的课堂，全班同学没人能挺过 10 分钟就会睡着。因为他讲话的语调能 45 分钟如 1 分钟地始终保持住一个语调，不升不降，毫无差异。这很容易让人产生睡意。所以，教师应注意自己的语调，随授课内容变化而变化，抑扬顿挫、慷慨激昂或是深情款款、娓娓道来。学生的情绪也会随着授课教师语调的变化而变化，进而跟教师的授课内容产生共鸣。

（八）口音的"消除性"

有些教师虽然普通话过关，但是难免带着"乡音"。常常能听到学生抱怨"这门课老师讲话有口音，我都听不懂他说的是什么"。这种情况下，教师就应苦练普通话，去除自己的"乡音"，别让口音成为您和学生之间无形的屏障。

（本节编者：张凤娇）

第三节 教师课堂管理

高校教师的课堂其实本无须投入过多的精力去维持纪律，但不可否认的是，如果你始终不去维持秩序，有可能想要认真听课的学生已经听不清你在说什么了。因此，课堂管理也是上好一堂课的关键因素之一。如果我们能够在课堂上始终贯彻和执行一定的规章制度，让学生知道"我的课堂是有规矩的"，并合理地根据学生的认知能力、学习方式和兴趣范围展开教学，纪律问题也就不算问题了。

一、关注"后排差生"

大学的课堂，成绩好的学生往往都坐在前几排，有些学生却喜欢坐在后排做自己的事情，可能是学习别的科目，也可能在做其他事情，如果教师放任不去理会，那些后排的学生在课堂上真的就是虚度光阴了。这时候，如果教师能走到那些"后排学生"身边真诚地轻轻地问一句"你还好吧?"，表示出对他的关心。一般学生都会回答"我没事，老师。"但他们可能不会觉得这是关心，因而会产生抵触情绪，那么你可以接着跟他讲，"我没别的意思，只是觉得今天你的表现有些反常，平时你不是这样的。"然后再告诉他"如果你遇到了什么为难的麻烦事，或是特别想要分享的事，可以讲给我听听，我很乐意替你分担。"你猜会有什么样的结果呢? 而你既让学生知道即使成绩不好，他不妥当的行为也是会收获额外关注的，又没有伤害到学生的自尊心。此外，你还恰当地表达了自己的关心。如果你能坚持这么做，几次下来，应该不会再有学生会打扰到你的课堂了。

二、用心备课，切忌照本宣科

如果你没有在课前精心准备，没有查阅课堂中知识点所涉及的资料和文献，而你又有没有深厚的阅历和知识积累，你将很难在45分钟内侃侃而谈，让你最舒服的方式就是"照本宣科"了，否则当你站在讲台上面对无数双眼睛不知道说点什么时，你会为你没有精心备课而感到无地自容。不要试图"糊弄"一节课，不要认为学生不懂就察觉不到你的敷衍。他们不但能看到，也能感觉到。虽然提前备好课的确需要投入时间、技巧和精力，但是当你一切准备就绪去站在讲台上时，你就会从容不迫，你的自信大方会使你感受到教师这个职业给你带来的乐趣。相反，那些不去认真备课的老师总是会遇到无尽的麻烦，学生不听话，课堂一团糟。记住，登上舞台时，演员已事先排练了几百遍;站在赛场时，运动员已经训练过无数次。每个职业都有每个职业的辛苦，身为教师，精心备课、拓展知识、丰富学生眼界是我们的天职，没有任何理由不去用心准备。

三、让学生在课堂上有事可做

还记得你是学生时上的最有趣的一堂课吗？那是什么样的？你是一动不动认真地坐在那里听讲，还是紧张地站在讲台上扮演老师给同学们讲授知识？

现在请你想象一下这个画面：上课铃声响起，你走进教室找个空位坐下来，老师告诉你本次课的内容是矩阵，你将书本翻到矩阵那一章，然后老师打开 PPT 并开始讲课，你开始做笔记。老师会告诉你这是考点，需要记住，那不是考点，掌握就可以。老师滔滔不绝地输出，而你坐在那里毫无表情。老师希望你能有点反应，他好知道你是否听懂，你点点头。好了，请你再想象一下，一年里有二百四十天你都要这么一成不变地度过，请问你愿意吗？

现在再来想象一下另外一幅画面：老师在课前告诉你本次课是以小组讨论的形式进行，十人一组，你是组长，你们组的成绩取决于课堂上十人查阅文献并进行深入探讨交流后就某个问题汇总的一篇小论文，而你是这篇论文的汇报者，你汇报以后发现了很多问题，主动提出来让老师帮忙解决。课堂上你又听了其他小组对于这个问题的汇报结果及其他人提出的问题，课堂上大家讨论得很热烈，学生们积极参与，主动发表自己的意见。完成作业的过程中你们必须独立思考。活动过程中，老师会与每一个小组进行互动。试问，你更喜欢上哪一堂课呢？答案自然不言而喻。

随着教学研究的不断发展，各种教学方法如 PBL、翻转课堂等都是可以提高学生参与课堂的手段（后面的章节会具体讲解教学方法），我们不妨在备课时准备些案例，让学生成为课堂的主角，积极参与课堂，变被动为主动，以提高教学效果。

四、精确认真记录学生课堂活动及表现

目前，高校学生成绩的认定都已经不是终结性考试的成绩了，而是实行过程性的考核与终结性考核相结合，这样能够避免学生为应付考试而忽略学习过程，在临近考试的时候"临阵磨枪"。那么，根据课程个性化形成性考核方案，课堂上精确记录学生的课堂表现、课堂活动、回答问题、提出疑问、日常出勤等是至关重要的。

我们可以在开课前制作一个表格，根据课堂内容和形成性考核方案，把学生能够参与到其中的知识点列成一行，并将每个知识点的分值标注在后面，将所有学生姓名列成一列制作成表格，课堂上哪位同学在哪个知识点回答问题或者是参与课堂活动了，就可以在相应的单元格标记一下，以便于计算学生课堂得分。久而久之，教师不仅可以根据这个表格发现哪些学生是积极的，哪些学生是需要重点关注的，还可以帮助教师及时跟踪学生的学习情况，为教师调整下一步教学方法和教学活动提供有价值的反馈。

五、善于"捕捉"学生的积极举动

我们在课堂上的注意力总是被那些"调皮捣蛋"或者"窃窃私语"的学生所吸引，这样便于我们能够针对具体的"麻烦"来解决问题，使我们有一种将课堂纪律掌握在自己手中的安全感。但是，有谁学习过如何观察学生在课堂上的良好表现和积极行为呢？当我们去研究这些积极行为背后的原因时，我们可不可以将这些因素复刻到其他同学身上呢？更愿意关注学生良好行为的老师，与那些只愿意关注不守纪律的学生老师相比，他们的课堂往往是活跃且和谐的。

六、学会放手

高校教师的课堂上，时常会出现这样一幕：老师在讲台上慷慨激昂地讲课，有的学生却在研读别的科目教材，还有三三两两的学生交头接耳、窃窃私语。这时候，如果老师不问缘由直接严厉制止，就会收到三秒安静的课堂，当老师转身板书时，身后又开始嘀嘀咕咕，老师的管理起到的只是扬汤止沸的效果。这是由于人都是有逆反心理的，潜意识里越被禁止的事情，人们往往越想尝试。如果老师将全部精力投入到课堂管理，那这一节课下来，老师除发脾气和生气以外，一定会一无所获。总是要求学生安安静静，是不现实的，这样得到的也只能是无尽的失望。大学生是有独立行为能力的个体，给学生一定的自由。

（本节编者：张凤娇）

第四节　教师形体艺术

一、教师形体的功能与类型

（一）教师形体的功能

1. 辅助功能

传授知识是教师的本职工作。为了做好这项工作，教师既要善用语言传播知识，也要学会因势利导，借助形体行为配合语言完成知识传授任务。语言作为传授知识、交流思想的重要工具，是教师完成教学任务的载体。由于语言行为的产生通常伴随着教师的形体语言行为，二者的依存关系，决定了语言功能的发挥，必须充分利用形体语言行为的支持与辅助功能。在传递教学信息方面，教师的口头语与体态语相互补充，既可以扩大教师传授知识的范围，又能够增进学生掌握知识的效果。

2. 沟通功能

教学过程是教师与学生的持续交流过程。这个过程既涉及信息与知识的传递，也包含教师与学生的情感沟通。教师形体在发挥语言辅助功能的同时，还承担着教师与学生之间情感信息传递的重要功能。身处学校环境中的教师，主要利用形体语言行为促进知识传播与情感沟通，这种公开的形体语言行为展示，为学生了解教师提供了崭新的观察视角。然而，由于教师与学生的关系属于极为特殊的人际关系，这种关系不可避免地会受到教师形体语言行为的影响。

教学环境与其他场景环境不同。教师在特定教学环境中的言行举止都涉及信息传递，并在潜移默化中影响师生关系和教学效果。学生的成长过程也是人生观和价值观的形成过程。在这个过程中，学生能够透过教师的形体语言行为，感受教师的内在智慧美和外在形象美，而教师表现出的任何积极有效的形体语言行为，都能成为师生关系改善的催化剂。教师举手投足间的意义传递，有助于强化学生对教师的信任与支持。

3. 调节功能

教师的形体语言技能运用恰当，可以用来调节并控制学生的行为。如果将学校视为完整、独立的管理机构，学校教师则等同于机构管理者。教师既可以参与制定学校的规章制度，也可以借助恰当的形体语言行为开展有意义的动态管理活动。在有效管理学生的过程中，优秀的教师能够运用善意的眼神、自然的表情和灵活的手势等形体语言技能，增进与学生的友好互动，并取得理想的管理效果。这是教师形体语言行为发挥调节功能的重要体现。

4. 激发功能

热爱教育事业的教师，其语言富有感染力，其教学行为充满激情。作为学生成长的指引者，教师的体态语言既可以激发学生勤学上进，又能够引导学生快乐学习、健康成长。教师无微不至的关怀，在激励学生奋发向上的同时，还会对学生憧憬美好的未来产生积极、深远的影响。

（二）教师形体的类型

1. 目光语

借助眼睛的动作与神态传递情感和信息，这种体态语言被称为目光语。由于眼睛的注视角度、注视时长、亮度明暗与瞳孔大小等承载着丰富的视觉元素，教师在课堂上灵活运用目光语辅助教学，可以显著提升教学效果。

2. 表情语

面部肌肉变化能够表现各种情绪状态，这种通过面部表情传达信息的非语言交往手段，被称为表情语。教师既可以借助语言传授知识，也能利用面部表情传递丰富的情感信息，在启迪与引导学生的同时，为学生营造轻松愉快的学习氛围。学生通过观察教师的表情变化，领会教师的情感变化，并以此作为教师评价的反馈信息，及时修正学习行为，改善学习效果。

3. 手势语

利用手部姿势和动作进行情感交流，是手势语传情达意的基本前提。教师在教学过程中使用手势传递情感，必须注意手势与教学内容的一致性，以及手势与言语表达的协调性，并选用正确、恰当的手势，尊重学生的人格，构建和谐、融洽的师生关系。

4. 身势语

教师的身体姿势既能展示教师修养，也能重塑教师形象。当教师出现在学生面前，举手投足、站立坐卧都应该与教师的职业身份相匹配。学生通过教师的身体姿势，能够深化对教师的认识与理解，并在潜移默化中得到情感熏陶与精神启迪。教师在教学活动中利用身体姿态表情达意，可以实现精神风貌与素质修养的外在展示。

5. 服饰语

教师着装蕴含着无形的教育力量。教师着装应该搭配得当、朴素大方、整洁得体，符合教师的职业身份、教学场合、年龄特点与性格特征，能够利用上下一致、色彩协调、长短合适的职业服饰，带给学生稳重高雅的美感，这是教师运用服饰语传情达意的基本要求。

二、教师形体的技能及应用

（一）教师形体技能的表现

就课堂亲切程度而言，教师的形体技能主要表现在面部动作、手势、身体姿势及空间沟通和仪容仪表等方面。

1. 面部动作

第一，面部表情。作为集中体现教师情感的形体语言，面部表情是教师利用五官与面部肌肉活动传情达意的重要手段。在通常情况下，经验丰富的教师都善于运用不断变化的面部表情，实现内心情感的非语言表达。教师的面部表情既包括常态表情，也包括非常态表情。教师的微笑作为常态表情，可以为学生营造轻松愉悦的情感氛围。非常态表情也被称为随机应变的表情。这种表情与教学内容的变化和发展同步，可以提升教师知识讲授的趣味性，使教学活动变得妙趣横生。学生通过教师的面部表情，能够体会到教师真诚的爱、温暖的呵护、发自内心的鼓励与信任，这种情感纽带有利于促进师生关系的和谐发展。

第二，眼神。眼神是最重要的形体沟通方式。眼神的合理运用，可以使教师的教学活动取得事半功倍的效果。在通常情况下，教师与学生交谈时，可以借助眼睛动作发挥信息检索与确认功能，提醒学生专注倾听谈话内容。教师灵活运用眼睛动作组织教学活动，既可以为教学内容创造特定的讲授情境，又可以引导学生通过眼神交流提前进入教学意境。总体来说，教师合理利用眼神的引导和暗示作用，能够启迪学生心智，陶冶学生情操，助力学生成长。

注视与环视是教师常用的眼神。教师注视根据应用场景的不同，可以分为严肃注视、亲密注视和授课注视。其中，教师在组织教学活动时，常用严肃注视管理并制止学生的不良行为；教师在帮助学生答疑解惑时，为了确认学生掌握知识难点的情况，可以采用亲密注视，在传达亲近情感的同时，有效改善师生关系；教师在开展课堂教学活动时，可以利用授课注视鼓励学生积极思考、认真听讲、集中注意力，从而提高课堂教学效率。教师在开讲前、提问后或者授课内容讲解完成以后，可以在大范围内有意识地平移视线进行环视，通过扫描式搜索加强学生管理、调节授课氛围。

第三，微笑。微笑作为最常用的人类行为表情，在表现真诚友善方面，可以为语言锦上添花。教师在与学生的互动、沟通、交往过程中，使用语言鼓励学生，面带微笑注视学生，有利于增强学生的自信心。微笑可以帮助教师维持稳定的感情状态，教师在授课时保持积极乐观的心境，不仅有利于教学水平的发挥，还有利于激发学生的学习兴趣，增强学生对课程内容的理解能力，从而提高学生的学习效率，改善师生关系。

2. 手势

细腻生动、操作简单、运用方便的手势，是形体表达的核心。手势运用准确、适时、恰当，可以最大限度地发挥手势的表情达意效果。教学手势的运用要满足以下要求：第一，根据授课内容确定手势数量；第二，手势运用要精简传神、动作优美；第三，讲究手势艺术，避免使用斥责性、威胁性手势；第四，手势运用要准确、适度，与授课内容协调一致。优秀的教师能够恰当把握手势的动作范围和动作幅度，充分发挥手势在课堂教学过程中的艺术功能。

3. 身体姿势

根据形体动作的不同，可以将姿势分为坐姿、走姿和站姿。其中，坐要坐正，既不能前胸靠桌，也不能手托下巴；走要走稳，步幅均匀，步速稳定；站要站直，双腿分开与肩同宽，抬头、收腹、挺胸，充满自信。

教师的姿势运用必须稳重、简练、大方得体。教师讲授知识时，可以利用姿势展现自身魅力。总体来说，教师矫健的步伐、端正的身姿体态，可以在无形之中提升知识讲授的吸引力与可信度，激发学生的听课兴趣，使学生整节课都能保持注意力集中的状态。

4. 空间沟通

经验丰富的教师，为了避免长久站立，会经常在教室空间内部变换位置。比如，在讲台上面向全体学生远距离高声讲授知识，在讲台下面向单个学生近距离低声答疑解惑。空间距离变换可以提高学生的信息接收效率，教师要根据学生的性别与年龄，选择恰当的空间沟通方式。

5. 仪容仪表

教师的仪容仪表既包括教师的发型与着装，也包括教师的妆容与饰物。作为静态的非语言行为，教师的仪容仪表既影响学生的第一印象，也影响教师个体形象的塑造。教师的发型必须符合职业要求，在衬托教师脸型与气质的同时，能够积极展现教师的精神风貌。教师着装应该简洁大方、端正得体，妆容应该清新自然、淡雅脱俗，饰物应该简洁大方、质朴无华。

（二）教师形体技能的应用

教育教学的目的之一是让学生在体验感悟中获取真知，应该做到让形体语言技能更好地为师生服务，发挥最好的效能。

1. 形体技能应用原则

第一，适用性。适用性原则认为教师在运用形体语言技能时要有的放矢，对学生要有全面而深刻的了解，根据实际情况，有明确的指向性，以此来提高形体语言技能应用的效果。

第二，情境同一性。教师的形体语是内心真实情感的流露，所以教师在使用形体语时状态要自然，动作大方得体。在不同的教学情境中，教师的形体语言也是不同的，教师要选择合适的形体语言来活跃课堂氛围。教师要尽量避免下意识的形体语言，因为教师无意识的动作通常不符合规范。此外，教师还要尊重和爱护学生，在此基础上选择合适的形体语言引导学生形成积极向上的良好品质，播撒善良的种子，在情感方面感染学生。学生的年龄、性别、人生经历都有差别，所以心理承受能力也是不同的，因此教师在运用形体语言时要有的放矢。

第三，程度控制。学生一直都将教师的言行看在眼里。因此，教师要慎重使用形体语言，明确其对学生可能产生的影响，不断调整和控制自身的形体语言，使之更加规范、得体。程度控制原则要求教师注意形体语言的幅度、频率和力度。课堂教学和舞台演出有很大区别。学生在教室里上课时，通常保持思考的状态，如果教师讲述的内容生动有趣，就会吸引学生的注意力。所以，教师要注意自身形体语言的幅度，不能太浮夸，否则会让人觉得不平衡；太频繁的动作会干扰学生的注意力，影响学生的思考，还会给他们带来紧张感。因此，教师应该根据教学要求和教学内容，适当调整形体语言，使之张弛有度，运用得恰如其分。那些不利于课堂教学的形体语言尽量不要表现出来，反之，要选择合适的形体语行为，让形体语言辅助课堂教学。比如，当教师处于愤怒情绪时，要努力转移这种不良情绪，不要让学生看到太极端的情绪表现。

第四，追求美感。教师的一言一行都会影响学生。教师的姿态、衣着、表情、语言等也会对学生产生影响。教师如果以身作则，严格要求自己，就能够在无形中教育学生。一方面，形体语可以与语言相结合，对学生进行教育；另一方面，其本身也具有艺术美感。教师在运用形体语言时，眼神、表情、姿势等要保持和谐，相互配合。站立时身姿要挺拔，行走时要稳重，手臂自然挥舞，目光如炬，尽量让自己的形体语言看起来落落大方，给人以愉悦感。教师在上课过程中，语言表述要生动形象，讲解和分析相结合，情感充沛，积极向上，从而使学生获得美的教育。

2. 形体技能注意事项

第一，上课过程中不要轻易将手放在后面。在形体语中，背手是比较消极的表现。教师上课背着手会让学生感到有压力，觉得老师太严肃。所以，教师在监考或检查学生作业时，可以运用这种体态。但是在课堂教学过程中不要使用这一体态，否则双手没有办法做出一些辅助讲解的动作，教学效果也不好。在学生眼中，教师的这种体态也会显得呆板僵硬，影响学生上课的积极性。除此之外，教师在与学生交流时，也不能使用这一体态，否则会让学生感受到压力，不利于师生之间的交流，让学生对教师产生距离感。

第二，谨慎使用双手撑在讲台上的动作。上半身向前倾斜，双手撑在讲台上的动作可以让教师放松身体，腿部得到休息，所以很多教师在上课过程中会有这一动作。有些教师需要长时间站立授课，双手撑在讲台上的姿势可以稍微让自己放松一下，但也会让自己的形象不佳。所以，教师要慎重使用这一动作，一节课中使用的次数不要太多，持续时间也不能太长，能不用尽量不用。

第三，注意抖腿这一动作。也就是用一只脚承担身体的重量，另一只脚抬起脚跟，不停抖动，或者坐着时一条腿搭在另一条腿上抖动。教师在上课过程中，不应该有这些动作，否则可能会让学生觉得不成熟或不够端庄。

第四，学生在回答问题时，教师不要站得太近。也就是说学生回答问题时，如果教师站在距离学生太近的地方，会让学生紧张，声音也会变小，其他同学就会听不到，这样的提问是没有意义的，所以上课过程中要尽量避免。

（本节编者：张凤娇、刘丹丹）

第五节　教师着装打扮

　　之所以要探讨教师着装打扮，是因为课堂中大部分时间学生的目光还是会停留在老师身上，教师的言行举止，都会对学生产生影响。因此，教师着装打扮不能随性而为，要遵守一定的规范。通常衣着得体、妆容自然的教师会给人舒适亲切的感觉。不可否认的是，视觉第一印象在社交中占据着很重要的地位，课堂上亦是如此。人们通常喜欢用"为人师表"这四个字来形容对教师的要求。所谓为人师表，除在品德、修养、学识的积累上要广博外，日常工作和生活中的着装也很重要。在学生面前，教师应该像一本吸引人的书，既有丰富厚实的内容，又有精美别致的装帧。换言之，教师的外在仪表是十分需要注意的。

　　在这里想给大家分享一个小故事：高中时期有位新入职的物理老师，虽缺乏教学经验但工作非常认真，同学们都能感受到他对教师这个职业的热爱，在课堂上能给予他应有的尊重。直到有一天同学们发现他的西裤穿反了，原本安静的课堂逐渐沸腾起来，每个同学都给自己可以在课堂上讲话找到了谈资和借口。从此以后，他的课堂一直是乱哄哄的。因为一次穿反裤子的事件使他身为教师的威严荡然无存，可见教师着装的重要性。下面对教师着装打扮进行详细讲解。

一、教师着装打扮的基本原则

　　教师着装打扮的基本原则主要有时间、场合、地点。衣着应该随时代、季节、时间、场合的变化而变化，如上班的穿着和休闲娱乐时的穿着应该有所区别。教师日常工作中，除在课堂讲课外，可能会有领奖、答辩、比赛、开会等不同场合，这些正式场合通常需要着正装，若觉得沉闷，女教师可佩戴胸针，男教师可佩戴袖扣或者领带、领结来调节色彩。佩戴的装饰要简单、大方，不过分追求时尚。此外，不同国家和地区的自然环境及生活习俗等方面存在差异，衣着也要适当调整。

二、教师着装打扮的注意事项

　　教师衣着应在整洁的基础上遵守"不暴露、不过透、不过紧、不过短、不怪异"的原则，女性教师不应穿露肩、露背、露脐的服装上讲台；男性教师日常工作不应穿背心、短裤、拖鞋。男女教师的发色不能过于鲜艳，发型利落自然。值得注意的是男教师穿正装时，裤子要穿深色系，忌穿白色袜子。

三、教师着装打扮的具体要求

（一）穿着要得体

每个人都热衷于追求美，教师也一样，每位教师的性格不同，审美也不同，所以每位教师的穿衣风格也千差万别。通常情况下，只要不是特别怪异的服装都可以。但是，如果教师的服装过于时尚，追赶潮流，或者教师本人喜欢穿名牌，那么上课时难免会分散学生的注意力，使学生分心。这些都会使课堂教学效果大打折扣，影响教学质量，所以教师的穿着要得体大方，这一点十分重要。

（二）打扮要适宜

这里的打扮主要是指妆容。很多女教师忙于工作和家庭，没有时间和精力去化妆，且碍于职业限制，很多人认为教师不应化妆。但实际上，如果讲课水平同样好的两位教师，一位"素面朝天"，一位妆容自然精致，那么学生会选择谁站在讲台上？学生心中教师最好的打扮还是越自然、真实越好，这也可在一定程度上拉近师生之间的距离。

（三）要有自己的穿衣风格

身为教师，讲课要有自己独特的风格，穿衣也应具有自己鲜明的风格。质朴、儒雅、沉静、大方、活泼、典雅、矜持等都能体现教师职业的特色，但重要的是能给学生留下成熟、稳重、干练的印象。由于每个人穿着受自身形体气质的限制，只有抓住自身特点，恰到好处地表现有追求、有品位的自我。

（本节编者：张凤娇、刘丹丹）

第四章 以学生为中心的课堂教学

现代信息技术的迅猛发展使学生获取知识的途径不再局限于课程教学，而是可以利用信息技术真正变得"博学多识"，这一现象的出现对传统大学课程教学发起了挑战。

教学作为高校人才培养体系的中心构成部分，决定学生知识获得的途径，最重要的任务是提高和培养学生发挥、创造人生价值的意识。它是一切活动的基石，是实现教育目标的基本保证，是一切活动的支柱。20 世纪 20 年代后，世界范围内掀起了一场从"教"向"学"的革命，高校课程教学也迎来了一场教学范式的转变。究竟何为以学生为中心的课程教学？课程教学模式从以教为中心到以学为中心的转变还需要经历哪些改革？本章将详细介绍。

第一节 以学生为中心的教学思想

一、学生的中心地位形成

（一）以学生为中心的教学思想讨论

19 世纪晚期至 20 世纪初期，美国教育学家杜威根据"以学生为核心"的教育理念，在芝加哥大学里进行的教育实验彻底贯彻了其教育理念，不再将教师和学生对立起来而是让教师配合学生的学习，按照学生的体验进行教学，组织教材编写。至 20 世纪 80 年代，OBE（outcome based education）理念（成果导向教育）的提出风靡西方教育界，迅速成为欧美国家的主流教育观念。OBE 提倡重视学生的学习能力、态度、成绩，注重以学生的成绩为终极目标，体现了"以人为本"的教学理念。

教育者要秉承以学生为中心的教育理念，应该做到：第一，在课程任务布置上要注重学生的能力和全面素质的提高；第二，强调学生主体性，教师和其余一切教学手段及教学环境都是为了学生的学习和发展；第三，在教学质量评判时，教师要充分兼顾到学生的差异性，以学习投入为主要指标；第四，注重根据学生的学习成效和情绪态度，按照客观规律对教师课堂教学效果进行评价考核。

教学的价值导向和实现机制决定了教学与学习的差异性及教学应该以教师为主，还是以学生为主。传统教育中对于课堂教学的定位是实现知识的传授，要求学生快速掌握书本知识，这样的价值取向下，以教师为中心的课程是最便捷实现此价值取向的形式。而当代教学在价值取向上的调整决定了以教师为中心的课堂教学不再是最佳的组织形式。首先，当代课堂教学理论的转变，将学生的发展放在首位而不是传统的知识传授。书本知识不再是教学的目标而是实现学生发展的一种资源和手段。相应的课堂教学变革也紧随其后，不再是单一地主导知识灌输式的教学而是新增了服务学生发展的属性。其次，学生发展机制的变革。国外有关研究显示，学生的发展是由学生自己的主动行为所决定的。学生的全面发展过程也是自身素质不断完善的过程，通过自主地参加相应的学习活动，经历完整的学习过程，才可以通过能动的活动实现学生全方位发展。课堂教学在组成部分中起到的作用基于学生发展机制的变革，通过指导学生发挥主观能动性完成相关学习任务，协助完成整个学习流程，以促进学生的综合发展。

回顾我国的教育史，在中国的传统文化与教育中，我们可以很容易地看到"尊师重道""师道尊严"，在整个教学活动之中教师相较于学生来说拥有着较高的地位和权力。这些可以在我国的史书和相关典籍中找到相应的记载。即使在这样大的教育环境背景下，传统教育中仍然出现了"以学生为中心"的朴素教育思想。孔子在教学中倡导"因材施教"，就是要根据不同学生的个性、特点来相应地调整教学。

基于以上价值取向和学生发展机制的改变，以学生为中心的定义为：以促进学生的全面发展为目标，以学生的学习产出作为教学设计的依据，以支持学生自主学习的教学实施和以评价学习产出的评价体系等为教学评价相关标准的一种教学理念。

（二）以学生为中心教学思想的理论根源

教育学、心理学、神经学和脑科学、学习科学等相关学科理论，为"以人为本"的教育实践奠定了坚实的理论依据。真正让教学工作者接受"以学生发展为中心"的教学改革，不是因为它更道德，而是因为它更科学。

1. 建构主义理论

瑞士著名的心理学家皮亚杰在1960年首次提出了建构主义。他以"发现"作为认知之源，以此为基础，创立了"建构主义之父"。因此，建构主义最初是研究学习和认知规律的。经过不断发展和演化，建构主义教学理论又分为建构主义知识观、建构主义学习观、建构主义教学观和建构主义主要教学模式。建构主义教育思想对后人的教育思想产生了深刻的影响。例如，在学习观念中，强调学习的结构化，认为学习是在已有的知识和新的知识相互作用中形成的，而不是作为知识的灌输；在知识观中提倡人们对于所学知识进行重构；在学习观中提倡学生主动构建知识架构的创新思维和学习行为；在教学观中提倡教师要注意将学生的既有经验和所学知识相结合，在互动中促进学生主体性的发挥和主动思考，从而实现学生知识的持续构建。这不仅是鼓励学生冲破传统教学教育观念的束缚，更是为以学生发展为中心的教育理念指明发展的方向。

建构主义把学习看作由自身的体验、心理构造与外部环境的交互作用而形成的。课堂教学活动本身就是处在一个特定的情境之中，作为课堂教学活动的老师和学生，在此之前已经分别拥有各自的生活和学习经验及一定的心理结构。而在参与教学不断的互动过程中，又构建了新的经验和知识。建构主义的教育观是：学生在教师的指导下，以其自身的经验为依据，来构建新的知识。学生的学习是教师教学的一切根据和落脚点。教师的教学活动首先需要了解学生的学习背景，教学的标准和要求也需要通过学生的学习来推理和总结出来，即围绕学生的学习行为和学习结果来开展教学活动。当教学活动开始从怎么教转变到怎么学的意识之后，教师面临的不再是一套只需要宣讲的死知识，而是复杂的，存在于一定情境模式下的，具有巨大发展性的个性化个体。仅仅积累知识已经不足以满足个性化需求，仅仅教授固定的书本知识也不符合学生本身发展的特点。此外，教师角色本身的重要特质也十分影响教学活动的开展。是不是以一个亲和的传道者形象与学生共同学习，参与学习的过程，做好学习过程的领路人和引导者，这一点显得非常重要。

2. 多元智能理论

多元智能理论是由加德纳于 1983 年提出的。这一理论，拓展了学生的学习评价。多元智能理论首先强调要正视学生差异性，每个学生都有不同的优点，仅仅以单一的标准作为衡量标准不利于学生的差异化发展，鼓励树立因材施教的积极学生观；明确提出无论是教学目标还是教学行为，都从学生出发。正是由于个体差异性的外在表现不一，在设计教学目标时，应针对学生的特点，制定差异化的教学目标。就教育的态度而言，传统单一以完成既定教学大纲，采用固定的教学计划教学方式，不利于培养学生的人际交往智能、内省智能等。因此，需改进教学环节和教学形式，以适应多元化智能发展的现实需求。

多元智能理论是真正将学生本身所需放在一切教学行为之上的理论。提倡基于学生不同的智能结构特征来进行一切课堂教学活动。"教师讲授，学生听"是传统的课堂教学方式，这样的教学形式虽有利于知识的系统化传播但忽略了不同学科之间和不同学生之间的差异化特点。多元智能理论倡导的"各有所长""因材施教"等课程的目的是使教学回到"解放与发展人"的本质，与"以人的发展为中心"的思想是一样的。

3. 认知心理理论

认知，通常包含感知和注意、记忆和学习，建立认知模式的技术就是建模。认知心理学家相信，大脑理解外界的过程是建立起一个认知模式。例如，音乐家用音符组成的乐谱模型、文学家用文字编码模型、画家用线条勾勒模型等，这些乐谱、理论、图画正是他们在各自头脑中构建了对应的认知模式，这些模式表现了人脑如何看待外界。"隔行如山"，每个人的认知模式都不一样，思考的方法也不一样。在高等教育系统中，高等教育是指在学生的大脑中建立一个特殊的职业认知模式。"学"是指学生在自己的脑海中建立起自己的认识模式；"教"是教师对学生进行认知模式的建构。很明显，学生只能靠自己来建立这些模式，而别人则仅仅是辅助。所以，教育要以"学"为核心，而非"教"。

4. 脑科学理论

脑是知识的容器，学习是脑装入知识的一种路径。认识脑科学，有助于了解学习的生物基础。大脑有个"用进废退"原则，即对大脑而言，凡对有需要的和经常性的活动，大脑都会构建出相关的神经线路，它会通过突触修剪和髓鞘化以便于速度的加快和效益的增收；而对不经常性使用的活动，大脑就不会再构建相应神经线路，也不会通过髓鞘化来使其强化，已经建立的环路也会被弱化，甚至消解。也就是说，大脑越用越好，不用则废。过去以"教师、教室、教材"为核心的三大中心模型，因为它是一种处于单一的教室环境之中的被动灌输模式，在这种环境中学习，学生只需好好做个"被动学习者"与"装知识的好容器"便可，不需要太多动用自己脑力。这样的话，根据"用进废退"原则，学生的智力不会得到很好的开发，反而会大大地限制学生的大脑发展。

5. 学生自我发展理论

随着社会的日新月异，21 世纪的学生在自身的身高、容貌、体能、心理等方面的发展也显著于前人。高校毕业生作为高校人才培养的主体，是高校办学质量的最终载体。教学质量的好坏，最直接的反映就是学生的知识和能力，而这一点，只有学生自己才能感觉到。另外，大学生大都是成年人，是同龄人中相对优秀的群体，他们具有一定的客观评价能力，具有正确评价教学质量的能力。

（三）以学生为中心教学思想的发展历程

"以学生为中心"，近代最早由美国人本主义心理学的代表人物卡尔·罗杰斯明确提出。自古就有以学生发展为核心的观念，任何流传下来的教育思想或多或少都能看到"以人为本"的教学思想。《礼记·学记》有云："教者，为人之长，为其所失。""长善救失"的目的在于使"善"因子在学生体内生根发芽，以"善"的因子战胜"不善"，使教育教学的本质变得清晰。孔子的教育思想，不管是"有教无类"，还是"因材施教"，都没有一种能充分反映出"以人为本"的教育思想。西方从古希腊开始解放和发展人性，就关注人的发展和学习者，如倡导对话教学的苏格拉底，以对话和诘问为主要教育手段，围绕学生的问题展开教育内容，以增强学生思维的发散性和创新性为核心，调动学生学习的积极性与主动性，体现了以学生为中心的理念。

以学生为中心的教育理念之所以在近代早期的高等教育界有所没落，原因主要如下：首先，工业革命导致了大规模的机械制造，大量的机械代替了人工，引起了社会结构和生产方式的变革。在教育层面，快速培养适应机械化大生产的机械化操作工人才是重点，所以产生了班级授课制这样可以批量化生产统一标准人才的教学模式。其次，高等教育不同于基础教育将重点放在研究课程教育和教学模式对学生的良好影响上。高等教育则更加关注大学治理和管理变革等，对于课堂教学本身和课程相关内容关注较少。

20世纪80年代以来，美国的学者对本科教学提出了"以学生为中心"的思想。以学生为中心，并不意味着把全部的主动性都交给学生，而是要通过改变原来的教学方式和方法来激发学生的学习兴趣，使他们拥有学习的主观能动性。"以学生为中心"的重要意义是"会学、乐学、学会"。

20世纪90年代，"以学生为中心"的教育思想发生了重大转变。以学生为中心才能真正地抓住人的思想，以人的发展为本，注重让学生学会学习，注重让他们主动地参加学习，尝试多种学习方法，让他们自己去寻找最适合自己的学习方法。注重学生的基本知识与技能，在一定程度上体现了"以人为本"的特点。在教学方法上，注重学生主观能动性，不采用标准化测试。

我国于2013年正式签署《华盛顿协议》，正式开启了世界大学学历证书的序幕。高校专业认证的全面体现是以学生发展为核心的思想：

第一，培养目标和毕业要求。高校教育专业认证采用追踪毕业生就业状况的调研形式确认培养目标的实现及修改。培养目标的确定由内外需求所定，外在需求包括国家需求、社会需求、产业需求、家长需求、校友期望需求。内部需求包括学校自身定位和发展、学生发展等方面。培养目标由内外需求相关利益者共同参与制定完成。结合内外所需可以真正确定所培养出来的应用型人才，对外符合国家及市场用人标准，对内帮助学生实现学习到就业之间的保障最大化。

第二，课程体系和教学活动。课程体系可以直观地划分核心知识点和所需能力要求。每门课以解决一个核心知识点或者培养一种核心能力的思维方式建设课程体系，高校教育专业认证要求在培养体系中完成对应用型人才解决复杂问题的能力和相应的职业素养的培养。一方面，理清课程之间的逻辑关系；另一方面，遵循学生能力形成的规律。

第三，评价方式及持续改进。高校偏好用毕业生的发展水平来体现自己的办学质量，但往往只注意顶尖的优秀毕业生，是宣传侧重。但真正体现一个学校办学水平的不应只包含最高水平的毕业生，也应包含最低水平的毕业生。高校教育专业认证的评价方式最明显的一个特点在于其是一种面向所有毕业生的合格性评价，即最低水平的毕业生也达到了合格水平。课程体系是完成毕业的必要条件，而毕业则是培养目标的关键。若有一个环节不能达到预期，则进行改进形成一个循环的培养模式，即持续改进的过程。

大学教育专业资格认证的三大基本原则是：以学生为中心、以成果为导向、以持续改进为核心。以"以人为本"的办学理念为核心，提出"产学研结合"是今后教育发展的必然趋势。要提高培养学生的综合素质，培养出理想的应用型人才就需要将理念贯彻整个培养过程。同时，也应当认识到培养过程本身的复杂性和漫长性，不断进行良性的改进循环。至此，以学生为中心理念依托高校教育专业认证达到了发展最高峰。

二、以学生为中心的课堂教学概述

（一）课堂教学

课堂教学是大学教育的核心内容，是学生获取知识、提高能力、塑造学生价值观的重要手段。课堂教学是指根据学生的年龄层次不同和个体知识结构差异进行分班教学的组织方式。一般依据教学目标，设置教学重难点及相应的教学计划后，开展以课堂授课为主的教学活动。作为我国长期以来坚持的教学组织形式，其最明显的优点之一就是体现了教师的主体地位。以课程讲授为主要形式的班级授课制，教师是绝对的主导，按照既定教学目标，有组织、有方向、有目的地开展教学活动。但也有其不足之处，如不能充分发挥学生主体作用，班级授课也不利于学生个性的发展。而且，很多人都觉得，要建一所学校，就应该有一套合适的教学设施。教室的空间就是教学的空间，课堂授课是学校教育的唯一组织方式，教材和参考书是必备工具，教学方式就是老师讲、学生听，并造成了理论学习与实际的脱节。在当下受以学生发展为中心教学理念的影响及无数学校的成功实践证明，课堂教学也可以是另外一种形式：在教与学的划分上，老师少讲课学生多自主学习；在教学的组织方式上，提倡小组学习和课堂讲授，以研究型学习为主，注重学生的自主建构，注重全面发展；在教学过程中，提倡师生互动，使学生加深认识，并找到问题的解答；在学习评估中，不能只把成绩当作评判标准，而是要注重多元的评估。理论上强调教学常规管理制度健全并突出"质量评价 — 反馈"评价体系，但实际操作中效果不尽如人意。要想建立新型的课堂教学评价，要将传统意义上的课堂教学从教室这个固定场所延伸到实训室和企业岗位等。在以以学生为中心的思想指导下，构建适合高素质应用型人才培养需求的教学质量评估与保证体系，有利于学生理解专业发展的方向，从而确立自己的职业目标。提高学生的就业竞争度，促进学生的长远发展。

中国对"以学生为中心"的理论体系的研究，起步比较晚。早期的研究以小学和初中为中心，大学的研究较晚。伴随着教育的不断深化与发展，国内有关专家、学者对"以人为本"的教学模式、教育管理等问题展开了深入的探讨。

关于"以学生为中心"的概念和内涵的研究。长期以来，我国的教育一直秉承着"三中心"的传统，在"三中心"之后总结出了"新三中心"。"三中心"即以学生的发展、学习和学习的成效为核心，而"新三中心"则是三个中心的逻辑联系。"以人为本"的教育思想，也是学校教育教学管理的一种模式，更是教师在开展教学活动时要遵循的根本准则。"以学生为中心"强调：第一，注重学生的学习；在教学活动中要注意学生的学习需要，改变以往注重教师"教授"的惯性使然，更多地关注学生的"学习"。我们应当认识到学生的"学习所得"并不简单等同于教师所教授的内容，而是在学生已有经验和知识存储的基础上对外部信息的接收、理解、转化构建。所以，我们要改变以往过分强调学生学习效果的本末倒置的做法，关注学习过程和学习状态，熟悉掌握符合学生学习认知发展规律，了解学生的需要，调动他们的学习热情。第二，关心学生学习效果。我们在关注学生学习需要的同时，也要注意学生在学习中的表现。第三，关注学生发展。学生的发展是多方面的，不单单是知识的掌握，还有情感意志和能力方面的发展。教育的最终落脚点是"人"，学生的发展要符合社会发展对其的要求，所以不单单将学生看作学习个体，而是要将其看作一个具有社会属性的"人"，促进学生自由全面的发展。也就是说，我们要尊重学生自主学习的积极性，但并不意味着学生可以主导课堂。

（二）以学生发展为中心的课堂教学特点

以学生发展为中心的课堂教学绝不是外在表象的合作学习等形式的教学。"以人为本"的课堂教学及"以人为本"的教育思想已经得到了学术界的普遍认可，但它在课堂上的具体表现还是有其特殊性的。在"以人为本"的教学思想下，我们更重视培养学生主动探究的兴趣，不是逼着学生去学习而是让学生产生学习的内在动力。当学生对学习本身产生浓厚的兴趣，学习行为自然而然成了一种自发性行为，学生在这种自发之下，学习效果会成倍凸显。要培养学生主动参与的学习意识，课堂教学是教师与学生之间的一种有效的互动关系。首先，教师与学生之间的角色转变，在以教为中心的课程中，教师往往成为课程的核心，决定了整个课堂教学的节奏，学生处于被动接受状态；而在以学为中心的课程里，学生是学习动机的主动发起者，积极地构建学习内容，积极探索学习方法，教师的身份是一个学习过程的引导者、参与者、推动者。学生主动参与课程本身让课堂教学真正变成了教师和学生双向有效互动的过程。教师合理地引导、学生积极地学习是一种为了实现教学目标而互相协作的有效互动。其次，是培养学生乐于探究的学生态度。只有让学生主动学习新的知识，才能从认知结构、兴趣、帮助需求等方面入手，并且可以按照自己的方式与自身原有的知识结构做融合以达到发展和完善新的知识结构的目的。最后，加强学生的创造性实践能力的培养。知识的创新性和实践性是以学生发展为中心理念所倡导的，通过研究和实践来建构和发展知识，体现了学生思维模式的创新。从原来单纯靠背诵转变到靠运动知识来理解知识本身，这种变化可以促进人们的创造性思考和素质的提高。

以学生为中心的课堂教学还体现在学生的能力水平和素质上。因为以学生为中心的课堂教学评价里，教学质量的高低是根据学生的学习发展来衡量的。学生是学习的主体，通过与社会、他人、自己的良好互动，不能通过教师的传授而获取知识。学生在学习情境中建构知识，学习知识本身也是创造新知识的过程。教师的作用是根据学生的需要和学习的特性，为他们的学习提供多种支持，给予他们最大的自主和自由。对学生来讲，当学习本身有了自主权，这样的自主权可以进行更多的自我管理，自主选择感兴趣的专业和课程学习，也可以自主决定自己的学习时间和学习进度，制定一份独特的学习计划。这样的自主权不仅是控制感也意味着责任感。责任感督促学生回顾调整自己的学习行为，形成评价自己学习行为的主观意识，从而达到自己预期的学习效果。

以学生为中心的教育模式主要包含三个方面：学生发展、学生学习、学习成效，如图1所示。发展的核心是发掘学生的内心需求与特点，而学习的重心是"学"，而非"教"，而以"学"为核心的教学设计与评价，并非只注重表面的成绩和研究结果。在教学方式上，要从怎样教到怎样学。"以教师、课程、教材"为核心的传统教学模式，注重以"以学为本"的教学方式，注重以学生为中心，以"以人为中心"的教学模式。传统的教师角色作用是传道、授业、解惑，教师掌握对知识的绝对解释权和课堂教学的主导权，学生只是被动地接受老师的知识传授。而以学为中心的教学模式下的教师定位是教学过程的引导者、参与者和推动学习进程的人。教师角色的转变反映出教师在课堂教学中的主体性、主导性的转变，使学生从被动的学习状态转变为积极学习，积极建构和探究。而以学生为中心的教学模式下，主张通过营造探索性和自主学习的氛围来构建一种和谐的教学环境，体现了知识的开放和发展，倡导学生在继承知识的基础上，主动地开拓新的知识和空白的领域，用新的思路和方法去解决问题是对现有知识的活学活用的最佳证明。

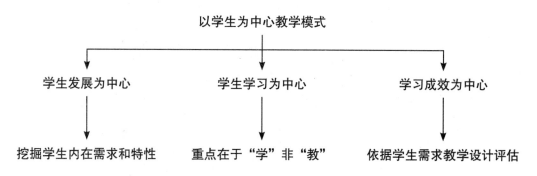

图1 以学生为中心教学模式示意图

（三）以学生为中心的课堂教学内涵

以人的发展为基本起点。现在大学本科教育的"以人为本"教育理念与传统的"以人为本"的本科教育模式相比，其最大的区别在于其基本起点。学生是教学的主体性，以学生的个性发展为基本起点，在教学计划的制订、课堂讲授、学习评价、教学效果评价等各个环节中，都要充分关注学生的需要，注重学生的个性化发展，将学生的综合能力作为本科教学的终极目标。

本质要求是注重学生的全方位发展。多少年来，我国的初等教育被应试所束缚，高等教育又被限制在狭窄的专业教育中。这种教育体制下培养出来的人才其实是片面发展的人，没有达到我国教育培养全面发展的人才的目的。然而，随着知识经济的推动，时代呼吁我们培养的人才是全方位发展的人才。人的全面发展，是指思想品德、智力发展、身体素质、欣赏能力、实践能力、交际能力等各方面的综合发展。

基于此，以学生为中心的课堂教学的本质，即要培养多方面的人才。全面发展人格，全面发展综合素质，全面发展知识体系，全面发展个体综合素质。这些综合能力应当包括独立自主探究知识的能力、批判性思维能力、团队合作能力、信息分类能力、口头和书面表达能力、社会实践能力、科研能力等。

量的要求是注重全体学生的发展。以学生为中心的本科教学模式与传统的本科教学模式不同的地方在于它关注的是全体学生的发展，而不是只关注少数优秀学生的发展。需要特别强调的是，这里的全体指学校里的全部学生，而不是指大部分学生。所以，以学生为中心的本科教学模式要求教师不要将精力都放到学习优秀的学生身上，要对那些成绩一般的学生多一点关爱和耐心，让他们重拾自信，有动力去和优秀的学生一起学习进步。

内在要求是促使学生积极主动地学习。以学生为中心的本科教学模式认为知识的传授要注重师生的互动，要求通过创新教学方法、提供各种学习资源、通过改变学生的学习评估等方式来激发学生的学习热情，使他们成为课堂的主人，主动地学习、研究和思考。通过积极探索，使学生体会学习的乐趣，并使他们能够积极地进行学习。在教学过程中，鼓励学生积极地获得知识。大学英语专业以"以人为本"的教学模式，采用多种形式的教学方法，以提高学生的学习兴趣，并在老师的指导下，积极主动地探索和学习。

核心要求是使学生拥有自主学习的能力。在以学生为中心的本科教学模式中，教师会把专业领域内的需要解答的问题交给学生，让他们自己去探究和研究问题，并且清晰地将自己对这一问题的见解表达出来。教师再针对学生研究的成果进行指导和批评，通过和同学们一起讨论问题，解答他们的疑问。通过阅读教材、撰写论文、表达观点、与老师讨论，学生不但可以学到课题的知识，还能提高自己的自学和独立思考能力。

充分发挥教师的领导地位是必要的。大学本科教育以"以人为本"为核心的教学模式，强调了学生的主体性，但这并不意味着教师在大学中的角色会变弱或者处于较低的地位。实施"以人为本"的教学模式，其前提是要充分发挥教师的领导能力。只有在老师的指导和帮助下，学生才能正确地掌握知识，并且在老师的指导下，才能了解不懂的知识。不管在哪种教学模式中，教师都发挥着不可代替的作用。因为学生从知识面、思维能力到人生经验各方面，都无法与教师相比拟，在自主学习和探究知识的过程中，有很多问题无法靠个人能力解答，很多细节会考虑不周全，这些都需要教师在旁加以指导，及时答疑解惑。

（四）以学生为中心的课堂教学改革环节

以学生为中心的教学模式虽然涉及很多方面，但从整个教学活动的设计来看，应当组成一个有机统一的整体，贯穿教学活动的全过程。为了更好地将以学生为中心的教学模式运用到本科教学运行中，必须处理好教学目标的制定、教学内容的梳理与精化、教学评价方式改革、参与式学习和教学反馈与调查五个关键环节。

1. 教学目标的制定

教学目标的设置，不仅是对学习者将要达到能力进行的阐述，还是对未来开展教学活动的暗示。课程目标的关注点在于学习者取得了什么而非老师的意图，关注的焦点是学习者能够在完成学习活动后展示的内容。从而课程教学目标变成了学习者自身期待知道、理解、掌握或者具备在学习之后演示的能力。教学目标即学生在学习过后会掌握的知识，无论是一堂课还是一门课程，都应有一个目标，并且制定相应的措施来使其达到，同时还能检验是否完成目标。按照加拿大教学目标制定方法，一份清晰的教学目标应包含三个要素：条件、行为、标准。条件是要清楚地设置与学习内容相关的条件和因素，如与同龄人协作、使用 Matlab 工具。行为是一个动词，让学生清楚地知道他们将会学到什么，并且能够证明他们的有效性，证明其是一种规范用法，如对循环进行阐释，而不是通过理解循环来实现。标准是设定一个预期的熟练程度来表达学生要达到的成果，就是如何衡量表现情况，如实验过程少于三次失误、测试结果达到百分之八十以上正确率等。

充分借鉴教学目标分析和确定方面的基本理念和研究成果，从以下四个方面对课程教学目标制定进行改进：①经常召开课程组或专业建设研讨会，协调多门课程教学目标的一致性和互补性，确保专业建设总体目标能够贯彻到具体的各门课程中；②根据教学目标设置三要素，分析课程现有教学目标，并细化相关条件和标准；③在第一次课程中具体详细阐述课程的目标，让学生充分了解学习该课程后将得到的收获，并让老师在每次课程实践中根据 ISW 模式进行目标达成测试；④结合课程评价、学生反馈，了解课程教学目标设置的合理性、完备性，并在课程教学中对其不断调整和精化。通过上述方法改革，尽量朝着能够明显辨识出学习内容的方向来考虑，帮助老师和学生精准认定课程想要达到的教学效果，逐步在教学目标制定环节达到以学生为中心。由于这样的教学目标是从学生角度来确定的，学生能够清楚地知道学习完这门课会有什么收获，因此更能激发学习动力。同时，学生也可以了解自己在哪些条件下、在何种程度上可以达到这些教学目的，从而为以后的学习活动参与、考试准备工作等提供依据。所以，学生的学习并不是盲目的，而是有目的的，而在学习的时候，教师也会给学生创造一些有利的环境，让他们能够更好地适应新的环境。

2. 教学内容的梳理与精化

对于教学内容的设置我们可以采取画概念图的方法，概念图是用来组织和代表知识的图形工具，通常包括概念、封闭的环形或一些类型的方块和表示连接两个概念之间关系的连接线，被称作连结词或连结词组，用来表示两个概念间的联系。在构造完初步的概念图之后，可以不断添加进入其他的概念进行修改完善，因此，画概念图的过程是一个不断梳理知识点、完善学生知识结构的过程，概念图没有一个固定的答案，可以日益完善，画概念图的过程永远不会完成。概念图不仅是一种用来捕获、代表和存档个人知识的工具，也是一种用来创建新知识的工具。此处充分借鉴加拿大在教学内容梳理和精化方面的基本方法和研究成果，利用画概念图的方法来实现对课程教学内容的调整：①在课程开始时，对课程先构造出一个整体的概念图，让学生在第一节课时对课程的知识框架有一个整体了解，理清课程的知识脉络；②根据每节课的教学目标，对教学内容进行梳理，画出每节课的小概念图，通过和学生讲解方块及不同的方块之间的联系，让他们明确不同知识块之间的内在联系；③在教学中，还可以让同学们在课堂上自行绘制概念图，从而增强他们的实践能力，加深对知识的理解；④考试时，也可以让学生画出自己对知识结构理解的概念图，或者对现有的概念图进行分析、完善。

通过上述方法改革，逐步实现以学生为中心的教学内容梳理。由于这样的教学内容是以学习者的角度来确定的，通过不断梳理知识脉络，学习者能够更好地把握课程内容之间的结构。同时，这些学得的知识不是独立的，相关知识非常丰富，使得学习的前后过程保持一种完整性。这也使得学习变成一种具有知识连续性的过程，而不是通过死记硬背不断强化记忆的方法来学习，这种方法会更有意义。

3. 教学评价方式改革

在不同的课程、不同的内容、不同的教学对象、不同的教学阶段，都有不同的教学评估方法，如课程报告、小型测试、一分钟报告、调查报告、分组活动、同伴评价、实验报告、多项选择、口头陈述、情境学习等。教师可以根据课程性质来选择不同的评价方式。比如，理工实验课程可以采用课程报告、小型测试、分组活动、同伴评价、实验报告等评价方法，文科类的课程可以采用调查报告、一分钟报告、口头陈述、情境学习等评价方法。这些评价方法不会有严格的选择标准，只要教师认为能够有助于达到预期效果，就可以选择使用。从以下四个方面对课程评价方式进行改进：①注重过程考核，把期末考试转变成为四个阶段的考试；②针对有项目的课程，把提交一份实验报告的模式转变成先做计划、再做研讨、最后再出实验报告的方式；③通过做问卷调查、一分钟报告、口头陈述等方法，及时了解学生的知识掌握状况；④进行同行评估。

通过上述方法改革，起决定性作用的评价方式不再是考试，而更多的是通过对学生的学习过程进行监控，能够极大地调动学生的学习兴趣，并能让他们获得更多的成就感，从而使他们的学习目标更清晰，更积极地学习。

4. 参与式学习

主动学习有利于学生体验学习过程，更容易达到教学目标。反过来，又促使学生更加持续深入地学习，而不是仅仅为了考试。例如，加拿大高校要求教师在教学中鼓励学生主动参与学习，这就需要学生多加练习，并在练习的过程中不断思考。本章研究中将充分借鉴加拿大高校鼓励学生主动参与的方法，从如下三个方面对课程参与形式进行改进：①将传统的学生排排坐的方式改成学生分组，让小组之间相互交流、加强研讨；②进一步深化研讨式的模式，引导、鼓励学生多讲，老师只是组织者；③利用信息网络新技术，如在网上组建论坛，让学生在非课堂时间参与到论坛的研讨中来，还可以通过大规模开放式网络课程的形式，让学生学习完课程后直接在线提问，老师进行答疑，同时为了将其与本科的正常教学结合起来，还可以采用小规模限制性在线课程，以此来解决面向少数真实在校注册学生的课程教学问题，这样参与形式就不用仅限定在课堂内。

通过上述方法改革，能使学生的学习热情得到最大限度地激发，而不是被动地向老师灌输知识，同时学生在课堂上自主发挥的空间大大增加。而且不仅是在课堂内，在课后的学习中也不间断地参与进来，从而实现以学生为中心式的学习。

5. 教学反馈与调查

一个完整的反馈过程由三个环节组成，首先是目标的预估，其次是信息反馈，最后是矫正和调节。部分人将"反射""返回"理解成反馈，认为只要收到相关信息就完成了反馈过程，然而理论和实践证明，这种观点是片面的，甚至是错误的。从上面的解释中得知，反馈信息只是其中的一部分，而第三个环节调整矫正才是反馈的核心所在，目的在于改进教学方法。所以，反馈的关键点在于最后一个环节。

因此，反馈过程的设计很重要，教师应该考虑很多方面，如时间、方式都需要精心选择、设计，拿到反馈信息，要能够准确辨认，并且及时采取应对措施，不断改善教学方式，调节教学进程，力图达到完美的效果。如果检测是以文字的形式进行，就应该针对性地设计反馈问卷；课后还要进行反思，查找不足，寻求更加有效的反馈时机、反馈方式。学生要具备自我评价意识：①要能够根据教学目标，思考自己的学习行为和结果，评价自己是否达标。②具备自我调节能力，能自我反思学习中存在的不足，及时进入学习状态，如果学习情绪不高，应该转变方式来调节对待学习的情绪。③要有自我矫正能力，督促自己达标。教师要让学生经常处在一个自我反馈的环境中。提出问题是一个很普遍的方法，可以帮助学生建立一个学习的环境，帮助他们提高分析和解决问题的能力。此外，还要及时反馈学生的情况，积极引导学生进行反馈练习，让他们掌握方法，自我评价，在不断的调节中得到提高。

（五）以学生为中心的课堂教学评价

1. 课堂教学评价概念

"评价"一词原意为评论货物的价值，社会生活的变迁和拓展引起了"评价"一词内涵的变化。"评价"一词也有了新的内涵和定义。美国学者格朗兰德用一个经典简明的公式对评价一词进行了解释说明，他指出评价由两部分内容构成，即量（或质）的记述和价值判断这两个部分。

评价是一个人对对象作出价值判断的过程。课堂教学评估就是评判课堂教学的价值。笔者认为，课堂教学评估应以评估课堂教学的价值为中心，区分评估主体与客体的关系是十分必要的。什么是"教学评价"？简单来讲，就是评价一个人的教育水平。教学评价是在一种评估观念的指导下，根据课程和教学目的、科学的标准，采用高效的技术手段，对教学过程和结果进行衡量，并给出价值判断的过程。人类在学习过程中有较强的分析归纳能力，为了较快掌握某种知识或是某种技能、方法，我们通常会从其本身的属性和特点出发，对其进行划分和分类，以便于我们清晰快速掌握该项新事物，在这个过程中划分的标准和维度并不只有一种，可以有很多种分类方法。教学评价活动在被人们所认识时也被划分出了不同的类型，应当对其有清晰的界定。

教师的课堂评价。评价对象主要有两种：①评价人员，即教研员、评价专家、学校领导、教务人员和教师。②内部评估人员，既有参与教学活动的人，也有学生。评估对象在评估过程中处于主导地位，我们倡导以学生为主体的课堂教学评价，就要主动将评价活动的主导权让给学生及将评价所需要的信息进行公开，这样才可以充分调动其参与评价活动的积极性。

课堂教学评价客体。在课堂教学评价中的客体并不是某个人或某一类人，而指的是课堂教学本身或者是一门课程。在不同的评价主体的价值取向下，评价客体的定义有所不同。课堂教学这一评价客体首先要满足社会的需要，这一需要同时也是制约教学目的的依据。让参与课程的学生实现全面的发展，最大限度地实现课堂教学价值，这样的课堂教学评价才是积极而正面的最优解，也是最有效的。

依据以上对于课堂教学评价主客体相关的定义，我们可以定义：课堂教学评估是以某种价值标准为基础，对课堂教学对象的各个层面进行分析，并作出价值判断的一种活动。在此定义中，包含评价主体多元和评价方法多元，不仅丰富了教育评价的内涵也揭示了其本质与特点。课堂教学评价不单单只是对教师及其相关教学实施活动及手段进行评价，还包括对课堂中学生的学习态度、行为学习和效果多个方面的评价。此外，还应该包括课堂教学过程中所涉及的各个方面及教学效果等。作为教育教学领域长期存在且经常性开展的课堂教学评价活动，其对于师生双方、课堂教学本身，从课程建设和学科发展的角度看，都是非常有意义的。课堂评估是通过一种方式来评判课程的计划、实施和教育的价值，从而实现课堂教学的改善。其对象包括课程编制、课程内容、课程组织和实施、学生的学习成绩和管理成效等。

综上所述，课堂教学评估是一种以特定的课堂教学行为为目标、评判其价值和作用的教学评估实践活动。

2. 以学生发展为中心课堂教学评价原则

（1）科学性原则

科学性原则是指在科学的教育评价理论的指导下，遵循科学的程序，利用科学的手段与方法去进行研究与分析，从而构建出科学的高校课堂教学考核评价体系。通过研究我们发现"以学生为中心"的高校课堂教学考核评价体系由多个要素构成，每个要素又会受到诸多因素的影响，这就决定了该考核评价体系是一个包含多个变量的庞杂系统。高校在新的时代呈现出新的发展特点和变化，一些新的问题慢慢出现，为达到科学考核评价促进高校发展，使该考核评价体系能够准确、严谨细致、客观可靠地对其中的考核要素作出客观呈现，就必须遵循科学性原则。客观现实是我们构建该考核评价体系的重要依据，要根据客观现实来有针对性地构建该体系。除了要尊重客观现实，我们还要尊重课堂教学的一般规律。要遵循科学性原则需要注意以下问题：首先，指导理念科学化，这是实现高校课堂教学考核评价体系的重要前提。顺利开展思政课课堂教学考核评价工作的前提就是要用科学的理念来指引该工作朝着正确的方向进行和开展，要构建起其考核评价体系也离不开科学理念的指导。反之，则会使考核评价工作难以开展，使考核评价体系的研究构建和完善工作事倍功半。其次，考核评价过程程序化，即考核评价活动必须有一定的先后次序，并且每次考核评价时都严格按照该程序来进行，最终形成一个固定有序的考核评价程序。

因此，在进行"以学生为中心"的高校课堂教学考核评价体系构建的过程中，应保证每个评价指标的制定、权重占比都能有科学的依据，能够准确、客观地对高校的教育者、受教育者和课程实施过程、效果及协同机制等各个要素进行科学的评价。要让该考核评价体系对课堂教学改革、建设和发展的辅助作用最大限度地发挥，科学性原则是必须遵循的。

（2）时代性原则

在构建"以人为本"的大学课堂教学评估体系时，应坚持时代性原则，也就是说在构建该考核评价体系时必须考虑现实中高校的发展与变化。近年来，高校的改革建设与发展的步伐加快，课堂教学中也出现了一些新的变化，所以构建该体系必须坚持与时俱进。评价理念、评价指标、评价方法等，都要与时俱进。落后的评价理念应该及时更新，陈旧的评价指标要及时删除，评价方法与手段也要根据现实发展的要求作出调整与创新。在当今社会，信息技术的发展是如此之快，我们在对课堂教学进行评估时，要充分运用信息技术，使新技术为学生所用。高校课堂教学内容涉及一定的时政和现实问题，也会随着社会的发展变化相应地发生一些改变。所以，在构建对其进行考核评价的体系时，我们要充分尊重客观现实，要符合客观事实并且符合客观现实的发展规律和思想政治课堂教学的一般规律，这是遵循时代性原则的必然要求。

（3）主体性原则

主体性原则是指要承认教师、学生、同行及督导在课堂教学评价时的主体地位，充分发挥其主动性、参与性，让其积极主动地参与教学评价活动之中。遵循这一原则要求我们要做到：一是在主观方面要促使考核评价主体和被考核评价对象主体意识的觉醒，也就是说作为考核评价主体要认识到自己评价地位之重和参与评价工作的重要性。二是充分调动评价主客体参与课堂教学评价的积极性，让评价过程转变为一个自我认识、自我分析、自我促进和发展的过程。由于高校课堂教学考核评价体系涉及多元评价主体，所以要求我们要对各评价主体都能够兼顾，在评价主体评价重要性和占比之间找到一个平衡点。

（4）整体性原则

整体性原则又称系统性原则，从整体与局部的角度，把握整体与局部的相互依赖、相互制约的矛盾，揭示了研究客体的特性、运动规律和总体属性。考核评价绝不是多个要素之间的简单拼凑搭建，其中各要素是相互联系、相互联动的。要想实现系统最优化，必须充分发挥系统各要素间的作用，使之达到"1+1>2"的效果。高校课堂教学考核评价体系作为一个整体的系统，在设计评估指标时，必须从总体上进行选择，同时要充分考虑各个指标在总体指标中的地位和功能，正确定位其层次和位置，还要考虑各个指标要兼顾学校的各个方面，多个指标之间要有其独立性，不能相互重叠、交叉。高校课堂教学考核评价体系作为一个整体，我们不能将其僵硬地割裂开来，应该充分认识到其各要素之间的联系，各要素与整个考核评价体系之间的联系，要考虑整体的最佳原则。如考核评价理念与考核目标之间不可能是完全相互独立的两个元素。理念决定目标，目标又反映着理念。

（5）多元性原则

多元性原则意味着从多个维度、多个层次去考察、测量高校课堂教学的各个方面。多元系统评估是教育评估理论发展的结果，也是教育评估日趋成熟的一个重要指标。高校课堂教学涉及"教"与"学"的多个方面、多个主体、多个被考核评价对象，这决定了在设计课堂教学考核评价体系时必须要考虑多个要素、多个层次之间的内在逻辑联系与差异。过去很长一段时间，我们主要采用统一的考核评价标准、方式、评价量表来对高校的课堂教学进行考核评价，这种方式在一定程度上促使高校课堂教学取得了一定的成就。但是对于多元化的主体、不同特点的地区高校来说显得较为单一，也未能充分考虑到客观现实的多元性，所以为解决之前统一的考核评价慢慢凸显的弊端和不适应性，我们必须遵循多元性原则。因此，在构建优化"以学生为中心"的高校课堂教学考核评价体系时，应该充分考虑这个问题，建立分层次指标体系和分类指标体系，考虑更多建立科学合理的多元评价主体，并且根据各校具体情况可作出相应的调整。依据多元智能理论的观点，在进行高校课堂教学考核评价时，不应过分强调对某一方面进行评价，要以促进学生、教师和思想政治课的发展为目标，以促进学生、教师和思想政治课的发展，促进教师教学效果改善和思政课课堂教学发展。当前的评价指标存在着一些问题，如对于三者之间的考核评价难以平衡，考核评价指标过于宏观和"高大上"，不够具体细化，还有就是对于过程性评价的重视仅仅停留在观念和意识层面，具体考核评价工作中并未落实到行动上。

因此，在构建新的评价指标体系时，要秉持多元性的原则、尊重个体差异，提倡从多个主体、多个维度、多种渠道及多种方式来进行综合评价。多元性原则要求我们做到以下三点。一是参与评估者的多样性。以往的考核评价过程当中，授课教师是作为一个完全被动的被考核评价对象，当作被管理的对象，其主动性的发挥受到了非常大的限制。现在我们提倡的多元性原则将授课教师纳入考核评价主体之中，能够在一定程度上对课堂教学的实施和效果进行自我检讨，而他在课堂上的表现则是最直观的观察。所以，我们主要有四类考核评价主体，以此来实现考核评价主体的多元性和全面性。不同的评价主体参与评价有其优势与局限，构建多元主体的评价体系就是为了实现评价活动的科学化，尽量避免考核评价活动出现偏差。二是指评价角度的多元性。我们可以从不同的维度来观察评价课堂教学，也可以从课堂教学实施过程和环节来对其进行考核评价，还可以从课堂被考核评价对象——教师和学生的课堂行为进行考核评价。此外，对于教师的评价主要侧重于教学能力方面的考核评价，对于教师的教学理念及师德师风和教师职业道德方面评价较少，多元性原则要求我们弥补这些缺陷。三是指考核评价方式方法的多元性。高校由于其自身的特殊性决定了我们必须采用多元评价方式对其进行评价。

（6）可行性原则

可行性原则是用来衡量该考核评价体系是否可行，即从考核主体、考核系统设计、实施诸方面来说，该考核评价体系都是可以操作使用的。构建"以学生为中心"的高校课堂教学考核评价体系最终目的是要为现实中的课堂教学考核评价提供一个可用、可操作性的工具，而不是搭建出一个"华丽却空虚"的花架子，经不起推敲和考验，那这个体系的构建就是无意义的。所以，在确定考核评价主体、标准、指标体系及实施过程等各个方面都必须遵循可行性原则。考核评价主体要呈现多元性特征，但是不能纳入一些不切实际的主体，以免造成考核评价工作繁重；考核评价指标设定既要符合课堂教学的全面性要求，又要内涵清晰便于考核评价主体理解；评价方法的选用要针对不同的考核评价主体进行相应的设置和调整；考核评价工作的开展要简便、高效。

如果该考核评价体系在实践中无法有效实施或是太过于烦琐复杂，那么这个考核评价体系对于高校课堂教学来说毫无意义。这就要求构建的考核评价指标要尽量做到易收集和易分析，同时要涵盖高校课堂教学需要被考核的各个方面。在以往的一些研究之中，鼓励多个主体参与评价，从某种意义上说，解决了评价方法单一、绝对化的问题，但是也带来了一些不可避免的负面影响。一方面，涉及的考核主体过多会造成评价工作量增加；另一方面，一些考核评价措施不适用于现实高校的考核评价。

另外，现代教育信息技术计算速度快，方便快捷等特点都能十分有效地应对课堂教学考核评价工作的繁杂。

3. 以学生为中心课堂教学评价路径

"以学生为中心"的教育思想是指学校、专家和教师的服务对象是学生，教学的主体、评价的主体是学生，只有树立以学生为本的价值观，才能真正体现出评价体系存在的意义。构建以学生发展为核心的教师教育质量评估系统，旨在对教师的教学过程进行监控，希望能以最严肃的态度、最丰富的知识、最有效的方式来改善教学的质量和水平。因此，在对教师的教学质量进行评估时，必须使教师在评估前全面理解"以学生为中心"的内涵与评估程序，并在日常教学中主动贯彻"以人为本"的原则。

（1）"以学生发展为中心"的理念指导教师教学质量评价

现有的高水平教师教育质量评估体系，大多是在传统的教学质量评估基础上进行微调，但仍然将评估作为一种衡量教师专业能力的运行机制。因而忽略了评价中最根本、最基础的价值导向，即"以学生为中心"。

（2）教师在教学活动中践行"以学生为中心"

教师的教学态度和方法对学生的学习产生了一定的影响，而高层次的教学活动常常能够激发他们的学习热情和积极性，使他们从被动学习到主动学习。在相同的教学内容下，"灌输式"的教学方法会让学生产生厌倦感，难以与公共的教学情境相融合，无法激发学生自主学习的自觉，而采用"发现式"的教学模式则会让学生的学习热情得到提升，对知识的渴望得到加强，在老师的指导下其探究的能力也会得到提升。因此，"以学生为中心"的价值取向应该在每一位教师的心中形成，并将其作为一种价值追求，从思想到行动来规范教师的教学活动。

（3）学生要积极参与教学评价活动

　　要充分认识到"以学生为中心"，要知道学生既是教学的主体，又是评价的主体。因此，在教学与评估中，应注重个人的收获与发展，不要一味追求高的成绩，更不要去投机取巧，那样不仅会损害教育的公平性，还会损害到学生本身。所以，如何引导大学生树立正确的价值观，端正其学习态度、评估态度，是当前亟待解决的问题。要让学生充分了解主动参加教学评估是获取知识、提高能力、培养素质的重要途径。

（本节编者：刘雅楠）

第二节 以学生为中心的课堂教学

一、以学生为中心的课堂教学要素

（一）课堂教学设计要素

在课程教学评估中，教师的教学设计具有十分重要的意义。为了构建推动以学生为中心的大学课程教学评价维度与标准，我们必须回归到一切课程教学评价的原点，即教学设计从目标制定、内容安排和考核设计中如何体现以学生为中心的理念。根据以往以学生为中心理念在教学设计中的贯彻实施和中国特色本土教育经验为参考，为以学生为中心理念更好地在教学设计中的实施寻求合适的实践路径。

要明确课程目标设计与学习产出的支撑关系。课程目标能反映学生在修读本课程期间所要达到的学习产出，这是课程目标作为教学设计流程中一环需要首要考虑的。换言之，课程目标的设计与学习产出之间要形成一种互相支撑的关系。教师角色定位为帮助学生制订学习产出计划的人，教学设计的所有环节以此学习产出计划为依据，通过学习成果的累积来达到预设的学习产出。

要明确教学内容设计与课程目标的支撑关系。教学内容首先是应当重难点清晰明确，更重要的是与课程目标形成相互支撑的关系。教学内容的设计以学习计划为起点和依据，课程的重点是强调学习的内容和能够完成的内容，以及对产出和能力的评价。课程内容的设计思想是以帮助学生达成预期的学习成果、理解所学的知识为中心。换言之，教学内容的设计即对学生所能达到的学习产出的希望。

要明确考核设计与课程目标的对应关系。考核设计的初衷是检测学生学习产出的阶段性达标情况，其目的是鼓励学生为了达到预期的学习产出而付出更多的努力。其评分标准要针对课程目标的达成情况来制定，因此与课程目标是一种相互的对应关系。

（二）课堂教学实施要素

教学实施的中心问题聚焦在：怎样才能更好地让学生获得这些成果呢？主要涉及资源分配与利用、教学的方式方法等内容。

要促进教学资源有效支持学生自主学习，有效帮助学生取得预期的学习产出需要利用一切可利用的线上和线下资源。首先，突破了时间、空间、学习的局限，不局限于课堂而向课外延伸、不局限于教室而向实验室和图书馆等延伸、不局限于课本而向更为丰富的课外资料和网络学习资源等延伸。将原本讲授所有知识点的课堂变成"抛砖引玉"的"砖"，学生在课堂受到知识的吸引和启发，课下才是自主学习和真正理解、吸收知识的"主战场"。

要转变教学方式体现以学生发展为中心理念。教学方式的改变关乎教学理念转变的具体体现。所谓"教是为了学会"含义就是教师或教学行为本身要如何帮助学生达到预期学习产出效果。传统的教学侧重知识传授，本着尽可能多地教授学生知识点的原则制定详尽的教案，再以"填鸭式"和"灌输式"的方式将知识点尽数让学生熟记。学生在课堂教学环节完成聆听、理解和记忆三个环节。但知识本身的吸引力被大打折扣，学习兴趣也随之下降。同时，这种理念下的教学方式将学生本身的学习能动性预设到最低值甚至没有预设。学习变成了一场毫无挑战性而只靠记忆和理解就能获得通过的无趣活动。而"以人为本"的课程，提倡学生的批判思维、反对权威、质疑知识。不拘泥于课堂教学，丰富的教学方式也为运用知识提供了更多可能性，将学到的书本知识运用到实践之中比任何一次背诵更为记忆深刻。

要通过课堂讲授体现学生主体地位，课堂讲授最能体现老师如何正确理解和运用以学生为中心的教学理念。老师要明确地说明学生的知识、能力和境界，从而达到他们想要的结果。教师的角色发生了变化，就像是一位伙伴，与学生一起工作，共同完成学业。而在教学过程中，教师要做的就是帮助学生克服学习中的问题。比如，预测学生的学习过程，分析学生的个性化需求，帮助学生制定个性化的学习计划。教室变成了一个平台，可以让学生看到自己的学习成果，展示的过程是互相学习的最好机会。

（三）课堂教学改进要素

教学改进的中心问题聚焦在：怎样才能了解到学生的学习成果？主要涉及评价方式方法，建立合理的评价机制和如何根据评价结果改善教学等内容。

注重以学生发展为核心的过程评估，注重以学生为本的评估思想，注重全面的成功，注重提高学生的成功概率，使每位学生都能获得成功或实现预期的学业产出，并根据评估结果适时调整，灵活地响应学生的学习需求。评价并不是为了用成绩优劣将学生分等，而是与学习产出相呼应，为了让所有学生都能达到预期的学习产出目标。因此，此处的评价是一种强调过程的评价，是一种形成性评价。并且，强调以自我作为参照标准，以是否达到预期的学习产出目标为标准进行判断。因为无法将每个学生做对比，而且标准并不统一，所以这种评价是一种达成性评价而不是比较性评价。

建立以学生发展为中心面向产出的评价机制。学生的学习成果是衡量教育质量的唯一标准，评价的焦点在于学生的学习效果和表现是否达到了预期的目标。当评价的结果可以真实地反映学生的学习产出，则说明该机制能体现学习产出和预设课程目标的支撑关系，是一种面向学习产出的评价。

构建以学生发展为核心的、以输出为导向的持续改善机制。一套行之有效的持续改进机制应该包括：持续改进培养目标，使其符合内外需要：不断改进毕业条件、不断改进教学活动，以适应毕业需求。在教学评估阶段，构建以输出为导向的持续改进机制，是希望通过这种机制，可以不断地提高预期的学习产出指标和教学活动，特别是通过评估结果来提高教学质量，从而推动"以人为本"的思想不断深化。

二、学生发展与课堂教学的关系

（一）学生发展思想的讨论

希腊教育家亚里士多德提出了人的发展，认为人的发展是由身体、情感向理性发展的过程。在此基础上，洛克、卢梭、裴斯泰洛齐、斯宾塞等教育家都对这三个问题进行了深入的探讨和充实。学生的全面发展，主要体现在品德、智力、身体和精神上的全面发展。但是，不同的学者和教育家对马克思的"人的全面发展"思想有了新的认识。主要观点有：

学生的综合发展应该是人的天性和社会的发展。自然发展是指学生的各部分正常、匀称的发展，各器官的生理功能、各种体质和运动能力的发展。大学生的社会发展主要表现在思想品德、行为习惯、认知因素和非认知因素的发展上。根据学生的身心发展需求，制定教学目标，选择教学内容，安排教学组织，确保学生的全面发展。体育既可以促进人的自身发展，又可以促进人的社会发展，只要合理地安排教学，就可以使人的身体得到充分的发展。

学生的全面发展主要是指学生各方面能力与素质的发展，从人的一生发展历程来看，人的一生发展可以分为年龄和能力两个维度。能力维度包括健康人的身心健康、学习教育能力（受教育的人）、文化文明程度、创业（受人尊敬的人）、社会保障的能力。此外，在各个年龄段，这些能力都反映了一个人的综合素质。

大学生的全面发展内涵应该包括以下三点：①发展个性；②综合素质；③协调发展。第一点是先决条件，是根本；第二点是合理性；第三点是最终的目标。人格发展是指个人在思想、性格、意志、情感、态度等方面与别人有区别的特点。综合素质是指思想、身体、心理、文化、业务等方面的综合素质，以及组织、沟通、协调、思维、实践和创新的综合素质。和谐发展是人的全面发展。人的全面发展，不仅仅是身体、智力、精神、兴趣、爱好、个性等方面的全面发展。作为一个人，其全面发展的素质即"四格素质"。

对于学生的全面发展，很多人习惯地认为全面发展是指"德智体""德智体美劳""德智体美" 等的全面发展，但这些认识从理论上来讲并不一定科学，主要有四个方面的原因：①"德智体"并不能包括学生的"全面"。②道德教育不能包括人的人格和心理素质，道德教育应该是政治思想、品德素质的教育，而将其视为一个低级的道德观念是不妥的。

③如果说美育的职责是培育美育，那么美育就是一种素质教育，应该归入智育的范畴。美讲究的是外在美与内在美的统一，相对于德、智、体来讲，美育不能与其并列，并单独成为学生全面发展的构成要素。④"劳育"的概念内涵不清楚，具体指向不明。在中小学，"劳育"主要是指"劳动技术教育"，如手工制作、家电维修等课程，且在教育中也会渗透一些"德育"的理念，如"热爱劳动"。由此看来，"劳育"会涉及"智育"，并与"思想品德教育"相随，是很难具有独立性，与"德、智、体"并列。在这种情况下，对学生"全面发展"的认知应该建立在一般"人"的基础之上。学生要发展的综合素质应该包括"体格""心格""智格""行格"四格，而且"四格"既具有自己的特殊含义，又与"四格"密不可分。

学生的全面发展应是"德才"两个方面的协同发展。在全面发展中，以素质教育为先决条件，以德才兼备为标准，以德育为内容，以非智力为主体，以人文为基础，以人格为根本，以人格发展为中心，从"以德为本"，到"德才"双修。大学生的全面发展是指"智育""德育""体育"和"美育"的协调发展。健康的个性包括体育、智育、德育和美育。这四个方面都很重要，都不能有丝毫的懈怠。

（二）课堂教育与学生全面发展关系分析

学生的发展是学生发展的核心，是充分落实"人的全面发展"思想的重要体现，也就是"学生的全面发展"要从学生的需要、能力、个性、社会关系等方面入手，从"认知""情感""意志"和"行为"四方面来实现学生的全面发展。

人的全面发展，要以"以人为本"，要全方位提高"以人为本"。而在课堂教学中，学生是主体，为了满足学生的课堂需求，必须进行全方位的道德教育。课堂教学综合发展的内涵主要有：满足学生需要的多层性、体现学生能力的全面性、尊重学生个性的多样性及把握学生社会关系的复杂性。

1. 满足学生需要的多层性。

学生的全面发展，本质上是满足学生的各项需要，每个个体需要的集合构成了社会的需要。学生的需要使学生从事各种生产、生活活动。他们从事某一个行业或者掌握某项技能，这些行业和技能都是以学生的需要为前提的。为了适应这种需求，学生在体力、天资、智力、思想品德等方面进行开发，并进行各种体力和智力劳动，不断地生产出更多的劳动产物。

人的生命是人的全面发展的必要条件，也就是人要达到更高的要求，必须满足衣食住行等最基本的生活需求。在实际操作中，只有达到了最基本的实务需求，才能进行实际操作。这一基本需求充分体现了生产力与学生的综合发展是密不可分的。因此，所有的学生都在进行着适应不断增长的需求。学生的需要应该得到充分的发展。比如，大学生在参与多种活动的过程中，能够将自己的天赋、想象、激情运用到实际生活中（对象的世界），从而体现自身的价值，实现自己的理想。为了满足这种需求，必须在教室里进行有效的教学。通过教育可以让青年学生迅速地适应整个生产体系，并能使他们按照自己的兴趣和社会需求，在不同的生产部门之间轮换。这样，教育就会把他们从现代社会中的分工中解放出来。因此，课堂教学对于促进学生的综合素质、促进学生的全面发展具有十分重要的意义。

学生的"需求就是他们的天性""你的本质就是你的需求。"因此，需求是学生坚持做人的基本原则，进行实践创新的动力，是他们获得全面发展的源泉。大学生的全面发展，不仅仅是满足物质生活的需求，而是要进行实践活动；不仅要有基本的生活，而且要有心理上的需求。在课堂教学上，应注重精神需求，使其具有"普世"情感，使其在实践活动中以"广大民众"为核心，以人民利益为本。把他们的精神需求和精神特质融入群众中去，如社会活动和生产活动要迎合集体利益，迎合社会的基本价值观念，使实践成为一种追求最大的善的理想追求。这才是课堂教育的归宿。

2. 体现学生的能力的全面性

在课堂教育中，要注重学生的能力的全面发展。对于大学生来说，他们的能力不仅仅是满足基本的社会需要，也不是满足需要的手段与工具，而是实现这种需要的重要力量，因为他们具有全面发展的能力。拥有能力的大学生，他们具有高超的素养及职业技能，他们在从事大量实践活动中所培育的能力可以感受、理解实践本质，他们运用自己的技能，只有那些自由的学生，对理想追求的学生，才是社会发展的动力，才是解放生产力和生产关系的重要推手。

在课堂教学中，要对学生进行全方位的综合素质培养。这与马克思人的全面发展思想的内涵是一致的。一个全面的人，他们的社会关系，都是由他们自己支配的。要实现则必须有一种全面的发展。这一切都是建立在交换价值的基础上的。在教学中，应充分反映出大学生的综合素质，即自然、社交、处理各种关系、自我管理、审美、自由创新等方面的综合能力。

总结起来，这种综合能力主要表现在学生的主体性、智力、体力、思维、交际能力等方面。大学生的综合素质，又可归结为体能与智力两方面的综合发展。对未来有活力的大学生进行课堂教学，使其综合素质得到提高，从而使其全面发展。从实际情况来看，大学生是生产力发展的第一要素，他们把科技成果转化为生产力，从而推动了生产力的发展。实践中，环境污染和生态危机的出现，表明了大学生的实践超出了自然的承受范围。通过课堂教学，可以使工程师在实践中的道德素养、对伦理问题的认识、解决问题的能力得到提升，从而达到与大自然和谐相处的目的。

3. 尊重学生个性的多样性

人的全面发展取决于人的人格发展。学生的人格发展在整个社会中起着举足轻重的作用。二者辩证统一。首先，人的全面发展是人的发展的根本，没有人的全面发展，人的发展就是无源之水、无本之木。其次，人的个性发展是人的全面发展的先决条件，人的全面发展必然会被人的发展所限制。因此，大学生的人格是多方面的，其特点主要是行为特征、爱好特征、兴趣特征、心理特征和气质特征。

大学生从事实践活动，他们是一切因素的统一体。他们的全面发展体现在学生的社会关系和学生的社会交往的普遍性，体现了他们个性的自由发展。马克思在探讨学生全面发展问题时，提出了在社会发展初期，学生和学生的关系是相互依存的，只能在有限的空间里独立地发展。从依赖学生到依靠物品，社会形式向物质过渡，全方位的需求和全方位的发展都对其能力的要求越来越高，这就使得他们必须不断地提升自己的文化素质。而在学生的全面发展阶段，也就是社会生产力的提升阶段。这一切的一切都可以变成"基于其社会财富的自由人格"。在社会主义社会中，学生的人格得以解放，其能力的发展和各种关系的发展，都是以自由人格为基础的。在第一种社会形态下，学生和学生的相互依存掩埋了人格；在第二阶段，物质的关系可以干涉学生，压制学生的人格；在第三阶段，大学生的个性才能得到最大限度地解放，共产主义才能使"有个性的学生"最终代替"偶然的学生"。

在教学过程中，应注意对个体的全面认识，即个体的性格特点，包括个体的基因、个体的独立性和丰富的个体发展。大学生要按照自己的兴趣进行各种活动，并从中挑选出适合自己的人生道路，把自己的"个性"和"全面"的"学生"联系起来，把"个性"和"个性"结合起来。一个有人格的人和一个偶然的人的不同，这是一种既符合逻辑又符合历史规律的不同。学生的人格是由教育而产生的，因此，在课堂教学中，要强调学生的人格形成，体现社会实践、环境、遗传、伦理等方面的影响，它促进了学生的全面发展。"培塑"的内容主要有培养和发展自主性、主动性和创造性三个层面。

4. 把握学生社会关系复杂性

人的存在和发展与其所处的社会关系有着紧密的联系，其发展的程度又与其社会的关联性有很大的关系。作为一名社会成员，大学生的社会属性是其最根本的特点。在大学阶段，他们要接受学校的教育，要与同学们接触，要学会科学和文化，要吸收别人的经验和长处，要用其长处来弥补自己的不足，要在合作、互相帮助、竞争中，不断地提升自己，不断地充实自己，完善自己，发展自己。

通过社会交往实践，可以提高其职业素质。社会联系在大学生的发展水平上具有决定性的影响，要使大学生得到充分的发展，必须打破传统的社会关系，打破传统的劳动分工，形成新的社会分工。在课堂教学中，要让学生认识到，要通过生产力的发展来解决新的生产关系，从而使社会体系更加健全。通过课堂教学，使学生的社会交往更加充实，从理想上体现出他们崇高的精神境界。

5. 注重大学生合作意识培养

重视培养学生的协作精神。联系的观念是历史唯物主义的最根本的思想，它主张没有什么东西是独立的，一切事物都是相互联系、相互影响、相互制约和相互作用的。人总是处于某种社会关系中，与身边的人有了联系，而他的人格则表现为与他人的共同特征，而他的主体又通过与他人的约束而表现出来。人与生俱来的抽象化，就其现实意义而言，是所有社会关系的集合。"社会关系是一个人的发展方向"，只有在各种社会关系中，人才能得到最好的发展，从而使自己变得更好。人类社会交往的全面发展有两个方面：一方面，个体的社会关系的拓宽与深化；另一方面，个体在社会关系中的准确定位。随着生产力的发展，各行各业都得到了长足发展，政治、经济、文化、生态等各个领域不断分化又相互交融，为人的社会关系的全面发展提供了更多可能。当今社会，时间与空间都不再是阻碍社会关系发展的因素，一切狭隘的观念与限制都应被打破，人的社会关系的发展应该是全方位的。个体可以发挥其个性与主体性，与任何领域、任何行业、任何地域、任何文化的人交往，不断拓宽社会关系的广度与深度伴随着个人社会关系的高度丰富，个体对自身在不同社会关系中的角色定位显得尤为重要。当下的社会关系是由无数"自由的个人的几何体"所构成的，社会关系中的每个个体都有着各自的个性，都想对所处的社会关系起主导作用。在一种社会关系中的角色定位，就是一个人的社会观念关系，一个人的整体并不在于他的想象或想象的全面，而在于他的现实关系与思想关系的全面。从某种意义上说，概念关系的全面是指现实关系的全面，一旦观念产生分歧，现实关系势必走向分裂，只有个体在社会关系交往中摆脱种种客观束缚，才能寻求个体与个体间相互联系的平衡，个体社会关系才能够得到真正发展。要实现个人和个人之间的联系，实现个人之间的思想关系的统一，从而使人的社会关系得到更好的发展，就必须培养协作和协作精神。所谓合作，就是个人与团体、团体与团体，为达到同一个目的而联结、协作，以达到目的。在现阶段，合作已经不再是一个新课题，它已经成为人类全面发展的必然选择。协作是个人根据共同的目的进行的自我选择，在协作的过程中，个人可以从事同一工作，也可以从事不同的工作，但是他们的终极目的是一致的。合作是个体找寻其在所处社会关系中角色定位的必经之路，在相互联结、相互配合的社会关系中，其他个体就是天然存在的参照物，能够客观、直接地反映出个体的能力与价值，以及个体在达成目标过程中的重要性，帮助个体更为精准地进行自身的角色定位，从而恰当发挥自身的个性与主导性，实现自身社会关系的全面发展。

要实现大学生的全面发展，其社会关系全面发展的重要性同样不言而喻。无论是专业学习过程还是工程活动的过程，都不是简单的技术过程，它是一个涉及整个社会发展的复杂的社会过程。在确定自己的角色定位的同时，进一步拓展和加深自己的社会关系，是大学生社会关系的重要组成部分。大学生在专业学习过程中与老师、同学之间构成了最为主要的社会关系。在日后的工作发展过程中，其与各层次的同事、不同的合作单位构成了最为主要的社会关系。大学生与老师合作，共同完成各项专业知识的学习，在课堂上、实验中相互合作，两者分工不同，师者传道、授业、解惑，学生求学，最终达到教与学的目标。大学生与同学的合作主要体现为分工协作与互相帮助完成各项作业及实验任务，在合作中互相学习。大学生在未来工程活动中与各合作单位的合作关系则显得更为复杂，在合作关系中，虽然最终目标一致，但过程中的利益分配、责任划分却各有侧重，合作关系更加难以维系。无论是何种合作状态的社会关系，都需要合作精神的培训，一般说来，合作精神包括责任感、自信心、效率、创新、合作和竞争意识。大学生的职责就是学习，所以大学生必须要把自己的专业知识全部掌握，这样才能在以后的工作中起到很好的作用。对日后可能参与建设的工程项目而言，大学生会在项目中担任一定的职务，要对一定的工作内容负责，无论其负责的内容事关重大抑或是微不足道，但"千里之堤，毁于蚁穴"，任何环节的工作都必须谨小慎微，确保万无一失。因此，大学生必须认识到学习专业知识与担当工作责任首先是自身应尽的义务，二者是大学生的身份与日后的职业选择与生俱来的，是无法转嫁于他人的。所以，义务的履行更是一种责任。当因义务履行缺失发生意外事故时，必须进行追责，这就要求大学生在履行义务时具备责任感，在合作关系中切实担负起个人责任，不因个人原因影响整个合作关系的发展，义务感与责任感是维持合作关系的基础。自信心与效率感是建立在义务感与责任感之上的。自信心不是凭空而来的，而是在日常学习与工作中不断积累与建立的。若在课业、实验与工程项目的考验面前缺乏睿智的决策，只能束手无策等待他人的帮助，自信心就沦为空谈，合作关系的责任边界也受到了挑战。只有尽到大学生的学习义务，不断提升自身的专业业务素质，才能在学习和工作中，轻松地处理各种问题，从而建立专业自信与职业自信。同样，效率感也需要扎实的专业知识与极强的责任感作为支撑，只有对学习与工作抱有极大的责任感，才能在合作关系中最大限度地发挥自身的主观能动性，及时高效地完成各项任务，不因个人原因拖慢合作关系的进度。自信心与效率感是维持合作关系的保障。创新和竞争合作是合作关系发展到一定程度时的一种积极需要。大学生的学习和实践是一种客观的、动态的、不断发展的、相互交织的、相互影响的、不断变化的。新矛盾的出现对大学生的专业知识储备是一种挑战，可以激发其创新性。面对新问题，旧的知识储备与工作经验都无法奏效，因循守旧只能导致合作关系破裂，只有转换思路，创造新的条件才能让科学知识发挥其应有效应，推动合作关系走上新的发展征程。一段合作关系的构成可能会有多个个体与集体，这些个体与集体各有分工，各有所长。在合作关系中，竞争无法避免。所谓竞争意识不是你死我活的恶性竞争，而是你追我赶的良性竞争，是共处一段合作关系中的个体或集体间相互学习、取长补短的意识。只有具备了合作与竞争意识，一段合作关系才能发挥其整体效应，否则合作关系不过是多个个体或集体的简单堆叠，不能做到一加一大于二。具备合作与竞争意识的合作关系才是真正意义上的合作关系，是部分排列组合之后的最优形式，能够帮助整体发挥其最大效应。创新性与合作竞争意识是维持合作关系的助推力。

由此可见，大学生的全面发展关乎其社会关系的全面发展，而合作又是影响其社会关系全面发展的重要因素。因此，具备合作精神，培养学生的责任感、自信心、效率感、创新精神、合作精神和竞争精神，是发展教育的主要目的。

（本节编者：刘雅楠、刘丹丹）

第三节　以学生为中心的课堂教学实践

一、以学生为中心的课堂教学实施对策

以学生为中心的本科教学模式改革带来的不仅仅是课堂中心角色的简单改变，还是一种教育理念的全面革新。这种革新会渗透到教学过程的各个环节，形成连锁反应，产生各种新的变革。本节基于前述调研及提出的教学模式体系框架和实践分析，分别从培养学生能力、强化教师培训、加强教学模式改革过程管理三个角度为我国以学生为中心的课堂教学实施提出相应对策建议。

（一）培养学生能力

第一，培养学生作为课堂主体的意识。如果学生在课堂上仅仅是被动接受教师的知识灌输，在课堂上自主发挥的空间不大，会直接影响学生学习的积极性。要使学生在一个和谐、相互帮助的环境中进行学习，就必须要及时掌握学生的心理状态，适时地调整教学环境，才能使教学工作更加顺利。在整个教学过程中，教师要把"学生是课堂的主体"意识贯穿其中，并不断强化对"学生"的指导，鼓励学生参与课堂教学活动，促进学生在参与过程中有体会地学习。针对不同学习者对实践性强的课程掌握程度可能不一样的情况，可采用让学生参与项目或实验的方法，使他们能够适时地展现他们的实际操作技能，从而真正地成为教室的主人。课程的设计注重学生的参与，鼓励学生做报告，并且在课程评价中增加报告所占最终考核成绩的比例。

第二，培养学生在遇到一些简单问题时能自己独立去解决的能力。教师在制定一些简单的学习任务给学生时，应给予学生一定的时间量，让学生逐步分解任务，在分析问题的过程中，除让学生进行相互之间的讨论之外，还应该鼓励学生去在相应的书籍上进行查阅，利用手里的学习资源去探索、去学习、去研究，广泛收集达成该项任务目标相关的资料，督促学生独立发现并解决问题，使学生逐步树立独立查询和调查的意识，培养其文献收集的能力，这有利于学生日后完成论文和课题的选报，为研究工作的展开积累素材。在实施过程中具体可以采取以下对策：①设置个别的教学任务，让每位同学都能独立完成，并进行个别评估；②在给予学生实验性课题上，除提出相关的要求以达到某些目的之外，也要给学生独立的思想和学习的机会，让学生可以自主完成课题实验的具体步骤；③给定主题和要求，要学生独立完成主题报告；④给定需求，让学生设计调查问卷，收集并分析调查结果，提出改进对策建议；⑤课程考核结果要充分体现学生自

主解决问题能力的分数占比。

第三，注重培养学生的团队协作精神，在这一过程中，可以培养学生树立团队意识，有利于实现学习资源的共享，达到思想的共鸣，促进学生的共同发展。在小组学习中，学生的团队协作能力得到巩固，具体可以采用以下对策：①课堂开始通过互动环节来增进小组成员相互了解，如通过自我介绍知道小组成员个人优势，有些成员动手能力强，有些成员信息搜索能力强，有些成员口头表达能力强，有些成员创新能力强，等等，个人的优势只是一方面，团队协作能力要体现的是小组的整体水平；②设置针对课程目标的大项目分组报告，由小组成员自行进行任务分工，如小组成员总共四人，一人进行资料搜集，一人负责制作 PPT，一人进行汇报，一人负责整个过程的沟通，以及出现问题时的临时补缺；③团队的整体表现通过一个分数值来进行衡量，以团队成绩作为评价标准，这个分数占最终成绩的比例由老师自行设定。

（二）强化教师培训

参加各类师资培训活动，对于新入职的教师可以尽快适应环境、熟悉角色、站稳讲台；对于已经任职的教师，可以一定程度上提高教学技巧、完善教学理念、丰富教学方法等。对于新任职的老师和教学经验不足的老师，通过教学培训，让老师可以更快地掌握与学生之间进行良好沟通的能力，能够掌握更加完美的教学方案，培养学生对学习的兴趣，加深与学生之间的关系，营造一种良好的学习氛围，使学生爱上学习。对于有一定授课经验的老师，通过培训，可以找到自身的缺陷，获得新的突破。有经验的教师还能从这些新观点中得到启发。所以，建议各高校定期开展教师教学技能方面的交流和培训。

第一，优化教师培训内容。我们对教师培训的内容进行优化，教师的培养包含两个层面：一是教师的个体专业素养，二是教师的公共知识与个人知识的融合。本研究的重点是：①教师在教学方法、教研、课堂知识的传授、教学模式、专业实践中的普遍问题。②教师的公共知识和个体知识的整合。其主要内容有：熟练掌握课程体系，开发和实施课程，灵活掌握多种评价手段，营造和调控多种教学环境，理解和引导学生心理，反思和研究专业实践，教育技术与教学的融合。

第二，开展教师技能培训。可以借鉴西方国家的教育理念和培训方法，把成熟的教师技能培训模式进行推广。针对整体课程设计的方法和技巧方面，采取 CDI 培训教师，将课程体系的整体目标分解到不同课程当中，理顺课程中不同知识点之间的关系；针对不同学生的学习习惯、爱好兴趣设计出相应的教学方案；针对不同的课程，对不同的学生进行相应的修正和改进，并就各自的教学内容进行介绍。通过充分讨论、不断反馈，取其精华，去其糟粕能够及时地认清自身的不足之处，及时作出相应的修改与完善。针对课堂教学方面的实施，采用 ISW 培训教师，按照课前准备、正课、书面反馈、口头反馈这四个环节来对教师进行培训，最核心的部分是在正课环节利用 BOPPS 教学模型来进行十分钟的迷你课程教学活动。BOPPS 模型按照引入、学习目的、开始前的测试、参与式学习、结束后的测试、小结六个步骤进行。以上两种教师技能培训方式都有很好的模型参考，教师可以参照其模型进行反复的训练，提升教学技能。

第三，教师应具备的能力素养。现在的教学模式主要是以学生为中心的模式，尽管强调学生的学习很重要，但事实上对于教师在教学水平上也有了更高的要求，教师和学生的关系，就像是导演和演员一样，都是非常重要的。要提高教师的理论知识和实际操作能力，在教学中可以根据学生需求调整教学方案等。因此，要注重培训教师掌握如下四点：①根据学生实际情况进行因材施教。开始讲一门课程前，要通过查阅档案、问卷调查、口头交流等方式，对作为授课对象的学生进行全面的了解，既充分了解学生的整体水平，也对不同学生的学习喜好进行一定的分析，以实现课程的教学目标为基础，以学生的意见和喜好作为参考，完成教学方案的拟定。除此之外，需要注重与学生的交流和互动，即时调整教学进度和方案，切实起到提升学生能力的作用。②完成预期的互动计划，准确把握时机并及时布置任务。以达到教学目标为终极目标，以完成教学任务为前提，适当传授部分拓展内容，通过练习等方式，保证学生自主地利用所学知识进行准备。对于学生学习效果的认定，除了对于成绩上的认同，还要制定更加合理的考核方案，并且考试计划也需要根据学生的情况来调整和改进，在考核频率上也要针对学生的学习情况去进行相应的调整，这样就可以更加有效地督促学生的学习。主要方法包括：建立学习小组，不同的小组需要设计不同的课堂计划，切实保证所有学生的参与度，学生通过课堂教学等方式完成对部分章节内容的学习。在这个过程中，教师起到评价和补充作用。③进行丰富多样的课堂教学活动，确保教学生动性、富有感染力。课堂活动需要以教学内容为参考，保证活动的特色，切实满足学生的学习需求，如演讲、讨论、辩论、表演、竞赛等。有时候还应该进一步拓展，可以组织一些课外锻炼，引导学生参加以讲座和竞赛为代表的学术交流活动，巩固已学知识的同时，起到完善知识构架的作用。④不仅能传授知识，还可以根据自身专业素养进行相关理论的传播，这要求教师具有政治、经济、历史、文化等诸多方面渊博的知识；在教学中，能把一般的知识和专业的知识结合在一起，能将自然科学和人文社会科学结合，并在此基础上引导学生形成对知识的正确认识，丰富知识体系的同时，培养其树立创新意识。

（三）加强教学模式改革过程管理

第一，定期展开教师交流活动。每位积极践行以学生为中心的课堂教学模式的教师，都会深有感触，也会形成一些好的经验做法。定期展开教师交流活动，如可以采取教学沙龙、建立讨论微信群的形式，邀请在课堂上采取了改革措施的教师们进行交流，每次交流活动可以设定一个主题，如怎样提高学生对于学习的兴趣，每个教师都可以抒发自己的意见，大家互相交流、互相学习，在不同年龄、不同认知、不同思维之间碰撞所产生的火花，可以激起学生对于学习的兴趣，也可以更加有利于教学任务的展开。沙龙的特点是可以集中教师对于特定的问题展开讨论进行交流，微信群的特点是即时性强。交流活动不仅仅是好经验的相互传授，在教学过程中遇到的各种现实问题也可以共同进行研究探讨。

第二，不断凝练教学模式改革成果。教学方式的改革是循序渐进的，没有一蹴而就的，因此全面实现以学生为中心的课堂教学模式需要一定的时间。在这个过程中，多种形式的教学活动建议形成书面的材料，这不仅是对进行的教学活动的梳理，而且留存备案后可以了解整个改革的动态过程，这也是改革过程形成的宝贵财富，如进行教师培训团组的总结报告、举办教学沙龙的会议纪要、实行小班教学改革的例会纪要等，以上材料均可以建立档案妥善保管。

上述对策制定的出发点归根结底是为了提升我国高等教育课堂教学质量，但是学习过程不能生搬硬套，要结合我国高等学校的具体情况，"因地制宜"探索新的思路和方法。

创新教学改革机制：真正从制度保障、评价机制、课程体系设计、课堂教学方法研讨等多个方面把以学生为中心落到教学的实处。"以人为本"是教育界普遍认同的观点，也是今后教育发展的必然趋势。但是目前来讲，学生参与教学过程的程度还远远不够，我国教师应当将这一理念深入贯彻到教学实施的各个环节和过程，进而营造和谐的学习氛围。

创新教学改革方法：我们应当认识到国内外的文化差异。有些方法在国外可以自然地实施，在国内就很难实施。所以，有必要根据学生实际特点对教学方法加以适当改进。特别应该考虑国内很多专业班级人数多，在分组讨论、一对一交流等方面要合理设计。

创新教学改革环境：教学设施与环境相适应。由于历史原因，我国大多数学校的教学模式都是以教师授课为主，这不利于学生参与主动学习，必须加以配套改革，应该营造更好的讨论和交流环境。

二、以学生为中心的课堂教学模式

（一）PBL 教学模式

以问题为基础的学习是将教学 — 科研 — 学习有机结合起来的一种有效的学习机制。"以学生为中心"是建构主义的理论。PBL 的主要特点是"以人为本""课程目标与技能开发""自主学习""合作学习""教师是助推器"。设计一个有效的问题或者问题环境，是 PBL 成功运作的首要保证。PBL 的执行一般包括准备、阅读问题、定义关键问题、头脑风暴、讨论和综合、形成学习问题、独立学习、共同知识和执行行动方案。

1. PBL 理论

大学是一个探索高级知识的地方。从某种意义上说，大学"以人为本"的教学是与"教""学"相结合的。应当说，"传统教学"与"整合"的精神本质是背道而驰的。"以课程内容为中心""教师讲、学生听"是传统教学最根本的特征。这种教学更多地体现在老师所做的事情上，而非学生所学，或者说，学习并没有在实际中进行，学生所能记得的内容非常有限，而且很难将所学的知识运用到实际工作中去。这样的教学方式不利于教学、科研和学习的有机结合。

目前，我国大学普遍采用"Lecture+ Presentation"的教学方式，以纠正传统的"教师讲、学生听"的教学方式。在前瞻方面，其结果也许并不尽如人意。如果老师把学习的重点放在记忆、理解等较低级的目标上，那么学习就会继续。从以往的教师教授知识转变成学习相对较好的学生教学习较差学生，这也往往会导致由于学习好的学生自身的行为习惯和学习方法之间的优劣，间接或直接地造成学习知识灌输时存在的差异甚至造成完全相反的学习结果，而对于被教的学生也会造成因参与感较少而导致对于学习兴趣的缺乏，最终影响学习结果。更有甚者，在不现实的环境中进行的教学，往往会给学生灌输概念、原则和定义，从而使他们的知识成为一种惰性的知识。这些惰性的知识，在短时间内就会被遗忘，而且很难将其用于实际情况。这种教学方法的产生，不仅使教师的教学质量难以保证，还会影响到高级教师的教学。在此，我们要考虑的问题是：怎样把教室变成一个"探究"的地方，让"教""学"成为一个"水乳交融"的整体？PBL是一种有效的学习机制，可以将教学、科研、学习结合起来。

PBL是一种以学生为本的学习环境，以培养其知识建构、问题解决、团队合作、自主学习等内在动力的教学方式。PBL具备下列主要特点：①聚焦于问题。PBL的教学内容以问题为中心，而不是以主题为中心，以问题为背景，通过对问题的分析，逐步地理解和掌握理论与原则。PBL与以学科为基础的学习问题是不同的。正确地把握PBL的本质，是正确认识PBL的关键。在传统的课堂教学中，许多老师往往会根据已有的知识，提出一系列的问题或个案，这些问题通常具有较好的结构，是先前所学的一些理论或原则的扩展，可以围绕着这个问题展开讨论，但其重点在于得到老师想要的答案，而解答往往都与具体的课程内容有关。PBL与以主题为基础的学习（SBL）相对的是，它的整体次序正好是相反的。这种以问题为中心，注重学生的学习过程，其实就是"做中学"②学生为中心。PBL侧重于学习起点、兴趣、体验。PBL的问题往往是以真实的环境为基础，使学生可以更好掌握自己的学习方向和学习的内容。在这种氛围中，教师与学生、学生与学生之间的对话式教学氛围，使学生感到安全、被他人所接纳。③课程目标是综合学科的内容，提高学生的技能水平。根据PBL的定义，学生在解决某一问题的同时，也在研究某一主题。课程技巧是由问题的设计直接获取的，而可转移的技巧是由问题的解决过程自身所得到的。比如，在教育管理方面，培养的专业技能包括使用图表和模型，获取和使用相关数据，评估政府政策，分析现实问题，等等。从某种程度上讲，科学与技术是科学研究的前提，也是科学研究的基础。④自主学习。PBL 的主要工作就是找出问题，以问题为中心，找出可以帮助学生进行学习的方法。整个流程的重点不在于结果，而在于过程。因此，这并非一种消极的学习方式，而是一种自觉的、积极的学习方式。这种自主性的学习有助于培养学生的元认知能力。在元认知能力的培养下，学生能够认识到自己已经知道的问题，知道哪些问题需要了解，需要采取哪些措施来解决问题。这其实也是一种深度学习，因为学习很有意义，并且专注于培养学生的理解能力。⑤协作式教学。PBL 不仅支持自主学习，还支持从其他同学那里学到东西。由于 PBL 是一个分享的过程，因此团队协作是非常关键的。它不仅可以缓解学习过程中的枯燥乏味，还可以促进学生的交际能力和人际关系技巧。在学习的过程中，团队成员可以互相交流、互相学习，在现有的基础上，建立新的想法。团队协作的学习与讨论不仅在教室里进行，而且经常会在教室外面进行。每一组都有 2~3 人，最多 10 人。为了鼓励个人为团体作出贡献，PBL 一般会制定有效的团体准则。⑥老师起到了推动者的作用。在 PBL 教学中，教师的作用主要是促进、帮助、引导。

教师的作用是作为一名推动者。教师需要提出问题，提供必要的资源，创造学习环境，推进 PBL 过程，积极倾听和观察，并适时和恰当地介入小组，推动小组讨论主要问题，鼓励学生进行反省和回顾。为了达到这一目的，老师应该避免将自己的观点和知识传授给学生，而是要继续向学生提问"为什么？"，从而引导学生走向"正确"的答案。

2. PBL 问题设置

从 PBL 的核心特点来看，PBL 是以问题为中心的。良好的问题品质是保证 PBL 顺利运营的首要保证。许多学者从学生的视角对优质 PBL 问题进行了分析，发现好问题具有以下十一个方面的特征：①有正确的学习目的。②提高学生的自主性。③启发思考。④推动团队合作。⑤有趣。⑥格式正确。⑦明确的问题。⑧详细说明问题。⑨适当的问题。⑩关于以前的知识。⑪有些困难。

好问题的特征是：①激发思考，分析，推理。②保证学生的自主性。③启动并运用以前的知识。④把它放在一个真实的环境中。⑤引导正确的学习目的。⑥引起人们的好奇心。⑦详细说明了背景。⑧语言表达清楚、得体。PBL 问题的特征可以从七个方面来概括：①问题的真实性。②激活之前的知识。③非常复杂。④鼓励学生进行小组讨论。⑤激发学生的学习能力。⑥鼓励学生的自主性。⑦结构合理。

结果表明，PBL 研究人员经常会用到"正确的引导""鼓励自主学习""引发思考""问题的真实性和适切性"。这种问题开放、真实、复杂，能够与学生的个体体验相呼应，并能引起学生探究的动机、兴趣和热情。

关于问题的真实性的认识还有待于进一步阐明。举例来说，有一个问题："去年发生的地方洪水到底是怎么回事？""为了防止将来的洪灾，我们该怎么办？"应当说，这种问题是真实的、现实的，因为它是从过去的生活环境中提取出来的。这个问题来源于特定的生活环境，其优点是：这种问题在学生的个人体验中是很常见的，与个人的人生经历有一定的相似之处，有助于提高学生的学习兴趣，并乐于去探究问题的答案，而非实际问题则无法解决。

好的问题可能来自课本后的练习、案例研究、试题、课程中的例证、科研项目、学术论文、教师自身或同事的实践、大众媒体等。在编写有意义的PBL问题时，应从三个方面考虑：第一，在教学中，什么是教学目标？第二，什么可以引起学生的兴趣？在关注问题上，一个更好的方法是，可以在内容方面选取当代主题，在叙述方式上，让学生在故事中扮演重要的人物，并且语言要尽量生动、幽默。第三，在问题的组织上，尽量让问题具有开放性和挑战性。

3. PBL 模式实施

PBL始于20世纪70年代，在医学的各个方面得到了广泛的推广和应用。在医疗方面，PBL其主要模式为：将患者的病历分为若干组，每组指定一位助理员。本课程的主要工作是对患者进行诊断，并为其提供理论依据，给出相应的治疗意见。第一次分组会议，他们根据自己的经历和知识，提出了一些假设，确认了有关的事实，并且发现了学习问题。学习问题是指小组中的学生，他们没有理解的关于病例的问题。在此基础上，每位同学自行学习，并利用有关的信息来搜集资料。然后，再次组织一次会议，对资源进行评价，以新的认识为基础，对问题进行反思和检讨。PBL问题通常会持续一星期到数星期。总体而言，PBL就是让学生认识到问题的重要性，并从不同的资源中获取知识和技巧，而老师就是其中的推动者。具体来说，在学习团队面临问题时，将会提出以下三个问题：第一，对于这个问题，我们有哪些了解？第二，还有哪些是我们应该了解的？第三，我们如何才能对未知的事物进行研究？在这个阶段，学生通常会根据重要程度来安排学习问题，并共同决定哪个问题应该由团队来讨论。小组要进行内部人员的划分，每个学生都要把自己负责的事情报告给其他同学。我们要指出的是，在一开始，没有为学生提供预设的目的，而是由学生根据问题分析，来提出学习问题（也就是学习目的）。

就PBL的实施而言，不管是在理论上，还是在实践中，都表现出了一种多样化的形态。PBL的执行通常包括准备、阅读问题、定义关键问题、头脑风暴、讨论和综合、形成学习问题、独立学习、共同知识和执行行动方案。

4. PBL 模式应用特点

PBL教学相对于传统的课程具有独特的特色，以"学习问题"为核心的能力培养为指导目标。其目的在于培养学生自主学习的能力；通过观察，使学生产生求知欲；认知和经验个体的知识盲点；回顾和运用知识，提高问题解决能力；构建、理解有关的知识模式的价值；了解有关的历史与社会背景；发掘和利用图书馆及网络资源；促进科研；培养自信，能够读懂科学文章；了解团队工作中的优点和缺点；了解清晰的口头、书面和可视的沟通；学习如何在证据的基础上有组织地陈述意见；探讨社会道德问题；为更深入的研究作好充分的准备。可见，PBL 教学模式下的课程目标，除了注重学生对知识的掌握，还注重学生获取信息、整合信息、运用信息、交流、团队合作、问题解决等方面的能力，同时也注重学生的科学道德观念。应当注意，PBL 教学模式的课程目标是基于该课程的教学目的而产生的，同时也说明了 PBL 教学需要一个学院乃至整个校园的环境；这也就意味着，要想顺利地执行 PBL，就必须重视外在的支撑因素。

（1）PBL 教学的核心特征：以问题为中心

PBL 教学模式的一个重要组成部分是"学习问题"。所谓的"学习问题"，就是学生在进行阅读和小组讨论的时候，会遇到一些问题，但却没有完全领悟。所以，在教学过程中，学习问题的产生主要是与知识有关的古典文献。首先，让学生在阅读过程中进行 2~3 个星期的深度阅读，然后通过提交问题列表来发现并解决所遇到的问题。比如，当他们第一次读到这个文件时，他们会发现一个关于学习的问题：什么？第二次读的时候，也许会有更多的问题：为何？每次学生解决了一个学习问题，就会有新的问题出现，而这些问题都是小组讨论的基础。在教学过程中，老师会让每一个学习团体都有一个详细的记录。以此类推，其他的阅读作业也是如此。

对学习问题的发现越多，理解越深，学习越深，PBL 模型提倡使用一种特殊的评估体系，也就是"作业级别评估"。该评估体系的内容包括：探究的层次、解决问题的进展、表达质量、资源的获取、案例的使用和问题的数目。评估的权重分别为：A+/A、B+/B、C+/C、C- 及以下。

（2）以小组合作为形式组织教学

多数班级采用 PBL 教学，以固定的分组方式进行。每个学习小组均配备一位导师，组员通常是同一专业的三年级或四年级的学生，教师都曾参加或正在参加 PBL 教学技术训练。在春假之后，老师会将各班的导师重新安排到其他班级。为使团队的职能得以正常运作，PBL 模式需要在团队成立之初就开始制定团队规则，说明违规行为的后果，并在"团体规则"上签字。PBL 教学模式非常重视团体规则的重要性，并指出良好的团体规则对于课程本身、学生自身和团队的成功都起着举足轻重的作用。

小组指导原则中有以下方面：指导原则的确立仅仅是制定团队规则的起点；正确解决与小组成员之间的冲突；严格执行团队的决策，训练和实践聆听技巧；与团队合作，共享资讯，尊重会员意见；根据一个特定的任务，每个人都会作出自己的贡献；针对小组成员特性，合理安排工作，以提高工作效率；团体给予小组成员一个机会，让他们发挥自己的才能；做好工作记录；强调按时完成工作的重要意义；促进小组成员之间的相互帮助；让小组成员有更多的空间去创造和发挥自己的想象力；制定有系统的团队工作方案；允许更改功能不佳的团体规则；清楚地说明违反团体规定的后果；突出一些基础的原则。在这些指导原则的基础上，各成员可以制定自己的"团体规则同意书"，以适应团体的特定条件。下面是《小组规则同意书》中关于 PBL 的特别规定：①按时上课。②事先做好功课（每次上课后至少要准备 2~3 个小时）。③如遇紧急情况，应事先通知导师、小组成员及授课老师。④在课堂上与同学们分享所学知识。⑤合理使用自己的时间（上课时不能谈论与课程无关的主题）。⑥倾听并尊重每个参与者的意见。⑦违反团队纪律的人将会受到相应的处罚。

为了保证团队的运作，PBL 模型还为每个人都指定了对应的角色，并且每个人都可以在团队中每周轮流工作。当同学们在扮演自己的角色时，他们会有针对性地辅导。总体上，团队成员的作用和职责包括：①记录。跟踪和记录团队在学习中遇到的问题。②监督。确保讨论顺利进行，并尽可能地减少偏离主题。③质疑。质疑资料的准确性和可靠性，并保证每个成员都能正确地了解下一阶段的工作。④技术咨询。专注于方法，是一个知道怎样解决问题并了解工作原理的人。⑤数据收集。通过诸如互联网和图书馆这样的工具来搜索信息，这是每位学生在课堂内外都要扮演的角色。

对于导师而言，其角色是促进者和指导者，其作用是引导，主要任务是参加每一堂课，领导小组进行学习，促进小组讨论和监督小组职能的正常运作，引导学生学会"理解"，而非"告诉"。另外，导师不会对学生进行最后的评分，这样可以让学生更好地参与到团队活动中来，从而更好地配合教学。

（3）以严谨而开放的课程评价为工具追踪教学效果

PBL 教学模式虽然不以学科知识为主线，但它的核心是开放性的、结构不良的学习问题，采用小组讨论的方式来进行教学；但是，它并没有对学生的成绩进行定量的评估。从形式上讲，PBL 教学模式下的学生学习评价包括课程考试、课程作业和组内评价。其中，科目测验包含了期中和期末测验，都是针对学生的知识理解、运用和解题的能力而设的，大部分的试题都是以崭新的讯息和不同的情景来展现，要求学生作出叙述式的答复。期中、期末测验各有占比；每次测验的内容都是由个别测验和团体测验两部分组成，每个部分都在测验中有所占比。课程测验的目的在于评估学生的自主学习、解决问题、交流能力。在答题的时候，试题中会写得很清楚：避免不精确的信息，逻辑结构合理、案例恰当、语言精确、思维深刻者得分高。

团体测验。学生可自行查阅相关资料，如课堂笔记，以测试学生对所学知识的理解，及学生与学习团体的协作与问题解决能力。团体测验中的问题是本课程从未涉及的资讯，借由团体讨论将答案填入答卷。这些回答将反映出一个群体的知识广度、分析、建立联系、追问深层问题、逻辑思维、建立模型（可检验的假定）的技巧。

课堂任务。学生在学习过程中不断地进行自主学习、交流和阅读，从而找到并解决学习中存在的问题。如上所述，这些被发现的学习问题是通过严格的可操作指数来进行定量的评估。写作任务主要有两个方面：一是每周必须完成的小作业，二是在学期结束时要做的大作业。小作业是一项由每位学生每周都要交的总结作文，它的重点是"理解"所学的知识，而作文作业的得分则是根据"理解"的程度来评分。大作业是指在学期结束前的最后一个周五，完成一份 5~10 页的报告，用以培养学生撰写科技论文的能力，并显示他们自己对学习问题的建构与探索，对文献资讯的归纳与整理，并将资料整合。虽然组员在一开始的时候都会按照团队的整体表现给出同样的分数，但在评分的时候，他们会将自己的评分和队友的评分结合起来，这样才能体现出他们对团队的真正贡献。团体内部评估的指标可以具体地归纳为考勤、准备、参与、态度四个方面，分别在中期和期末评估中进行，而同组的学生对自己的评估将会占到总得分的 50%。

学生评估课程与老师的教学。PBL 教学模式既具有以上所述的严格、公开的学习评估制度，又十分注重学生对课程与老师的评估。评估内容有：在开课当天进行的初步评估、期中和期末的"同侪—自我—团体"评估和课程的最终评估。期末评估通常在期末前一周进行，评估内容包括分级评估和公开题目。评分标准分为"很不赞同""不同意""一般""同意"和"非常同意"。

（二）翻转课堂模式

在高等教育教学领域，由于信息技术的支持，翻转课堂教学方式因其产生了大量成功的案例而备受关注，并成为高校推行课堂教学改革计划的重要内容和手段。翻转课堂的方式固然为高校课堂注入了新鲜血液，为高校的教学提升了活力，但在一段时间的尝试之后，高校教师愿意持续应用这种教学技术，参与翻转课堂的学生愿意接纳和适应这种新兴的教学方法。

这两个条件关系到教学系统中最重要的两个要素：教师和学生。他们的态度对翻转课堂的效果至关重要。因此，上述条件成为高校在推行翻转课堂和提升教学效果过程中不能回避而且要首先解决的客观现实，尤其值得研究者和实践者从教学系统的整体观进行系统研究。

在过去的 20 多年里，信息技术与高等教育课程通过混合学习技术不断融合，产生了多种教学形式，如多媒体计算机辅助教学、远程教育、E-learning 在线教育及翻转课堂的教学方法等。

1. 翻转课堂发展历程

翻转课堂是二十世纪在良好的网络通信环境下产生的一种全新的教学技术与方法。它和传统的教学方式有很大的不同，能够突破学校、教室等物理教学场所的空间限制和固定的教学时间的限制。它又和一般的网络学习不同，由于参加翻转班的同学可以在自己的时间和空间里自由地进行学习，但是在线学习材料一般是由教师提供的教学内容的一部分，往往是后续的面对面课堂教学的条件和基础，因此课前的在线学习还要达到一定的要求。受 21 世纪的技术运动及随之而来的意识形态运动的重要影响，翻转课堂教学开启了在高等教育舞台上光辉绽放与繁荣发展的时代。

首先，20 世纪 90 年代以后，计算机和互联网技术的迅速发展和普及，为"翻转课堂"的出现奠定了良好的技术和物质基础。同时，技术的发展也使教育资源的开放与共享变得十分便利。方便的资源开放共享为翻转课堂提高全球教育水平，形成课程设计的基石，为学生提供以前不可能或无法获得的学习机会奠定了物质基础。

其次，两个具有标志性意义的意识形态运动解放了人们的学习观念，为翻转课堂的兴起打开了精神的大门。一是以麻省理工开放课件项目为发端的开放优质教育资源运动。麻省理工学院在 2001 年宣布开放课程计划，提倡在网络上公开所有的课程教材和课件，让世界各地的学生和教育工作者免费使用。随后一些世界著名高校纷纷加入这项计划，掀起了一场开放的资源革命。教育资源的开放突破了只有支付大学学费才能学习高校课程的传统意识形态，为那些被阻隔在高校之外的学习者提供了免费的学习通道。二是萨尔曼·可汗创造了一系列免费教学短视频，以及后来创办的可汗学院，将免费共享优质教学资源的趋势推向了顶峰，直接引发和推动了慕课和翻转课堂教学在全球范围内的兴起。

2. 翻转课堂的含义

一直以来，与翻转相关的教学方式没有一个明确的定义。在实际应用中，出现了"Inverted Classroom""Flipped Classroom""Flipped Learning"等名词，在我国还有许多术语，如"颠倒课堂""颠倒教室""翻转教学""翻转学习"等。

相对而言，较早介绍高等教育中的翻转课堂教学方法和经验的主要有迈阿密大学在 1996 年秋开设的微观经济学等课程。该校教师采用翻转课堂的手段，把传统课上要传递的知识和技能以视频讲座的形式交由学生在课前完成，而将传统教学中的课后作业及其他练习环节放在课上，在老师的引导下，进一步内化了知识，最终取得了优于传统课堂教学的效果。

翻转课堂通过在课堂外传递学习内容，让学生参与更多的课堂活动，从而颠覆了传统的课堂教学安排。含义简单，操作性强，得到大部分人的理解和接受。它的最大内涵是对"知识传授"和"知识内化"的颠覆。这种模式将教学法与技术进行融合，对传统本科课堂教学进行改革，采用技术方法提供教学内容和学习资料，减少教师的讲授，为学生的主动学习腾出课堂时间。翻转课堂教学强调的是更注重理解和应用，而不是回忆；同时，不牺牲事实性知识的呈现；学生对自己的学业有更好的控制力，对自己的学业更加负责；为学生提供更多的学习机会。

在课堂之前，学生可以自行学习教师所提供的教材，以便他们有更多的课堂时间进行知识的理解和参与教学互动。上述定义仅代表了课堂和家庭学习活动的重新排序，还不能充分代表研究人员所提到的翻转课堂的实践。

翻转课堂的定义框架是翻转课堂由两部分构成，分别是以"以人为本"的教学理论为指导的互动教学和以教师为中心的学习理论指导下的明示教学方法。这个定义强调了课前环节和课上环节所依据的学习理论类型，而且排除了那些不使用视频作为课外活动学习材料的课堂。

在此情境下，教师所创造的影像及互动课程，一般都是在作业环境下进行，课堂上的时间则用于与教师一对一或小组互动，课堂成为解决问题、提出概念和参与协作学习的场所。其核心思想是，教师在制作视频时要重新思考教学的各个方面，如何将教学视频整合到一个整体的教学方法中才是关键所在。

在动机和认知负载理论的基础上，翻转课堂可以形成一个整体的理论模式。他们认为在翻转课堂中，对能力、关联、自主权的感受可以提高学习者的外部动机和内部动机，而定制的专业知识和自定步调能对学习者的认知负荷有更好的管理。

翻转课堂这种颠倒顺序之后的课堂教学形式引入国内之后，被国内教师形象地称为"先学后教"，而将传统课堂教学称为"先教后学"。不过，我国学者对翻转课堂的理解并不止于教学流程的先后顺序的改变，而是从教学要素的角度将其与传统课堂教学进行了分析对比，探讨了翻转课堂的内涵。

3. 翻转课堂的讨论

翻转课堂是一种以教学录像为主的教学资源，学生在课堂上通过观看和学习教学录像等学习资源，在课堂上进行作业答疑、合作探究、互动交流等。在内容上，教师与学生角色的转变，凸显了教师在教学录像中的地位与功能，并从教学情境的视角，说明了学习管理系统对于学生进行翻转课堂的重要意义。

翻转课堂最根本的特点就是"改革课堂教学模式"，这就是"教师、学生、教学内容、教学媒介"四大要素的角色。它是一种由团体教学向个体学习的教学模它使学生的小组活动成为一个互动的、动态的学习情境，教师指导学生运用自己的观念，并以创意的方式进行活动。这种官方的明确的定义包含四大基本要素：灵活的环境、学习文化、有目标的教学和职业教育。

与传统的教学相比，翻转式课堂的变革表现为：①翻转式课堂教学具有更加广阔、更加灵活的学习环境。通过技术的支撑，翻转式课堂将课前在线和教室内的面对面教学无缝衔接，拓展了学生的学习空间。在网上学习方面，学生可以根据需要自由选择学习的时间和地点。在面对面的课堂教学中，教师有更多的时间与学生互动，可以设置头脑风暴、辩论、小组协作学习、讨论、个性化答疑等各种教学活动，以支持学生更深入的学习活动。相应地，学生的学习表现更为丰富，教师对学生学习的评估也会更加灵活。②体现了教学向学生为中心转变的思想。翻转课堂教学使课堂文化由"以师为本"向"以生为本"的文化转化，在课堂上进行更多的探究，从而为学生提供更多的学习机会。在传统的"以师为本"的教学模式下，教师是最重要的信息资源。与之形成鲜明对比的是，翻转课堂是把教学转变为以学习者为中心的教学方式，在课堂上进行更深层次的探索，为学生提供更多的学习机会。因此，学生在参与和评估自己的学习时，能够主动地参与到知识建构中去，这对于他们而言是很有意义的。③对师生的要求也越来越高。翻转课堂教学的过程与传统教学有很大的变化，这就意味着教师需要用不同以往的思路设计翻转课堂的路径，思考如何帮助学生深入理解概念、发展能力。因此，精心准备课前教学资源对教师而言是一次全新的教学设计体验。学生在课前的学习目标、内容、自学策略、学习支持都需要重新设计。为了保证最大限度地增加课堂时间，教师还要根据学生的认知能力、认知水平、认知起点、学习风格、学习动机与态度等要素，仔细选择和评估哪些学习内容适合直接教授，哪些内容适合放在自学空间中。除了合理安排学科内容知识，教师需要采用以学生为中心的、积极主动的学习策略。总之，翻转课堂教学中的教师比传统课堂中的更为重要，也往往要求更高。对学生而言，翻转课堂的线上学习部分由于没有教师和同伴在场，缺少监督，这就要求学生拥有足够的自律精神及自学能力。由于课堂上的活动需要更多地参与，而不是以往被动地"听"和"接受"，那么需要学生运用更高层次的思维，表现得更加积极主动。④教师和学生的角色转换。在这种情况下，教师的角色从传授知识的人变成了组织、促进和协助学生，使教师与学生之间的地位趋于均等。

4. 翻转课堂的优势

为了更好地提高学生的参与度，促进学生学习，超越传统课堂教学的教学方法是最有效的。有关翻转课堂教学的研究和评论使得这种技术支持下的教学方法充满了魅力，给长期受困于非显著性差异论等质问下的高等教育工作者带来了希望，因而迅速受到广泛关注。翻转课堂教学带来了诸多好处，如学习节奏更加灵活，克服了传统教学中对教学方法、内容覆盖范围、测试等过度规定的局限性。翻转课堂使教师能够覆盖更多的材料，使学生在相似的测试和开放式设计问题方面都有较好的成绩。尽管刚开始的时候，学生还难以适应新的教学方式，但是他们很快就习惯了，并且觉得这种教学方式非常高效。总结各个翻转课堂教学的实践者和研究者的成果，可以看到翻转课堂教学的优势体现在教学系统的很多方面，其中最为突出的几个优势可以归纳为如下四点。

（1）延长教学时间

翻转课堂能积极影响教师的行为，这种方法可以让他们花更多的时间为学生一对一指导，并在学生需要的时候及时提供干预。相对于传统的以教师为主导的课堂教学，翻转课堂教学克服了在传统教学中的物理空间、时间等因素的制约，特别是学生通过录像授课取代了老师的直接授课，相对延长了课上的时间，为增加师生更多的课堂互动、开展学生间的自主合作提供了机会。

翻转课堂的方式不同于传统教学，对教师的教学设计能力、教学能力、信息技术应用能力等诸多方面提出了更高的挑战。在高等教育课程中，课堂时间应该集中在知识的应用上。同时，它也可以让老师有更好的机会发现思维中的错误。有很多间接证据表明，教师采用"翻转式"教学方法，可以使学生获得更多的满意。

（2）促进有效学习

翻转课堂在教学中引入许多互不兼容的观念和方式，其中包括基于建构的、基于问题的学习活动，同时也包括基于行为理论的教学演讲或录像。学生既可以根据老师的网络资源进行需求的学习，也可以将主动学习和被动学习结合起来。同时，翻转课堂的教学方式也更加注重以学生为本的教学理念，既可以增强学生的学习能力，又可以促进学生的学习行为，激发他们的学习动力和积极反应，让他们得到正确的、有效的教育。

（3）重塑师生关系

翻转课堂改变了师生关系，重塑了教师角色和学生角色。传统的教学过程主要依靠人际交流，几乎不需要教师在课外时间帮助学生学习。而翻转课堂则可以增强学生的学习经验、创新意识、交际能力、解决问题的能力。

（4）促进高阶思维

通过大量的实践证明，结构化的翻转课堂能够较好地激发学生的深度学习能力。翻转课堂需要学生在上课之前做好相关的准备工作，以便在课堂中进行更深层次的探讨。以翻转课堂计算机为中介开展，或者通过云教室进行授课。翻转课堂教学可以帮助教师实现学生在课堂上有意识地练习高阶思维。当他们使用电子资源时，他们的学习可能会有灵活性，这样可以腾出课堂时间来进行与上述资源相关的积极讨论和相关的问题解决活动，而且这些讨论由学生发起，而不是由教师发起。这种模式把更多的学习责任放在学生身上，这样学生就可以努力掌握材料。

5. 翻转课堂实施难度

翻转课堂究竟能与教学体系结合到何种程度，与师生建立一种开放、接纳、稳定的关系？只有正确认识翻转课堂教学融入教学系统的难度与复杂性，才能合理看待和回答这个问题。

　　首先，翻转课堂教学作为一项教学创新的技术，满足技术创新在教学系统中扩散所应具备的基本特征，从创新扩散的视角分析教学新技术、教学方法要顺利融入教育系统，必须是相关、适度且有效的。只有能适应正式教育的特征、对教师和学生之间的教学活动有很强的普遍性、改善学习环境、拓宽原有的教育手段和方法、提高教学效果和提高教学效能的信息技术，才能为正式教育体系所接受和推广。在自主学习阶段，教师通过网络教学平台提供教学视频、多媒体课件等多种网络资源，从而提高学生的教学能力；课堂上，运用问答法、讨论法、启发法、案例法等方法，加深学生对知识的内化与迁移。因此，翻转式课堂技术满足相关、适度、有效的传播条件，是当前这种技术能够在实际应用中得到广泛应用的先决条件。

　　其次，应用翻转式课堂教学比单纯采用特定的资讯科技或教学方式要困难和复杂得多。翻转课堂教学既是一种教学技术，也是一种教学观念。它的主要目标是让学生构建深刻的、相互关联的知识，从而提高他们的高级思考能力。它改变了传统的教学方法，改变了学生的学习方法，让学生从被动接受转变为积极学习。与此同时，它给教师带来了前所未有的挑战。比如：全新的教学理念和教学方式，与传统教学完全不同的教学设计，教学视频制作等媒体技能，为应对课堂上学生的提问而需要的广博知识结构，课堂活动的组织能力与角色定位，繁重的工作负荷需要整合技术的学科教学知识，以及带来一定程度的风险。这些相对于传统教学方式，翻转课堂教学是一种剧烈的技术变革，它能否被师生真正接纳、适应和灵活运用，直接关系到教学的效果和质量，需要深入考察。

　　教师专业发展与变革的研究认为，教师对待一项教学创新是"抵制"与"自愿"并存的。一方面，如果教师不愿从个人熟悉的领域和惯常运用的教学方法等"舒适地带"跨越到可能存在困难、麻烦、危险和挑战的地方，或者他周围的环境氛围比较保守，再或者教师的主体因素遭到了轻视，那么他就会抵制教学创新。另一方面，教师能够应外界的变革要求，自愿学习和采纳新技术、新知识，主动作出某种教学行为的改变，以认同并内化外界对自己专业身份的期待，适应教学改革的要求，保持自我与环境的平衡。总之，教师会不会采纳教学创新，受自身个体心理和外界群体文化等各种因素的制约。

　　以"习惯"为出发点，内外两方面的综合驱动，是一个复杂而又艰难的过程。研究者作为高校教师，在尝试翻转课堂教学的实践过程中，对遇到的各方面的阻力、推行的难度有切身体会。这种阻力除来自教学信息的表征形式、教学传播的设备和手段、教学过程中能利用的学习支持工具及教学场所、教学时间等变化之外，主要在于设计教学活动、制作高质量的课前学习材料有难度，以及学生学习动机不强，不能保质保量完成课前自学，等等。不要把"翻转课堂"变成了"翻船课堂"。制作翻转课堂使用的视频材料需要视频拍摄、制作的专业功底，如果教师拍出的微视频索然无味，是不会有学生愿意看的。从经验的角度来讲，翻转课堂要避免"翻船"，应关注三个核心问题：①学生有没有兴趣观看微课的录像。②有没有系统地设计教学。③学校是否有一套行之有效的评估和激励机制。这些问题涉及学生、教师、学校三个方面，包括教师的教学能力、学校的教学管理和学生的学习支持。因此，在教学过程中，教师要转变传统的教学方法，采取"翻转课堂"的方法，是一个循序渐进、困难的系统工程。

6. 翻转课堂教学融入教学系统的关键

在教学中推进翻转课堂教学技术是一项渐进而艰难的过程，而如何使广大教师和老师使用它，是首要的问题。

要深入理解影响教师持续应用翻转课堂教学的因素及它们之间的关系。在我国教学改革与实践中，通常存在三种教学创新的推进方式：运动式、行政命令式、自愿式。但前两种改革方式是由上级领导机构或学校外部人士发起的指令性改革，来自外界的行政力量起主导作用，对招募"首次试用"创新技术的教师比较有效。那些对翻转课堂教学感兴趣并愿意尝试的教师，会调适自己的行为，迎合或响应学校与社会对教学改革创新的需要，尝试采用教学新技术。也有的教师也会基于个人专业成长的角度，主动从"舒适地带"转移到对新技术的实践中去。这三种推动教学创新的方式，都能使教师在教育改革之初就转变传统的教学方法，采取新的教学方法。

然而，在最初的尝试期之后，教师能不能留下来继续使用该教学方法才是一个比较棘手的问题。在教师采纳教学创新过程中一个较为普遍的现象是，有的教师以极大的热情运用创新，坚持不懈，直到创新完全融入教学，而有的教师则从未尝试过新的教学策略或仅仅经过几次尝试就回到了传统的教学路径中。例如，哈佛大学这样一个典型的案例：坚持多年之后，他们几乎没有保持住对翻转课堂教学方法的兴趣，虽然他们尝试过翻转，但很少有人坚持下来。这个例子说明，让教师留下来继续使用翻转课堂教学方法比招募教师首次采用翻转课堂教学方法更具有挑战性。同时也揭示了新技术融入教学系统面临的第一道挑战：教师对新技术在短暂尝试之后，要么继续采用，要么弃之不用。然而，一项教学改革如果不能持续、深入地进行下去，仅仅停留在表层，不能掌握技术创新与教育深度融合的要领，是达不到教学改革的初衷的，也起不到任何实质作用。教师对翻转课堂教学的采纳和成功应用，不能只看"首次试用"或尝试几次后形成的效应。对于翻转课堂教学而言，只有持续的使用才会带来所期望的结果。衡量人们接受某项创新是不准确的，因为在一次使用后，也许还会持续，也许不会。再来一次，是否可以被认为是"持续使用"，即使对于一些研究来说，仅仅考虑"永远使用"这个词也是合理的。要运用教育技术，而不只是采用它。

所以，翻转课堂教学技术与教学的顺利融合首先要解决的问题就是：怎样使教师留下来持续应用这项教学新技术。教师采纳创新技术必须经过忍痛割爱（离开"舒适区"）、冲击适应（体验教学创新带来的冲击和挑战）和专业再生（建立成熟的专业实践模式）

三个阶段。在这些阶段中，第二个阶段是最长也是最难熬的。这一时期的教师已经脱离了他们的安乐窝，但是他们还没有成长起来。职业操练的方式，很容易让他们陷入危险和机遇并存的困境。此时，大部分处于该阶段的教师需要外部力量的支持。如果没有得到外界的理解与支持，他们很容易放弃当前的教学新技术而退回到原有的教学模式中。此外，作为教学改革的直接推动者，教师具有能动性。他们愿不愿意坚持在教学中采用翻转课堂教学模式，还受到其他诸多因素的影响。遗憾的是，截至目前，尽管有少数研究注意到了技术在教学中使用的持续性问题，但极少有学者从影响教师持续应用的因素及其之间的关系为重点，系统化地探索教学技术的持续应用问题。因此，探究影响教师持续应用翻转课堂教学的信念模型显得非常必要，尤其是在翻转课堂教学推进的关键时期，值得开展此类研究，丰富这方面的研究成果。只有通过深入的研究，尤其要回答在教师对翻转课堂教学的冲击适应阶段，是哪些因素影响了教师在这个阶段上的坚持。以学校为代表的外部环境应该为教师提供哪些帮助和支持才能实质性地推进翻转课堂教学的广泛应用。如果不能很好地回答这些问题，没有得到充足的、令人信服的研究结论，并根据研究结论从机制上提出长效措施，那么仅仅靠行政命令，靠某些教师一时的热情，甚至牺牲个人利益去克服困难实施翻转课堂教学，不可能将翻转课堂教学转化为常态化教学，发挥它在教学中的效用和优势。

实施者克服了很多困难，付出了很大的努力，最终取得了翻转课堂教学的成功。关于这些教师实施翻转课堂教学意愿的影响因素、动机、经验、问题等，目前已经有不少研究成果。例如运用期望理论，解释了教师采纳教育创新的动机，发现成功预期问题是教师采纳和不采纳的最重要因素。再如以自我决定理论作为理论框架，通过调查教师的内在动机和外在动机来理解他们采取教学创新的行为，再以传播理论与技术接受模式为理论依据，运用个案分析法，探讨影响教师运用资讯通信技术（ICT）的决策。此外，还可以将其归结为教师自我效能及教师对科技的信念、态度、知识、自我认知、教学信念、学科与学校文化等多种因素的综合影响。还有研究认为影响因素来自教师自身的不同。比如，以建构主义为导向的教师比以传播为导向的教师更偏好在教育中采用新兴的技术。在教学过程中使用技术的个人因素、制度因素和技术因素，以及阻碍教师使用信息通信技术的因素。这些研究从一种因素或多种因素的角度，揭示了教师如何对待教学中的创新技术并在教学中采纳这些新技术、改变自己的教学行为，为研究教师对翻转课堂教学的持续应用提供了一定的研究基础和启示。

因此，为了广泛、深入地推进翻转课堂教学技术与教育融合，要解决的第一个关键问题是：深入理解影响教师持续应用翻转课堂教学的因素及它们之间的关系。

要深入理解学生对翻转课堂的接受和适应的影响因素及其关系、顺利开展翻转课堂教学，仅仅有教师的坚持还远远不够，还必须考虑教学系统中另外一个主体——学生对待翻转课堂的态度。因为在教学系统中，翻转课堂教学是教师和学生相互作用、开展双边教学活动的中介，教与学的双方还会受到许多情境和背景变量的交互影响。教师尝试翻转课堂教学，但学生不一定会接受并主动去适应这种方法，那么学生的学习结果可能与教师的期望背道而驰。如果教师没有获得成功的结果预期，就可能在尝试过后放弃翻转课堂教学技术。

事实上，在已有的翻转课堂教学研究及案例中，一直不乏因学生对翻转课堂的不投入、不积极而导致翻转课堂教学无法顺利开展的案例，或形似而神不似的情形。如果学生持一种对自主学习不负责任的态度，那么课前就可能不观看教学视频或其他学习材料，这部分学生将有可能在翻转课堂中迷失，无法在随后的课堂上和其他师生开展讨论、答疑、协作解决问题等参与度高的学习。在进行翻转课堂的过程中，最大的问题就是，整个翻转模式的建立，完全取决于学生是否有足够的自主性来保持自己的学习动机。

所以，作为教学系统中的另一个重要因素，学生能否以积极、开放、主动的态度去接纳和适应教学新技术也是非常关键的。他们的态度直接影响他们在翻转课堂中的投入，进而影响翻转课堂教学效果，影响教师对自身能力及翻转方法的信任水平，并最终影响翻转课堂教学技术与教学的融合程度。

此外，大学生对待翻转课堂的态度跟他们的学习偏好相关。那些偏爱翻转课堂环境的学生（翻转支持者）对课前和课堂上的课程活动有更积极的态度，并对学习内容有更多的参与和投入。而那些抵制翻转课堂环境的学生更喜欢在课堂上学习而不是在课前学习，并且这些翻转抵制者的比例占了很大一部分。我国高等教育目前是翻转课堂教学应用得最广泛的领域，但我国学生同样面临学习偏好问题。我国基础教育中的根深蒂固的应试教育体系和传统观念影响了中小学教师对讲授法的偏爱，同时也影响了学生对教学方法的选择。在我国中小学阶段乃至大学阶段的教学中，教师以讲授法作为最基本、最常用的教学方法，因此不少学生习惯于由教师讲授的接受学习法。课堂教学是指老师用口语表达情景、叙述事实、解释概念、论证原理、说明规则的一种教学方式。由于它的普及和直接的特点，它在传授知识上有着无可替代的快捷、有效的特点，是应用最早、最广且经久不衰的一种教学方式。

从学习的观点出发，接受法也是一种最基础的学习方式。课堂授课是一种让师生都熟悉的、舒适的接受方式。然而，教学方法往往会导致学生对学习的依赖和期望，影响学习的主动性和创造力。这与主动学习和高度自律的自我意识相违背。

相比传统课堂讲授，翻转课堂教学的线上学习部分由于缺少教师和同伴在场，对学生的自律精神及自学能力的要求比面对面的课堂教学更高；翻转课堂教学在课堂上的活动需要学生更主动地参与，运用更高层次的思维。而且，翻转课堂教学提倡的个性化辅导和差异化学习，与传统课堂教学要面向全体学生的理念完全不同。

　　此外，教师的教学策略、教学方式的选择也会对学生的学习方式产生一定的影响。有心理学研究发现，教师的教学行为对学生的学习效果、认知风格的形成和发展都有一定的影响。在传统的教育方式的影响下，大多数学生都已形成或调整了自己的学习方式，以适应传统的讲授方式。特别是大学生，经过十二年的"面对面"授课，才能顺利地通过大学入学考试。在教师进行的"翻转式"课堂教学中，有相当一部分的学生认为他们更倾向于课堂讲授，而不太习惯于在课堂上进行网上学习。

　　根据以上分析，大学生对待翻转课堂的态度、能不能接纳和适应翻转课堂不仅十分重要，而且这个问题不容回避。然而，在现有研究中，从学生角度对翻转课堂教学的研究主要体现在满意度研究、学习投入程度研究、学生对教学方法的评价研究、翻转课堂教学效果的研究等方面，从学生视角及影响他们接受翻转课堂的系统性研究依然很少，还需要从更广阔的角度深入探索问题根源。为此，提出要解决的第二个关键问题是：深入理解大学生对翻转课堂的接受和适应的影响因素及其关系。

（本章编者：刘雅楠）

第五章　课程的开发与应用

第一节　高校课程建设理论

一、课程基本概念

教师、学生、课程体系是现代教育质量、教育特色三个基本要素。教育的中心在于课程，捷克教育家夸美纽斯在 17 世纪提出了"把一切知识都传给大家""要找出一种教学方法，让老师能减少教学次数，让学生学习更多"的观点。然而，尽管《大教学论》不难看出这门课的基本概念，但在本书和 20 世纪中叶之前的德语语系国家，其教育目的、内容、方法、教材和课堂问题都来源于希腊语词源 "didaskein"。《什么知识最有价值》是 19 世纪英国著名教育家斯宾塞的著作，是英语中第一个将"课程"作为教育的新单词的来源。20 世纪初期，美国教育家博比特（1818）发表了一本名为《课程》的著作，标志着它脱离了教育，形成了一个独立的学科，并使课程的概念变得清晰起来。

（一）课程定义

课程 "course" 这个词是从拉丁语 "currere" 中衍生出来的，它的意思是在比赛中到达终点的一条跑道。课程论著更是浩如烟海，而对课程的定义则更为复杂。总体而言，课程专家对这门课有三个方面的影响。

1. 课程是学科、学程和教材

把课程看作一门学科、一门课程或一本教科书是最早和最普遍的课程定义。菲尼克斯是美国教育哲学家，也是课程论的专家。他认为课程应该包括所有课程的知识，也就是所有课程的内容都应该来自学习，这就是"学科"课程的定义。还有一些学者提出，"学程"提法是比较合适的。此外，课程还被认为是课程的内容或教材，课程内容包括教材、教学指导、教学大纲、媒体材料、活动明信片等。课程内容既可以看作社会文化的再生产，也可以说是对这一概念的扩展。

认为课程是学科、学程或教材的理论，其本质就是强调学校要将学科知识系统教授给学生，课程设置、编写教材是课程发展的重点。但是，此类定义的缺点是没有包括学生在不同的活动（学校活动、课外活动、学校生活）中获得的经验，忽视个人成长（如智力开发和创新能力），忽视课程设计（如教学策略、教学方法、内容解释等），将课程与学科混为同义，截然剥离内容（课程）与课程（教学）的联系等。

2. 课程是目标或计划

这些定义将课程视为外在的成果或预先设定的蓝图。比如现代课程理论之父泰勒，也是现代评价理论之父，在1949年曾提出"学校课程总体上是一种规划与引导的学习"，它把"课程作为规划"与"作为学校辅导的学习体验"之间形成一种折中，但在《课程和教学的基本原理》中，却花了大量的时间来探讨如何确立课程目标，因此泰勒的观点更注重于目的。麦唐纳是概念重构学派课程理论的专家，他提出了四个互动系统：教学系统、学习系统、教学系统、课程系统，而课程体系就是指导教学的规划。普雷特把课程界定为"一套有组织的正式教育或培训计划。"普雷特认为，计划的本质差异很大，它可能是具体的、书面的，或者是没有文字的，只是停留在头脑中。

把课程作为目的或规划的概念，本质上反映了以社会问题为核心的社会变革主义课程观。比如，主张以课程为导向的学者，强调目标的发现、选择与组织，将目标与方法、课程与教学相分离，课程仅以目标为中心，以研究活动为内容，都是教学的规划，而不是课程。因此，教学必须按照课程的指导来进行。换句话说，课程的目的比方法更重要，它把课程的预期性作为指导，而不是回溯性作为指导。教师可以参加课程的制定，但是，当课程工作结束后，"目标"本身就不允许老师随意更改，而教师的个人创造性和风格也只能通过灵活的方式来反映。提倡"课程规划"的人认为，"课程"和"教学"应该区别开来，凡是涉及学生的学习方案而没有落实的，都属于课程范畴。计划一旦实施，就是教育的范畴。它从活动、内容、评价等方面对教育活动进行了"全景式"的静态、整体规划，并不限于教学目的。课程计划由学科专家、课程专家和教师制定，但因课程规划的细化程度不同，其参与程度和教学的自由度也有所不同。

这种定义在当时的情况下，尽管它提醒我们要关注目标和计划，但它分离了目标、计划、手段、过程，没有考虑课堂上的计划（也就是"本能意图"），没有充分地展示设计工作，忽略了学习过程，无法预测结果。

3. 课程是经验

这种定义把课程看作由老师引导或由老师自己产生的经验。杜威被誉为近代教育的奠基人，他反对将课程视为一系列活动或事先确定的目标，并提倡将其视为一个过程中不可缺少的一环，主张并维护体验式课程理论。卡斯威尔和坎贝尔是课程理论的专家。

学校的课程应该包括学生在老师的指导下的全部经历。派纳是存在现象学的课程论者。"以课程为体验"的观点，其本质上是将课程重心从"学科知识"或"社会中心"转移到"以学生为中心"的观点，认为"课程"包含着"教学"，要兼顾学生的学习进程与学生在非目的之外的学习体验。这个定义表明，教师与学生都是课程发展的关键角色，而专业人士和其他教育者的观点、教学环境、外部支持等因素虽然是课程发展的主要因素，但是这些要素之间的互动关系却是决定课程发展的关键因素。

可以说，1930年以来，"体验"成为一种很有价值的定义，因为它涵盖正式的、潜在的以及其他方面的内容。但是，"体验是经验"的界定过于宽泛，面对着如何处理合理和不合理的经验、与学习相关的与不相关的经验的问题，如何区分正式的学习和课外活动，如何正确地发挥知识在学生的发展中的作用，以及如何根据学生的不同经验，如何与30~40名学生进行对话和讨论，将会是一种两难的情形。

从实践的观点来看，这三种类型的课程定义都有其自身的特点。从水平上看，每个课程的定义都对课程的发展有所侧重，并作出了贡献。"课程是目的"激发了人们对目标和能力之间的联系，而"课程就是计划"则是赋予学生更多的学习机遇。"课程就是体验"让我们意识到学生的活动、学习环境及他们的兴趣和需求。从纵向上看，美国教育工作者蔡斯认为，对课程活动的各个阶段进行分析，可以选择不同的课程定义，如课程规划、课程目标和学科界定等；在评估课程时，将课程作为体验的定义（特别是经验的积累，不管是否经过规划）将是最有帮助的。因此，在课程发展的各个阶段和组织层次上，各种课程定义都有其适用范围。

（二）课程与教育、教学的关系

1. 课程与教育的关系

英国教育家彼得斯在1966年的分析哲学中对"教育"进行了深刻的探讨，他认为"教育"应该满足以下三个准则：有意义的活动、培养人类的认识方向、重视学习者的自主意识及对学习的兴趣和愿望。教育家巴罗将"正式教育"和"教育"区别开来，在正规学校的教学实践中，有许多可能没有教育性质的实例，也有一些是无教育性质的，还有一些是反教育的。比如，正式的学校教育把学生的身体训练、职业训练等视为一项重大的行动，但是在某些"教育"方面却不是这样。"教育"与"正式教育"相比，在时间上，"教育"是终身的，而"正式教育"是有时间限制的；从字面上看，前者是"开放性"，而从侧面看是"具结构的"；从其内容特点来看，前者是综合的，而在内容特征方面则侧重于具体内容和技术；在指导方向上，以发展为导向，而非以专业为导向；在实践中，前者是自主的，后者是老师的指导；从情境上看，前者可以通过不同的形式、不同的情景、不同的媒介来进行，而后者则以学校为主导；就其范围而言，前者包括正式和非正式的教育，后者仅局限于正式的教育；在形式上，前者是随意的，后者是规则的、有序的。

关于"课程"，人们普遍认为其特征是：课程是一种学程，是一种有一定顺序的教学活动，老师和学生都要参加，才能达到学习的目标；课程涉及特定的制度；这门课是有目标和规划的。

可以看出，这些课程的某些特征与正式学校教育的特性有着更紧密的关系，但是它与教育观念存在着巨大的差异。然而，这并不代表课程与教育理念无关，作为实现教育目的的途径、手段或工具，就必须要顾及"教育"对课程的规范与制约。所以，在制定和实施课程时，应尽可能地避免在正式学校教育中反教育。

2. 课程与教学的关系

关于"课程"与"教学"之间的联系，已有许多学者对此作了论述。杜威在1916年提出，从活动策划中产生的总是目的和方法，而不应该将其目的和方法分离开来，因为那样会极大地降低其重要性。麦唐纳把"课程"看作在"教学"之前进行的一种有计划的安排，提倡清晰地区别两者。然而，对于"课程"和"教学"，大多数学者都持有如下看法："课程"和"教学"虽不同，却又相互联系；课程和教学是相互依赖、相互联系的；课程和教学是一个"个体"，是一个相对独立的整体。用来进行研究和分析，但是不能单独地以独立的形式运行。

因此，把"课程"作为"经验"和"过程"，可以把"教学"的含义包括在内。另外，从教师的角度来看，课程与教学之间的关系确实很难被严格区分。例如，老师事先制定的计划，会因为环境和学生之间的交互而发生变化，但实际上，这是一种很难区分的现象。

（三）课程的内涵

在对大量的、错综复杂的课程定义进行审视后，我们无法达成一致意见。施瓦布教授认为，如果只追求一个准确的、详细的理论（如准确的课程定义），而忽视实践活动，那么课程研究就会走向灭亡。事实上，有必要从多个层面上对课程进行界定，以体现其内涵。这些课程的定义既要具有描述性，又要具有规范性；既要与复杂的课程现象相适应，又要作为课程实践的指导者。

课程定义是可行的，所有的课程定义都应该包含以下观点：课程作为产品、过程、意图、现实，应该是规范与描述的结合，而课程的定义应该以批评的方式进行。它既具有描述性，又具有规范性，体现了学科领域的历史发展趋向，又具有批判性倾向；应该着重于各种教育人员（尤其是老师）在课程设计与发展中扮演重要角色。

因此，我们得出了这个结论。本课程是在具体情况下，根据理论和实践的探索，在具体情况下，通过相互联系的因素，如：目标（或计划、蓝图），内容（正式或非正式），执行（教学过程），评价。这种理解的原因如下。

第一，每个课程观念的形成都是在特定的历史时期、特定的社会环境、特定的知识论立场和前提下形成的。作为一门学科的起点概念，它不能穷尽各种不同的知识，也不能把所有的倾向性观点都涵盖进去，更不能因为陈述的便利而保留一方或抛弃另一方，因为"起点"的概念应该指向最基本的、最普遍的实相，它应该具有包含还没有被充分开发的内涵和丰富的理论空间。

第二，这种理解并不偏袒地强调结果、目标、计划、过程、手段和程序，而是把目标、内容、执行和评价放在同一地位，从单纯重视结果、目标、计划到重视过程、方法和程序，将结果与过程、目标与手段、计划与程序相结合。在各个元素中，存在着相似的整合问题。例如，目标包括了一个意向或方案，这可能是一种精神意象，也可能是一种语言，而不仅仅限于行动目标。课程的内容不仅包括正式的课程，还包括非正式的学生经历。

第三，对教材的重视转向对教材、教师、学生、环境的理解，所以，我们期望所有的专业人士，包括学科专家、课程专家、学校管理人员、教师、学生等，一起来发展课程。

第四，把课程看作一个有机的、动态的系统，以反映各个因素的内在联系和整体体系与外在的关系。

这无疑是对"一家之言"的课程内涵的理解，因为我们必须承认，课程本身就是一个很复杂的概念，虽然现有的课程定义给我们提供了很多的启示，但是仍然需要深入地研究。

二、高校课程基本概念

（一）高校课程定义

由于课程有狭义与宽泛之别，高校课程亦有狭义与宽泛之别。有人提出，狭义的高校课程是指"已列入教学大纲的各科，以及它们在教学计划中的位置与先后次序的总和"。而广义的高校课程则是"大学里的文化的总和"，这里包括了教学计划中的全部知识，也包括了没有被纳入教学计划的精神、制度、思想、环境等文化要素。不同之处在于，一些学者认为，广泛的课程应该是"学校为了让学生实现他们所希望的学习目的"而进行的全面的努力，即大学的教学或人才培训计划中的一切活动。所谓"课程"就是学校有系统地安排学生参与的活动，并为其提供的一切辅助性条件。从这一意义上说，高校课程不仅是一个学科，还包含在教学计划中的一切活动，也包括促进教育目的的文化总和。

大学课程的概念，在国内的高等教育领域已经有了较为深入的探讨，它是一项有目的性的活动，并结合我国目前的高等教育研究现状，提出"大学课程"这个概念的定义更为合适：课程是大学按照特定的教育目的所构建的各种教育、教学活动的体系，课程内容的选择与组织，课程实施与评价。课程的建立，与教师如何"教什么、怎样教"有着直接的联系。高校的课程既是知识的媒介，也是知识的生产和创新的"种子"，它涉及人的发展和教育的方方面面。

另一些学者则把课程设置为"课程体系"，即"课程体系"主要包括课程目标的确定、课程内容的选择和组织、实施和评价。高校课程是一种有机的动态系统，它的目标、内容、实施和评价都是以适应和促进社会和大学生发展为目标的。这是将课程目标模型理论引入到高校教学中来。

从逻辑学的种属关系上看，高校课程是大学的一种，从逻辑关系看，课程是一个较高级的概念，高校课程是附属于其之下的一个概念。但是，在探讨课程的内涵与特征时，我们将课程视为一种普遍的社会现象，并将之置于共同的范畴之内，因此所得出的结论也可应用于高校课程。所以，不需要对高校课程进行特别的重复讨论，只要把原来的"课程"从"高校课程"的角度来看，我们可以从中得到一些启示。然而，高校课程是一种"抽象的、具体的"的课程，有其独有的特点，这就是"与社会、经济、政治、文化发展""与高级科学文化知识的关系""个人发展和自我发展"有关的问题。宏观上，大学要适应大学生身心发展特点，促进大学生的德智体全面发展，也就是说，大学教育并不只是顺应社会与个体的发展，更应该积极、创造性地促进社会、促进学生的自我发展。因而，高校课程体系是一个有机的、动态的系统，它的目标、内容、实施和评价都是以适应和促进社会及大学生发展为目标的。

（二）高校课程特点

1. 自主性

目前，我国大学的课程设置还没有一个国家的课程标准，课程设置、课程安排、课程组织和实施都由学校自己来决定。这是高校课程的一大特色。但是，由于目前的高校管理体制还存在着很强的行政色彩，高校课程设置和教育教学活动在某种程度上都要受到政府有关部门的指导，这也会对高校的课程设置产生一定的影响。

2. 专业性

大学的教学究竟是一门综合学科，还是一门专门的学科？从现实的观点来看，专业依然是大学课程的一个基本特征。从专业课程与全面课程组成的比重来看，尽管目前已有较高的要求，但在实务方面，它的设置却十分有限。另外，应根据学科发展、分类和社会专业分工的需要，在专业领域内建立起一套完整的学科体系，并以课程的方式予以清晰化。因而，从学科的学科结构来看，专业的专业性仍然是学校课程的特色。

3. 前沿性

大学的教学内容不能拘泥于陈旧的知识，要把新的理论、方法、技术和学科的发展趋势纳入学科的教学中去。在大学教学中，生活常识类知识内容被不断地删减，而科技和文化发展的一线知识，却在不断地被更新，尤其是新知与专业知识，更是直接地体现在课程内容上。

4. 探究性

知识和技术创新是高校的重要功能。大学的课程体系是为了更好地探索更高层次的知识，尤其是在现代高等教育中，若没有一套有利于探索新知的体系，使之沦为普通的专业培训或单纯的初等教育，那么它就无法维持大学的目的——探索新知识，因而不能称之为大学。

以上是大学课程的主要特征。除此之外，它还具有综合性、先进性、动态性、国际性等特征。

（三）高校课程结构

课程体系和课程结构很容易被混淆。课程系统是指某一学科所开设的课程及各学科之间的分工和协作。在这里，大学的课程体系包括两个含义：一是特定的专业教育项目所包含的课程体系；二是对特定的课程进行了系统的研究。但课程结构是指不同学科间的组织与协作，如学科设置、活动安排、教学时长等。"课程结构合理性的强弱，决定着培养什么样的人才，并对专业的培养目标产生直接的影响。"在这种情况下，静态的课程体系和课程结构的内涵是相符的。在已有的文献中，学者将静态的课程结构分成两类：水平型与垂直型。从课程的角度来看，它可以分为三类：一是通识教育类和职业类；二是选修课和必修课；三是理论和实践性的课程。纵向结构，也就是所谓的"层级"，它涉及了课程元素之间的排列与组织，它的形式有："公共课"，也就是"公共基础课"，如"思政课""体育课""英语""计算机"等；是一门基础课，是一门基础理论、基本知识和基本技能的学科，如高等数学、大学物理等；"专业基础课"，是本专业基础课和专业技术基础课的必修课；"专业基础课"是根据社会、专业实践课程是根据专业技术人员的专业需要而设置的，包括专业实践、生产实习、课程设计、毕业设计、结业、毕业论文等。课程结构是大学课程设置中的一个重要环节。

1. 课程目标

"课程"最早是一种泛泛的观念，主张"以课程为目的"的学者把课程看作一种有组织、有目的的学习成果，而非教学活动与工具。就整个课程学界而言，关于课程目标的角色与定位问题，已有不少学者对其（尤其是行为目标）作为课程发展的主要手段进行了批评。

尽管课程目标是一个颇具争议性的问题，但课程目标的重要性和作用是毋庸置疑的，也无须强调。课程目标设计的过程，包括为什么设计、谁设计、如何设计。在课程发展史上，有两种观点。

一是宏观的观点：在寻找目标时，专业的设计人员应该根据学生自身的特点、学校之外的真实生活及专业报告来区分和选择课程的目的。通过对学生的教育、社会、职业、身体、心理等方面的需求进行分析，并根据社会对学生的需求和专业报告确定总体的课程目标；再通过社会哲学与学习心理学两个"筛子"对上述目标进行筛选，从而实现对特定教学对象的甄别。

二是微观的观点：基于行为主义的视角，侧重于从心理学的视角进行课程目标的设计。葛聂相信，学习新的能力，首先要学会的是新的技能，如想要掌握更高层次的规则就必须学会一些简单的规则。所以，他只是着重于在教学目标的设计中，对学生完成一个特定的目的进行分析，而忽视了对目标源的研究。这个能力的分析是从一个层次开始的，直到一个简单而基础的单元，也就是"目标"，这个过程叫作"任务分析"，这个层次就是"学习阶层"。因此，课程设计人员要将学习的能力和知识分解为一组互相依赖的知识，也就是划分为"学习阶层"，从最低级开始。

从整体上看，宏观目标分析过程体现了调和式的折中，但"先天性"地留下了某些不足。从这一视角来看，在"综合"时期，课程的组织方式为综合性课程，包括相关课程、广域课程、融合课程和跨学科课程。相关的课程是指两个或更多的科目之间的联系，但各自的领域界线仍然保持不变，它们联系就是课程内容的编排。广泛的学科按其特性划分为若干领域，并扩大了各领域的教材和内容，力求在各个领域达到统一的状态。整合课程是将各学科的相关内容整合成一个新的学科，即将各学科的内容结合起来，而非单纯的学科内容混杂。交叉学科是把两门以上学科结合为一门学科，而不是原有的分界线，强调各学科间的联系，采取一种全面的教学方法，使学生能够更好地适应、减少割裂，同时也能激发学生的学习兴趣。

在教学过程中要区分各种情境，根据教学内容组织的基本原则，适当地选取合适的教学线索和教学形式。一方面，它将三个主要的课程目标资源整合起来；另一方面，它又没有全面地对待对立的观念。也就是说，学习者是资源的一个来源，更符合人文学科的课程观念；社会是其中一个源头，它与社会适应与重构的方向相一致；而专业学者观点的一个源头，则是接受了课程的学术化趋势。很明显不同的研究对象背后的理论观点存在着融合的可能，但一些高教学者却没有权衡这三个因素的严重性，也没有作出相应的调整。第一，他们的目的和本质并不在于三个源头，而在于哲学"筛子"。第二，对信息资源的价值效应没有得到充分的关注，它直接影响着信息源信息的选取和对目标的推断。第三，由于其目的与学校的理念相一致，而哲学又是一种高度可能的假定，因此所提供的信息很少，对课程设计者的实际影响并不大。第四，在"由上而下"的教学模式中，教师和学生的自主意识往往会受到很大的制约。同时，"任务分析"的微观目标也是课程目标的重要组成部分，其在课程目标的设计中具有重要的作用，其对技术的目的或目标的分析尤其有价值，其结果可以明确具体的目标，确立学习的顺序，估算教学的时间和所需要的资源，为设计教学方法、课程评价等提供有价值的参考。但是，从另一方面来说，这种教学方式也存在着一定的问题：一是注重学习效果，忽视了学习过程。二是学习的重点是局部，而不是全局。三是从底层开始，学习层级的流程。

实际上，在设计各个层次的目标时，要尽量避免这些问题。

2. 课程目标分类

课程目标的分类，既有纵向的，也有横向的。从纵向的观点来看，课程文件中不可回避目标、目的等术语。一是指对人生预期的预期结果的表述，与学校、老师的工作成果并无直接联系，如"自我实现""伦理性格"和"公民责任"等目标往往是在完成学业之后逐渐实现的；二是指学校的结果，它反映了一所学校长期的、系统的取向，如批判思维或读书；三是最接近课堂的结果，如学生掌握了……原则。目的、目标作为课程目标的不同层面的表现，可以设定行为目标（即表示学生的预期行为，而不是对老师的教学行为的描述）、解决问题的目标（强调解决问题、重现认知弹性、探索智慧和更高级的思维过程）、表义目标（强调个人体验的训练，更能激发学习者的思维和兴趣）。虽然在课程目的、目标的运用上，学术界对此尚无定论，然而它们都是以教学目的为目的，只是在抽象层面上存在着不同的差别。本文根据近年来国内课程学界的成果，将目标的纵向分类分为结果目标、业绩目标、经验目标、成果目标与专业培养目标、人才标准要求相对应，而体验目标则是学生在情感和兴趣等方面获得了丰富的体验。

从横向上来说，课程目标可以划分为情感、运动技能和认知三个方面；而从认知角度看，知识、理解、应用、分析、综合、评估六个方面，而"态度"和"智慧学习"是这六个方面的内容；或者可分为四个部分："情绪""运动技巧""识记"和"综合认识"。课程目标层次的一种体现，这种分类需要教师在进行认知层面的教学之外，还应注重（身体）技能、情感等方面的知识；每个专业的学习都不能只注重一个目标，而是要考虑各种不同的目标；在此基础上，本文还给出了一套"动词"式的教学目标表达式及评估方法，为课程的发展提供了有益的借鉴。在课程目标的层次划分上，我们可以从情绪观念价值、知觉、程序与方法三个方面进行讨论。

3. 课程内容组织

教学内容的组织是为了实现教学内容的有序化和系统化。可以说，课程内容的组织结构主要涉及：组织的线索是什么，组织的原则是什么，课程的方向和课程的组织方式是怎样的。

在教学内容组织上，通常遵循三条主线：垂直组织、横向组织、混合组织。垂直组织是一种纵向的教学或教科书，如这学期的哲学教科书，不但要加强上一学期所学的哲学教科书，而且要让学生对哲学有更深更广的了解。横向组织是指学科或教科书间横向整合的一种关系，如哲学课的学习如何推动文学课的学习，就是横向组织所急需解决的问题。混合结构是考虑了纵向和横向两条主线。例如：一方面，这一学期的哲学课程是以上个学期的哲学课程为基础的，各种概念、价值等方面的发展都是从更深更广的层面进行的；另一方面，本学期哲学与文学课程之间的联系非常紧密，它们可以相互影响、相互促进，从而形成更多的含义和更一致的观点，而如果两者相互矛盾，就会造成消极的"抵消"效果。

教学内容编排的原则可以概括为五个方面：①延续性原则，即在各个学习阶段将所涵盖的各种要素进行"直线式"的反复叙述。例如，高等数学的一个目的是培养学生对"微积分"的理解与掌握。因此，在今后的各个等级的高数课程中，"重提"是为了让学生有必要的操练和回顾，以免遗忘。②顺序性原则，这是指学习者学习与发展的次序、知识本质与逻辑顺序，在对课程内容进行合理安排时，二者都要注意，在教学过程中要注意内容逻辑、认识顺序，同时要把概念、思想等内容和期望的学习行为联系起来。综合考虑课程内容的性质、内在逻辑、学生的智力发展和能力，可以使学生的学习更加理想和高效。③协调原则，即从横向组织等角度，着重协调各学科的学习，提高学习的意义性、实用性和有效性，并使他们能够把自己的行为、技能与他们所学的知识相结合。④衔接原则，一方面是指"横向的连通性或关联性"，即主题冲突、理论和实际相脱节、校园与当代生活的脱离；另一方面，则是课程的各个方面的联系，从纵向上讲，主题的顺序排列，从水平上讲到课中的各个要素之间的联系，等同于顺序性、协调性和延续性的综合。⑤深度和广度原则，"域"是指课程的深度和广度，其实，深度和广度是相互关联的，从一定程度上讲，"范围"问题就是要在广度和深度之间寻找一个满意的"黄金分割点"，使其有机地结合起来。

纵观当前的课程组织方式，可以分成四大类别：专业组织方式、以学生的利益和发展为中心的教学组织方式、社会问题的组织方式、混合组织方式。不同的课程组织方式体现出不同的课程导向，其教学内容与教学侧重点也不尽相同，并表现出其自身特点。以知识、概念、原则为核心的学科课程，强调知识与概念的关联性、知识与概念的发展；以学生为中心，以学生为主体，以学生的需求和兴趣为内容，以活动为主，以积极的学习和实践为主要内容，强调品德的培养、价值的获得、发展的顺序；以自由价值、跨文化价值、普遍价值为核心，以决策、行动、价值、态度为核心；混合课程或核心课程倾向于学术上的理性，但也可以包括其他方面，以共同的课程为主，以共同的知识，智力技能，概念和价值问题为主要的教学目的，以解决学生的需要和能力基础、生活和社会问题为重点。由于长期以来学科课程在学校教育中占据着举足轻重的地位，很多课程学家认为，应该重视学生的主体性、社会问题、核心课程等其他形式来改进课程的组织。

在科学的高度综合和高度分化的趋势下，"两极"的协调变得越来越紧迫，协调是一件棘手的事情，特别是目前大家提倡多种形式的协调，提出了综合课程、跨科目课程的发展。还有一些学者建议发展"单元"的教学模式，以提高学生的选择。

4. 课程评价

课程评价起源于课程研究与教育评估，它是伴随着西方新课程运动和教育评估的发展而形成的，并在量化与质化的研究方向上形成了一个相对独立的学科。如何进行课程评价、怎样评价、采用何种评价方式，是当前社会普遍关心的问题。

对"评价"一语有多种解释，不同的教育者对此有不同的看法。就像泰勒说的，评价是衡量成绩、表现的标准和某些具体的目的之间的一致；美国心理学家、教育工作者桑代克认为，教育评价是对教育进行衡量和考核的一种方式；艾斯纳相信，教育评价是一个专家对其价值的评估、判断；克龙巴赫认为，教育评价是一个收集信息、提供信息以使决策者能够作出有效的决定的过程。我国有学者认为，它可以判断对象是否能满足主体的需求。由此可以看出，评价本质上是一种评价价值的活动，同时表现出不同形式的规范行为。其具有判断力（通常是对教育实践的系统描述，也就是合乎事实的）、目的性（对各种目的和价值、优点的评价，或者称为合规性）。

课程评价是教育评价中的一个重要内容，是通过对学校课程进行系统的调研和描写，来判断学校课程是否符合社会和个人的需求。具体来说，评价包括评价的功能要素、评价对象要素、评价标准要素、评价过程要素、评价方法要素、评价主体要素。

从功能的角度来看，课程评价可以划分为形成性评价与总结评价。形成性评价是对教学活动的一种评价，可以用于改进、修正和开发课程的教学。总结评价是指在教学实践中进行一段较长时间的评估，它具有全面的检查和评估性质，以评价课程的绩效，并将其应用于教学中的判断、鉴别和选择。课程评价具有诊断、改进、对比、评价教育成果、判断是否达到了目标等五个层面。前面三个是形成性评价，后面两个是总结评价。但形成性评价与总结评价的差异并非如此容易。比如，总结性评估的结论也可以认为某个科目没有达到预定的目的，所以需要修改课程，这时评估的性质就是形成性评估。它们的区别是相对的，根据环境的不同而不同，没有明确的目的。

课程评估的目标包括：学生、教师、其他人员、课程计划、教材、教学策略、物质设施、环境（物质和精神文化）、社会目标等。对于每个特定的评估对象，评估人员必须考虑目标的策略和规划、目标的实施和目标的结果等，从而收集所需的评估资料。

评估的标准是衡量事物的价值与优劣的基础，而价值则是外在的，它主要是由客体对某种外部需求的满意程度来决定；优势和劣势是内在的，是事物自身的优点和劣势。不同的学者认为，课程评估的标准应该是：能够对被评估对象的实际需要和可能的需要作出反应；能够实现国家目标、理想或社会的目标；与公认的标准模式或规则相一致；完成了被试制定的目的。在评估目标时，应采用多种、多层次的评估方法。在评估"产品"的过程中，存在着绝对最高、绝对最低、相对、多重的四个标准。

课程评估应该为哪些人服务？也就是服务对象问题，至今尚无定论。不过，有一点可以确定，一种特定的评价可以由多个委托人或报告收听者组成，但不同的受托人或收听者的要求可能各不相同。因此，一种特定的评价活动必须在最初的设计阶段就明确地识别出评价的委托人、了解评价对象的需要，从而确定其优先顺序和轻重缓急，同时还要考虑向不同收听者提供信息方面的整体平衡。

在课程评估中，一个争议的问题就是评估对象的问题。因为评价者有权确定目标的定义、收集、分析和报告的信息，并且评估者自身也是价值的评判。因此，评估的责任应该由外部的和内部的人来承担。在课程评估中，一般将业余人士作为教师的课程评估称作"业余教师"，而由外部专业教师担任教师的"课程评估"则被称作"专业评估"。

课程的基本价值是：大学是以课程为依托，与科技、经济、政治、文化的发展相适应；课程与学生的成长息息相关，优秀的课程设计就是为大学生创造一个美好的生活。大学的课程地位是伴随着大学地位的提高而不断提高的。因此，大学的改革势必涉及课程体系和管理体制的变革，而优秀的大学教师也必将更加重视课程的建设。

三、高校教师课程观的形成与完善

高校在快速发展中的地位和作用，高校的办学水平、办学效益等问题日益突出。在高校本科教学中，由于大学生多元化的需求与行为，专业培养方案变得形式化、空泛。高校的课程理念，既是"框架"又是"计划"，已无法适应大学生的成长与发展。面对复杂的教学现象与问题，传统的课程理念不仅不能解释问题，也不能解决问题，因此高校课程自身也应进行重新定位。

怎样对高校课程进行改革？首先，我们必须探索大学的办学思想。面对新的发展，大学的课程改革不可避免地面临着许多问题，但要想有效地解决这些问题，就必须从思想上进行指导。高校的课程改革必须改变一些过时的观念。我们经常说，关键是要改革，要改变思想。现在，我们对大学的课程有何看法？我们需要做更多的解释。课程理念的形成是一个历史悠久的过程，它受到多种社会因素的制约和影响。大学的课程观念是怎样形成的？我们必须搞清楚。只有这样，我们才能清晰地理解问题的根源。只有在正确的课程观念引导下，我们现行的课程改革才能见效。

（一）我国大学课程的历史分析

我国高校的历史发展包含移植、借鉴、学习和创新四个阶段。与此同时，既不会切断中国的传统文化，也不会脱离中国的特殊历史环境（这是一个历史教训，即"实利"的传统观念和思维模式）。因此，中国的高校在形式上可以与西方国家的高校保持一致（有时也会有很高的一致性），但实质上却与欧美国家的高校不同。这也是中国大学课程发展的历史特点所决定的，它将深刻地影响到课程改革的方向。

（二）课程观的形成

"课程观"是人们对"课程"的认识，即课程的精髓、课程的价值、课程内容与结构、课堂上人的地位等问题的答复。课程观念的产生与形成有其理论依据，总体而言，其理论依据是哲学、心理学、社会学。

1. 哲学与课程观

"哲学对学校和社会的影响，仍然存在。现代社会和学校正在发生前所未有的变化，这就需要不断地评估和重新评估学校的功能，这就需要教育哲学。"如果没有哲学，教育家在确立并执行他们想要实现的目标时，会感到困惑，不知道"什么"是恰当的，也不知道该"怎么做"。哲学对教育工作者，尤其是对学科的研究，提供了一个框架来管理。该课程解答了以下问题：学校教育的目标是什么、课程的价值是什么、学生应该怎样学习、应该采用何种教学方式和教材。杜威哲学是重要组成部分，他提倡"将哲学界定为一种普遍的教育理论""哲学的使命就是为学校的教学目标和教学方式提供一个理论框架"，并提出了"教育就是将不同的哲学观点具体化和验证的实验室。"拉尔夫·泰勒受杜威的"课程"思想影响，将"哲学"视为"五大准则"中的一个。在研究哲学思想对课程的影响时，有许多不同的方法。

从哲学依据、教学目标、知识、角色、课程关注点、学科定位等六个层面对四种教育哲学进行了总结和分析。四种教育理念与之相适应，分别表现为永恒主义课程观、要素课程观、进步课程观、改造课程观。与此同时，随着社会和经济的发展，人们对于社会问题的看法，总是有分歧的。所以，我们的哲学也存在着矛盾，他把它们分别称作"传统哲学"与"现代哲学"。从教育理念、实践倾向、价值观、过程、教学重心、学科价值、课程内容、学习、分组、教师、社会作用、公民、自由民主、优秀与平等、社会这15个方面进行比较。与之相适应的是，课程观念可以分为传统的课程观念和近代的课程观念。

2. 心理学与课程观

心理学是一门很有价值的理论课程。比起哲学，心理学在教学中的作用更直接、更明显、更具体。另外，在教学理论中，哲学的作用常常透过心理学来完成。随着课程理论与心理学的不断发展，心理学在课程理论中的地位日益凸显。精神上的思考可以被忽略或者被排除在外，但是它们是无法被彻底排除的。把它们赶出门外，它们就会从窗户里钻出来。

亚里士多德首次将心理学引入到教育中，提出了以孩子的年龄特点为基础的教育阶段，然后按不同的顺序进行教学。他的教学计划被分成四个阶段：从出生开始到六岁，这段时间是身体发育的阶段，在父母的指导下进行。七至十岁之间，有基本的体操、音乐、阅读、写作和计算，都是政府规定的。在其十七岁的时候，其学习的不仅仅是音乐和数学，还有文法、文学、地理。大学教育是为极少数的年轻人提供的，他们培养了包括生物科学、物理、伦理学、修辞学和哲学的百科全书。但是，亚里士多德的年龄划分和课程安排对他以后的教育有很大的影响，他对不同的心理功能进行了分析。

从心理学诞生至今，并未形成统一的系统，但其学说却多种多样，对其理论与实践都有着不同的影响。在这些因素中，行为主义、认知主义和人文心理学与学校课程有着紧密的联系。

在 20 世纪前半期，作为一种心理学派，这在很大程度上影响了学校的课程。其对课程的影响主要体现在：课程和教学中对学生的行为目的的重视。在教学内容上，注重从简单到复杂的积累。注重基础能力的培养。提倡使用多种教育媒介进行个体化的教育。倡导教学型或体系型的设计。鼓励发展多种教学技术。对教学表现的认可，费用效益分析，目标管理等。20 世纪 70 年代对学校的教育有重大影响。但是，行为主义心理学过于依赖实验研究的结果，将人类的学习过程描述得过于机械和简单。认为只要将教学内容分成若干个小单元，并按照一定的顺序将其组织起来，然后通过一定的程序，就可以达到预期。这样想就太过乐观了。同时，作为一种行为主义主张的"以行动的形式定义课程目标"，也日益引起人们的质疑。正如塔巴教授所说，在有限的试验环境中，作为一种较为"科学"的观测，并不能用于理解和引导复杂的学习。

20 世纪中叶发展至今的认知心理学，其理论依据是：学生的行为总是基于认知。因此，认知心理学家主要关注学生在学习过程中所发生的各种事件，并尝试着去理解他们的思维结构。目前，"认知发育时期""认知构造""认知战略"和"信息处理"，这些都建立在认知心理学的基础上。20 世纪 60 年代以后，由认知心理学家领导的"课程改革"运动如火如荼地进行。对于一个科目而言，最重要的是他的思维方式。对一个特定年龄段的孩子来说，他的工作就是要根据他的观察来解释他所学的知识。这场宣传活动的支持者们坚定地认为"任何一门课程的基础知识都可以通过一定的方式传授给任何年纪的人。"

"结构课程"运动注重学科知识结构的差异，而一些教育家则偏重对学生认知结构的研究。在设计课程时，我们要始终牢记对学习有最大影响的是学生所知道的知识，并根据这些知识来安排教学。只有将教学内容和知识结构结合在一起，学习才会有意义。"同化"是学习的一种有意义的心理机制，为了使新的知识与新的概念"挂靠"，学生是否能够获得新的信息，很大程度上依赖于他们的认知结构中的相关概念；有意义的学习只有在新的知识和相关概念的交互作用下进行。正是因为这样的互动，新旧知识的含义才被同化。

尽管结构课程和认知结构从认知心理学的视角出发，在怎样提高学生的学习效率方面，提出了许多构想和建议，但两者所侧重的思考方法却不尽相同，前者侧重于归纳，后者侧重于推理。因此，一套完备的教材体系已逐渐成形。而且，从20世纪70年代起，资讯处理理论也在很大程度上影响着课程设计。

人文心理学自20世纪70年代初期逐渐兴起。从一开始，以人文为中心的心理学家就对学校的课程问题给予了足够的重视。人文主义的心理学家并没有把注意力放在学生的学习成果上（这一点正如行为主义者所关心），也没有考虑学生学习的进程（这一点由认知心理学家所关心），而在于他们学习的动机，这表示他们学习的情绪、信仰和用意，这些内在的行为使得一个人与其他人的区别。他们认为，如果教学内容与学生的个性无关，那么学习是不会产生的。坚持人文心理学的学者们相信，课程是一种自由的、能够满足学生个人发展和人格融合的需求的过程。人文主义心理学家相信，知识对于学生来说，是决定知识保存与否的关键。本课程并非教导学生掌握知识与技能（只是行为主义者所强调的），也没打算教他们怎么学（认知心理学），而是要让他们自己去学习。这样的学习将会是一个让学生终生难忘的经历。因此，课程改革的起点不能仅仅停留在教育工作者们一直以来都很关心的问题上。比如：如何为学生设定课程目标？如何进行教学内容的选择与组织？为了确保完成既定的教学目标，需用哪些方法来执行？而且要把注意力集中在以下问题上：哪些课程对学生来说最有价值？学生应该怎样进行最有效的情感投入到学习中？答案是显而易见的，教学内容要和学生关心的问题相结合，让他们去探究他们所想和关心的东西。很明显，这样的课程在实际中的设计与执行是一个问题。为了权衡利弊，有些人文学者提出了"合成课程"。

3. 社会学与课程观

脱离了社会背景，课程辩论的重要性也随之消失。学校的课程与社会紧密相连，具有社会性，是一个庞大的社会体系的一个子系统。因此，学校的课程必须是在特定的社会环境中进行的。

从社会的视角对教育问题进行探讨，是人们对教育问题的一种认识。从20世纪初期开始，特别是20世纪50年代以来，教育社会学发展迅猛，出现了许多流派，从各个方面对学校课程进行了分析。主要包括：矛盾社会学中的矛盾学说、结构函数论中的功能主义、阐释主义社会学中的解释论。

功能性学说，也就是所谓的结构功能性学说，主张人之所以成为人，是因为其社会性。从这一角度来看，与过去的社会契约论的看法是不同的，而是把社会看作一个人的共同缔结的合同的结果，强调个人对集体的责任。个人在社会化的过程中，学会了为集体服务，而非为自己服务。要建立这种社会，就必须有一种集体意识。集体意识是由不同的人共同分享的观念、情感和价值观念组成的。只有当社会中的个体具有高度的同一性时，社会才能够继续存在。因此，教育的目标是"让年轻一代有系统地社会化""让那些一出生就不能适应社会的人，变成一个全新的社会我。"基于这种思想，高校课程必须让学生适应他们必然要生存的社会环境。于是，高校课程就成了促进学生行为的一种方式，以维持社会结构和社会平衡。一个社会有一个价值系统，由它的成员共享。若多数人不认同此价值，则整个社会系统将瓦解。因此，基本价值观达成共识，就成为一个社会系统必不可少的要素。学校是一种以教育学生基本价值观和技巧为基础的社会组织。

冲突理论否定了一个社会组织或制度有任何行为的潜能，也没有其自身的能力，这些都是人类行为的结果。矛盾理论指出，人的社会结构能够而且应该发生变化。社会是由一个特殊的阶层来维护和提升他们的社会地位。所以，他们的目标彼此矛盾，他们的这种持续的斗争，使整个社会永远在发生着变化。因此，冲突理论往往把价值体系、思想观念、道德准则等视为对力量团体的理性化，并非个人价值观念，而在于社会结构。社会结构的再创造工具——"隐性课程"（一种等级关系和信仰的形式），通过潜移默化等方式，将劳动观念、权威观念、社会规范和价值观，在不知不觉中，变成学生心中一种支配地位的思想。教育不公平的根源在于社会政治和经济体制。

阐释论社会学是由主流社会学的知识社会学、象征交互理论、民俗研究方法等社会学的理论框架构成的。它的特点是：①反对结构的功能性。对功能主义与冲突主义的批判，将学校教育的现实进程与现实的内涵放在一边，对所谓的"教育"与"社会"的关系进行探讨，充其量也就是一种简单的"输入 — 输出"模型，而将学校教育视为一个秘密的"黑箱"。这一学派主要关注的是学校自身的微观层面。②视个人为意义的创造者。③在强调社会结构的前提下，指出社会结构的理论是错误的。④质疑指标分类的测量和应用，认为以统计为主要支柱的经验研究方法是静态的、概率的、抽象的，不能有效地说明学校教育的具体实施。⑤注重对解释学的获取和传播。课程观念是以解决实际问题而产生的一种有一定影响力的思考模式。不同的角度和起点，都会引起各种各样的问题。每个课程的概念都有一定的合理性，同时又存在着一些无法逾越的问题。因为，任何一种观点都是单方面的，不能全面地反映事情的整体。因此，要寻求一种一劳永逸的思维方法，是不现实的，也是不可能的。

（三）传统课程观的形成

大学的课程观是以一般教育的课程观为基础的，但是与一般的课程观念相比，大学的课程观更加突出其自身的特点，这取决于大学的性质与功能。

大学的课程观是一个特定的社会机制和组织，其产生与发展都体现了其思想的历史演变，是大学课程观的重要组成部分。

中国近代意义上的大学，是十九世纪末伴随着传统教育的没落、近代高等教育的兴起而诞生的。1911 年，辛亥革命爆发，传统的高等教育体系形同虚设。当然，与之相适应的传统教育理念，在中国高等教育的发展过程中，也起到了举足轻重的作用。从近代中国大学诞生以来，就不可避免地出现了中国古代"大学之道"与"近代西方教育体制"之间的矛盾与冲突。

我国的现代大学体制是由国外"引进"的。比如，1898 年《京师大学堂章程》、1902 年《钦定大学堂章程》《钦定高等学堂章程》都为日本高等教育提供了有益的参考。1922 年，我们国家的教育事业再次出现变化，比如"六三三四"的新学制，使我国的教育由仿效日本向仿效美国过渡。其中，包括选科制和学分制的高校。1931 年，《学分制划分办法》通过，规定了学年制和学分制。此外，蔡元培 1927 年也试图效仿法国，推行大学区制，但由于与国内的政治、文化情况不符，大学区制的实验只能在短短两年内被废除。20 世纪五六十年代，由于政治与实际发展的需要，高等教育兴起了一股学习苏联的热潮。但是，在社会发展的同时，它的缺点也越来越明显。20 世纪 80 年代之后，国家进行了一系列的专业改革，将部分过于集中、过于狭窄的专业整合，高校合并、联合办学，可以说是一次与世界接轨的大调整。回顾 20 世纪中国高等教育发展的历程，它经历了仿日、学美、学苏等多个发展阶段，有时甚至完全仿效某个国家的高等教育模式。

从表面上看，由于我国高校自身的特殊历史环境，存在着两种矛盾与冲突：古代大学道路与近代西方教育体系之间的矛盾与冲突："理论"与"实践"的断裂。但是，从更深层的层面来看，我们选择的大学体系实际上取决于两种不同的社会力量：一是维护国家的主权和领土完整；二是社会主义近代化。中国高校思想的发展，以及一切变革的推动力，都离不开这两种力量。这两种权力都是高校发展与变革的正当基础。从表面上看，高等教育理论与实践中既有诸多矛盾与冲突，又有内在的高度统一性和清晰性，即以实用主义为导向，以社会本位实用主义为导向，培养"经世治国"的人才。因此，目前我国高校的课程观念是建立在"两股力量"的基础上的。高校课程的外部形式是"公共框架"和"教学计划"。

所以，我们也可以从历史和现实两个层面来考察这种大学课程的理论基础。从近代中国大学成立至今，"实利"观念早已深入人心，高校的建设与发展已成为发展的重要组成部分。

在我国的学校教育中，心理学是一门完全由外国传入的科学。但是，在大学课程中，心理学理论的功能是客观存在的。中国高校的课程设置应该是"实践先行""理论滞后"。心理学的"常识"在大学的教学中起着重要的作用。从三个心理学流派的作用来看中国大学课程心理学的发展趋势。

实践主义心理学在学校课程中的作用是：①教学目标要分解，要具体；②教学内容要从简至繁，注重单元教学；③倡导教学设计。

认知心理学在课程中的作用：教材的编写应遵循"结构"思想，各学科应合理安排知识的基本架构，并按照一定的逻辑次序进行编排。

　　人本主义心理学在课程中的作用主要体现在：①教学活动应为学生提供积极的情境，营造良好的学习氛围；②在教学过程中，应充分考虑学生的主体性和对学生的尊重。本文将其与当前中国高校现有课程设置的问题进行比较。从这一点可以看到中国高校课程心理学研究的发展趋势，而对人文学科的研究则被忽略。

　　中国高校课程的社会学依据如上所述，社会导向是其主要特点。以社会为导向，强调以社会需求为导向，以服务于社会发展。高校课程是高等院校培养高级专门技术人员的重要手段和保证。通过与中国高校的实际情况相比较可以看出，结构功能主义的理论支持了这一理念。中国高校所倡导的人才"又红又专""螺丝钉"精神和"集体主义"精神，都是一脉相承的。因此，我们认为大学课程的目标在于让学生社会化，了解和接纳自己在社会中的地位，从而为社会作出自己的贡献。所以，对社会有用的东西，才是最重要的。

　　从以上两个方面可以看出，我国高校课程的理论依据是以社会为中心的实用主义、以行为论、认知论、以结构功能论为特征的社会实践。这三个层次是紧密相连的，并以社会规范为特征。在这样的理念下，大学的教育只能是一种无形的教育。

　　随着信息时代、知识时代、文化时代、服务时代的来临，这样的课程观念必然会被时代所遗弃，而"人生意义"一定会再次苏醒。走向人生的主体性是大学课程观的一个必然趋向。

（四）基于实践的新时代高校课程观

　　大学课程本体论的构建，就是对大学课程的重新定位，以及与过去所提出的关于"什么是"的问题，提出了与过去截然不同的答案。要想知道大学的课程是什么，就必须要回答什么是高校课程。高校课程是以大学为载体的特殊的社会组织与制度为基础的，与基础教育相比，具有自身的特殊性。然而，从形式上看，高校课程和学科是"种属"关系。

　　如何全面、真实地把握这门课的本质，使它能更好地反映其整体面貌。一定要清楚：不能脱离课堂教学的实际操作。"计划"在教育实践中的不可预测性使得它失去了实际用途。教材也无法全面地反映出课程的整体情况，虽然教材与大纲可以一模一样，但其教育成果也会有很大的差异，在不同的教育效果下，教材显得软弱无力。因此，课程的实质就是实践，而这门课本身就是一个练习的过程。把这门课看作一种练习，是当今国际课程研究的发展趋势。课程的理解，是指我们能够从不同的角度、不同的思考模式，对不同的课程进行不同的解读。课程可以是历史、政治、现象学、后结构论、后现代主义、传记、美学、宗教信仰、制度、国际法等。但是，就它本身来说，它只是一个练习。以不同的视角、不同的思维模式进行的课程研讨，目的是更准确、科学地理解这个问题，进而推动问题的解决和发展。因此，对课程的理解，也就是要注重对实际问题的掌握。

　　从历史上对课程理念的内涵和发展进行梳理，可以得出结论：中国的课程发展模式尚未形成。但是，这并不代表中国要走上一条新的道路。而中国则应该从一开始就以课程理解的范例为基础，与西方国家进行广泛而深刻的"会话"，从而在对话过程中形成对课程的理解。

将课程视为一种实践性的存在，在我国大学课程改革和发展中，应注重这一点。纵观我国高校课程的历史可以看出，长期以来，我们对大学课程的理解都是以政策文本的形式进行的。中国大学的诞生与发展，是在一定的历史环境下发生的。虽然中国大学制度是从国外引入，并与中国高校的发展相适应，但是中国高校的发展，与西方的高校有着很大的区别。而将高校视为一个与政府相关的组织与机构，将其置于政治与经济发展的框架之内，显然与其自身的发展逻辑背道而驰。

1. 大学课程观的认识论建构

大学课程观的认识论建设，是对"怎样理解和掌握大学课程"这一问题做出答案的尝试。怎样理解和掌握大学的课程？从课程实践的角度来看，它是一种以实践为主要内容的实践性活动。高校课程的实践者，可以从其历史和现实的发展中吸取教训，这就是：以"学"为主要特征的学生；教师的主要特征是"教"；高校的特色是"管理"；一个以"政策"为主要特点的民族。

大学课程从实践主体上表现为教师课程、大学课程、学生课程、国家课程。大学课程的实践性，是四个主体角色的综合体现。但是，现实中的问题在于，我们常常无法对四个层面的实践者的角色进行正确、全面的认识，甚至将其视为"凝固"的外部实体（也就是将"计划""框架"和"制度"视为课程存在的唯一形式）。无论是在历史上还是在实际生活中，我们都将课程仅仅视为一个全国性的"政策"，并且视之为一个高度集中的国家。简单地将大学课程视为全国性的课程，或者仅仅将大学的课程视为"人"的外部规划与架构，都无法真正地反映出大学课程的整体面貌。要真正、全面地把握大学课程，将其视为一个实践过程，从课程的实践对象的角度去认识和理解，就能为我们提供一条可行的途径。课程实施主体的差异，体现了教学重点的差异。不同的课程实践者在课程实践中的起点、地位和作用各不相同，因而呈现出不同的特点和规律。

第一，密切注意学生的学业。以学生为中心，从学生的视角来理解，我们可以将其称为"学生课程"。以"学"为核心的学生课程，强调学生在教学中的主体性，在"学习自由"的指引下。从"学习自由"的观点出发，它是一种以学生为本的教育实践。

学习自由是一种自觉的、自主的、由教师指导和协助的一种学习的状态或权力。具体而言，学生的学习自由主要有：①自由地学习、不学习、继续和终止自己的学业生涯；②选择学校、班级和教师的自由；③任选教学内容的自由；④自力更生、领会与表述，避免被"灌输""训练""宣传"的目标的自由；⑤因其独特的或不完善的观点而免遭身心的处罚和不公正的评价或对待；⑥对教师的观点或教科书的意见提出异议；⑦享有平等参加课堂教学和享有平等待遇的自由；⑧即使生活在极端贫困中，也不能剥夺基本的学习权利；⑨有权在终生教育时期，在不同的学校之间自由地流动；⑩参加与个人学业相关的所有讨论和决定。由此，我们可以看到，"学习自由"已经成了每一个学习者的权利。

　　关于高校中学习自由的合理性，我们也可以从其本质特征以及大学生的心理等方面寻找理论依据。高等学校的研究和教学，要么是在已知和未知的分界线上，要么就是知道了，因为太过深奥，普通人很难掌握。高等教育的性质决定了其教育目的具有较一般教育更为模糊的特点，其教育过程具有较大的自由度与探索性。此外，由于大学生的身体和心理发育已经比较成熟，特别是在思想和自我意识方面都有了很好的发展。正如上面提到的，关注学生的课程，可以说是一门以"学习自由"为导向的课程。在"以人为本"的教学思想中，以"以人为中心"的教学思想为指导。在这一进程中，必须以全面尊重学生的主体性为前提，构建制度层次的课程（培养计划、教学大纲、教材）。

　　第二，注意教师的教学。也就是说，把教师看作课程的实践者，以教师的视角来理解课程，我们可以将其称为"教师课程"。"教"是教师的重要课程，强调教师的主体性，"教学自由"是其必须遵循的原则。从"教学自由"的角度来看，教师的课程应该是一种教育实践。

　　"教学自由"理念体现在高校的课程体系中，这就是高校教师"教什么""怎么教"的权利。蔡元培的教育理念中，有一种鲜明的体现。他借鉴了《中庸》的学说，认为"万有同而不伤，道同而不犯"，主张"思想自由"和"兼容并包"。高校的课程设置不应对教师所要教授的内容进行明确的规定，因而将高校教师排除在机构化的范围之外。高校教师的学术理想、学术信念、学术生涯，都是大学课程的一部分。那么，高校教师（在这里，更多的是作为教授的团体）应该拥有怎样的权利？例如，在课程的设定上，系、专业的培养目标、培养步骤、培养方式、教学方式、教学内容的类型、教学内容的安排与衔接等，均应由教师决定。在这种整体规划和每一位教师的特殊教学席位的制约下，教师所开设的课程和教学方式，都是他们自己的事情。

　　以教师为中心，注重"教学自由"的理念引导；教师有权决定"教什么"和"怎么教"。大学教师并非课程（培养计划、大纲、教科书）的旁观者，而是课程的自然创造者，自己也是这门课的一分子。高校教师应怎样保障这一权利？教师队伍建设的根本保证是教师队伍建设的根本保证。

　　第三，关注高校的教学计划。我们可以把大学看作一门课程的实践者，可以把它叫作"大学课程"。"管理"是高校课程的重要特点，强调高校在课程实践中的主体性，以制度化的课程建设为基本起点。体制课程建设（这里强调了课程管理的特色），服务于教师的课程与学生的课程，而其终极目标仍然是为了学生的发展。高校课程改革的目的在于推动教师更好地"教"，确保学生"学"得更好。随着高校规模的不断扩大，以及我国高等教育事业的发展，高等教育的作用日益凸显。我们现在的教学改革，可以说是在学校的层次上进行的。随着大学规模的扩大、知识的发展和学生需求的多样化，经营管理已成为大学的一项重大任务。在高校层面，许多课程问题都已变成一个体制问题，而"管理"则是它的根本特点。随着高校主体性地位的提高，高校的课程管理越来越受到重视，并逐步形成了大学新课程体系中的一项重要内容。从历史的角度来看，高校的主导性地位的提高，主要表现在：高校在社会中的重要性越来越突出，高校的外在压力也必然要求高校承担更多的责任。

第四，关注全国的教育。这就是将国家（政府）作为课程的实施主体，从国家（政府）的角度来认识课程，我们可以将其称为"国民课程"。作为一门全国性的课程，它的主要特点是"政策性"，强调国家在课程实践中的主体性，以政策性的课程建设为基础。政策性课程建设的目的在于掌握人才培养的方向与质量，为高校提供更好的人才培养服务。国家课程的宗旨是要培育出更多、更优秀的"高等专业人才"。

从中国高校的发展历程来看，当代中国高校所走的是一条与西方传统高校截然不同的发展之路。中国的高校从诞生之日起，就处在社会的核心地位，并非通过发展自身的培养人才、发展科技、服务社会的职能，而是社会的外在因素。这将有助于高校获得更多的政府和社会的关注与支持，并获得更多的发展资源。

历史证明，长期的需求和现实的需求是相适应的、长远的利益和当前的利益并不完全协调，有时还存在矛盾。高校作为一种特殊的社会制度和组织，必须加强和提升高校的主体意识和自觉性，以适应国家和社会的长期发展需求。大学主体意识的增强和自觉性的增强，是高校坚持其发展逻辑的重要体现。经过上千年的发展和实践的检验，"学术自由"和"大学自治"是大学自身的逻辑，在我国大学的发展过程中，更加凸显了它的时代意义。在一定程度上，关注国家课程，是确保高校能够自觉地体现其自身逻辑的相关高校课程的政策保障。例如，从法律上保障大学、教师、学生的选修权，并以经费保障体制为基础，以更好地服务于国家和社会的发展需求。

从课程实践的角度，对大学课程的实际认识与思考。中国高校的课程实态，体现在多元实践者对课程权利的博弈之中。

2. 大学课程观的方法论建构

大学课程观的方法论建构，就是怎样将知识转化为实际的问题。高校课程是以实践性为主要内容，体现过程性、动态性、开放性。然而，大学课程的实践性并不意味着它对体制上的大学课程建设不够重视。"制度性"的高校课程是一门综合性的课程。它是大学课程内涵的一个重要组成部分，是中国大学从应然到现实的必由之路。通过不断的实践证明，它是可行的、可取的。

大学的课程是一个重要的制度课程。它强调了在世界范围内大学制度的发展和实际的变革中的科学性和可行性。当然，这一做法是以本地为基础的。高校课程作为一种实践者的实践活动，其实施主体具有多样性，可将其归纳为国家、大学、教师和学生四个层面，从而体现了四个层面课程：国家课程、大学课程、教师课程、学生课程。大学的实际课程是四者的综合作用。

纵观全球高校体制，经过上千年的发展，经过实践的验证，为世人所承认，可以列举如下的课程体系。

（1）研究性课程

研究性课程是把学习方法与教学活动相结合。通常，研究者会问学生一些问题，或者鼓励他们自己去找出这些问题，并在他们的引导下，进行问题的解答。它是一种双向、多元的、以学生探究为主导的互动过程，它能最大限度地反映学生的主体性。

学术研究应该是首要的。教师要进行研究，以理论化和系统化的方法教授他们的研究成果和方法。在这样的课程中，教师的作用主要是作为一个特定的研究主题（也就是课程内容）的设计和指导，而这需要教师对该学科的相关知识有一定的了解。学生是本课程的主体，他们在教师的引导下进行阅读、资料收集、调查、实验、写作和发表论文等方面的研究。在课堂上，从学术角度讲，包括质疑、提问、分析和批判，学生和教师处于同等的位置。教师的学习和教学是紧密联系在一起的，学生可以通过学习、分析和批判现有的知识和观念，知道如何找到问题，找到解决问题的方法，理解如何获取新的知识，创造新的知识。

研究性课程是现代大学教育的实质，甚至是其生存的途径与原因。学者对研究性课程的重视和强调并不为过，因为它既是大学的自治、学术自由，又是师生的权利，同时也是大学在科技和人文领域的巨大创新。

（2）选修制

在教育实践中引入了"学术自由"的思想，其最好的体现就是"选修制"。选修制是学生享受学习自由的最直观的体现，也是制度保障。

选修制是一种以"学术自由"为基本原则的课程体系。其成立有必要条件，一方面，是学生学习的自由精神，在面对诸多科目时，有选择的空间和可能性，才能被称为"选课"；另一方面，大学作为一个高级知识的研究场所，也要为学生提供各种声音，让他们分析、判定、辨别，再作决定，并以此来形成自己的看法。蔡元培在北京大学的改革中，有一项重大的选科体制，它体现了"选修制"的精神。"言之有理，言之有物"，无论什么思想，什么理论，哪怕是互相抵触，那时候的北大，都是让老师们畅所欲言。这也是蔡元培"思想自由""兼容并包"的教育方针。中华人民共和国成立后，学校的发展逻辑在党的领导下不断条理化，大学的教学计划、教学大纲、教材等各种育人载体，大学教学走向了制度化、规范化、系统化的模式。学生通过教师开设的、有针对性的选修课，不仅能汲取知识，还能形成自己的见解。学生掌握一种技巧，并形成自己的思想。在这样的教育理念下，高校的选修制度不可避免地会有这种情况：学生对选修课的学习积极性很高；学生可以选择自己感兴趣的东西。选修制作为一种课程体系，被我们所操作和应用，其背后的机制，是培养人才的重要保证。

（3）导师制

导师制是指学生与教师进行一对一的面对面的沟通，强调培养学生的价值观和思考模式，而非具体的陈述。具体来说，一年级的新生，学校会指定一名教师，每个教师都会带三到五名学生，最多十名。学生每周与教师面谈，或对学生的论文发表意见，或指出要阅读的书籍，听讲哪些课程，了解学生的学习情况，或在与学生辩论、讨论、交流时，引导学生思考，发掘学生的潜力，引导学生德智双修。

虽然导师制有一定的局限性，但这仍然是名校的精华，它的中心思想是：教师的教学方法要注重亲自辅导、言传身教、循循善诱；论教法上德智双修；营造和谐、轻松、良好的教学氛围。这种优点使教师制度从单纯的教育方式转变为对学生的发展产生了深远的影响。在当代的教育领域，教师是现代教育的重要组成部分。教育既要传授知识，又要培养个性，过于注重实际的教育，不能造就高素质的人才。自信心、责任心、组织能力、奉献精神这些品质，都是在长期的良好环境下，慢慢地培养出来的。对于学校而言，只要有了这种环境，就会成为其人格和灵魂的载体，成为其源源不绝的根基；对于一个学生来说，在这种环境下生活，他不仅可以学到知识，还可以用批判的眼光去学习，用自己的思想去思考，在和老师的沟通中，他的灵魂会得到满足。而这些表面上看起来并不能直接影响到优秀的人才和创新人才的培养，正是一个优秀的、有创意的人所具备的。

教师制作为一种课程体系，在高校具有举足轻重的地位和作用。导师制作为一种体系，受到了高校的高度重视，其深层次的原因是它符合了高校的发展逻辑。高校要完成自己的使命，必须突出其特殊的社会组织与机制的特殊性，即"自由"是它的灵魂与生命力。归根结底，导师制更多地体现了"学术自由"的精神，更多地体现了教师与学生之间的自由、平等。

大学课程是由国家、大学、教师、学生等多种主体参与的一项实践活动。在实际教学中，它具有很高的计划性，注重课程的可控性和可操作性，其主要体现在教学计划、教学大纲、教材等方面。这样的课程，只是着重于"教"的一个侧面的制度含义，而没有体现出"学"的侧面含义。作为一种"框架"与"计划"的课程观念，必然会成为一种形式化、空泛的课程实践。因此，要对高校课程问题有更深刻的理解，寻找问题的途径，就必须走进大学的课程现实。要想真正地进入大学的课程，就必须将其视为一个开放的动态过程，注重对学生的体验。作为一个多元主体的实践活动，高校课程在这样的发展过程中，一定会体现出不同的主题及它们之间的关系。理想的大学课程应当是各主体在各个方面都能充分地发挥其功能，并在此基础上确保多种主体之间存在一种良好的关系。因此，高校课程在一定程度上发挥了其"平衡器"的作用。

纵观中国高校发展的历史，我们可以从这一传统的学科现实出发，对其进行描述和剖析。

首先，四种课程的教学过程，最直观的感受就是呈现出一种层级关系。从高到低依次排列，从比较抽象到具体化，依次是国家课程、大学课程、教师课程和学生课程。所以，我们常常把课程的范围限制在国家和大学的范围内，而忽略了老师和学生的层次；在教学过程中，教师常常是从传授机构知识（体现在国家和高校的课程中），而忽略了作为课程的主体的学生。

其次，从课程的力量角度，可以看出，按照传统观念，学校的课程是由全国的课程来决定的，教师的课程被大学的课程所确定，而学生的课程则被老师的课程所支配。因此，我们所说的课程，通常是指统一的民族课程。高校的功能主要是对国家课程方针的阐释与执行，监督与监督师生的教学活动，以及处理日常的教学事件，体现了其特色。教师是学校教育的主体，其主要任务是通过对学校的监督，来实现对学校组织机构知识的传授、考察和评价。以学生为主体，在学校各级管理机构的指导下，接受教师所传授的知识和技能，以实现知识和技术的最终目的，因而呈现出课程学习的特点。

根据当前高校课程的现实，高校课程实践主体之间应当是怎样的一种关系？

首先，要正确对待全国和高校的关系。全国的课程与大学的课程不能只是一种确定的关系，而是一种相互影响的互动关系。作为高校课程实施主体的国家（政府）强调高校在培养质量、规格上要符合国家、社会发展的要求，同时也要按照高校的发展逻辑，注重为高校的发展规律服务。高校作为课程实施主体，要对国家和社会发展有一个全面的认识和理解，以及培养为国家、社会的建设与发展服务的意识，更注重主动、自觉地进行课程建构。

其次，高校作为一个特殊的社会团体，必须协调好三者之间的关系。三者之间，互相影响。作为高校的主体，必须重视课程体系的构建，并突出其"中介"的内涵与价值。在高校课程体系的构建上，我们应将我国高校置于全球高校系统之中，突出"学习"与"借鉴"的时代意义。作为一门体现了教师的主体性的课程，应该突出教师作为一门课程的研究与开发的意义与价值。无论是创新还是研究性学习，都需要教师在传授知识的同时，也需要教师自身的知识与想象，这就是教师的丰富内涵。当今，倡导传统的"教育自由"是当前大学教师的一个重要组成部分。大学教学是以学生为主体的，应当重视学生的自由。研究性课程、选修制、导师制等都是围绕着学生来进行的。

（本节编者：赵添羽）

第二节 高校智慧课程教学改革实践

随着信息化的发展，教育观念和方法也在不断地发生着深刻的变革。为了满足网络时代的新需求，为使学生更有效地学习，提高学生的综合素质，培养学生的创新思维，培养学生的智慧。在教学改革中，课程改革是重要的一环，由传统的课程改革向智慧化的转变已成为必然。对智能课程的理论和设计进行深入的探讨，这不但有助于提高教学的智能化水平，而且有利于促进智能课程的发展和应用。

一、智慧课程教学原则

（一）技术支持，教学效益最大化

信息技术、人工智能、新兴技术在教学中的应用，如信息的逼真、信息的展示、学习过程的数据、智能的诊断和分析及其他技术的辅助，都是人力所不具备的。但这并不意味着所有的老师都可以被技术所代替，因为科技不可能完全代替人类的知识。比如AlphaGo，这位颇具争议的"高手"，凭借着自己超强的运算能力和深度学习，击败了所有的竞争对手，但这一切都是建立在人工智能的基础上，因为它的计算能力是通过人类编制的程序而实现的。科技最多也就是"智能"而非"智慧"，并没有传递知识的能力，如营造人文氛围、提高核心素养等。同时，教师的知识魅力、人格魅力等因素对教师的作用也是很大的，甚至会让学生爱上某个特定的领域，这是科技所不具备的。因此，在智能教育的背景下，教与学模式应该是技术和人才的互补，这能使技术更好地发挥作用，避免老师的重复、机械地教学，为学生提供更好的学习资料及资源。

（二）授之以渔，促学生全面发展

在这个飞速发展的社会，单纯依靠现有的知识已经不可能适应时代的发展，我们不可能准确地预测未来二十年后的大学生所需要的知识，而传统行业的消失和新的职业的出现正是这种危机的最好例证。叶圣陶先生曾说过，"教而不教"，相比于知识，学生更应该学着去学，以适应不断变化的将来。英国数学家、哲学家及教育理论家怀特海曾说：忘记上学中所学，其余的就是教育；爱因斯坦也提出过类似的观点，如"学校的目的应该是：学生毕业后要做一个和蔼可亲的人，而不是一个专业人士。"当下，从工业社会进入了信息化社会和智能社会，但教育的速度依然很慢，主要还是以知识教育为主，以工业化时代的"大规模标准化"为特征，这与教育的本质是背道而驰的。联合国教科文组织认为"教育要立足于人文精神，对生命与人的尊严的尊重，权利均等，社会公平，多元文化，国际联合，致力于可持续发展。"党的十八大指出立德树人是教育的基本使命。从这一点可以看出，教育要以整个人类为中心，包含人文关怀、社会关怀、生命关怀等多个方面。于是，教育工作者要立足于教育的本质，以核心素质为参考，把它贯彻具体的教学，并考虑教育留给学生的哪些终身受益，从而使他们真正地得到充分的发展。

（三）转变观念，赋创新硬核动力

教育模式的发展与实施要求政府、学校、教师、学生和家庭的共同努力。首先，要使所有有关组织对教育的方式有一个全面的认识，并在"互联网+"的时代下，清楚地把握教育的实质和价值，使教学理念与时俱进。其次，教师、学生及其他有关组织应共同努力，共同探讨和改进教学模式、教学方法和途径。由于教学和学习的过程是非常复杂的，所以没有一种方法可以适用于教学和学习的全部情况，也不可能让所有的教师和学生都满意。为此，要积极探索和改进教学方式和方法，政府要统筹规划，制定政策，学校、教师要积极回应政策，师生积极参与，师生积极合作，才能使新的教学模式真正落实，真正实现其价值和效益。

创新是人类社会发展和进步的灵魂，如果不前进，就会被淘汰。无数的历史事实都在说明，培养具有创造性的人才是教育的终极目的。创造力的产生是由天赋所决定的，也是由后天的教育与实践所产生的。每个人的创造力都是不同的，不同的人在不同的领域和规模上都会有不同的表现形式。所以，教师和学生自己要更好地激发学生的创造力，即使是在学生周围，也要注意让学生找到自己的优势，使自己的创造力得到充分的发挥。袁振国在对国内外有关研究的基础上，总结出三大要点：宽松的环境、兴趣和执着、跨学科的学习。朱永新认为，要做到四点，即保护好奇心、尊重差异、建立自信心、培养意志力。教育工作者既要利用现有的创造性教育研究成果，又要积极地开展对创新教育的探索；学生要善于发掘自己的兴趣，在老师、家长、同学、朋友的帮助下，发掘自己的优势，共同成长、学习，共同创造美好的明天。

（四）统筹协调，建终身育人体系

在"互联网+"时代，教师在教学中的作用越来越少，而学生所掌握的知识越来越多，特别是在网上获得了更多的知识，学习效率也更高。以往，由于资源、人力等因素的制约，教师的价值往往仅限于教授知识。如今，教师可以摆脱机械、重复的教学，需要对其责任和价值进行深刻的反思。教育的实质就是文化传承和知识创新的进程。因此，教师在获得自由的同时，也面临着巨大的挑战，不但要有学问，还要不断地学习、不断地提升自己，并在教学中不断地启发和挖掘学生的潜力。教师要重新塑造自己的创新意识、与指导者、协同者和伙伴一起不断学习，不断研究，不断创新，不断实践，成为"智者"。

智能教育在进行，教学与学习的方式在变化，很明显，现有的教学平台必须进行调整，以适应并支持这种新的教学方式。教学平台可以采用"一人一号跟踪终身制"，将不同阶段、不同平台、不同形式的学习成绩整合到一个平台上，让大家随时可以查阅他们的研究材料，同时还能让教师或工作人员看到学生的学习情况，为以后的学习提供更好的帮助。在信息化的今天，人们拥有了更多的信息来源，知识的获取也越来越快，80%～90%的知识都来自大学毕业后的工作。与此同时，新的职业层出不穷，旧的职业也在不断地消失。所有的一切都需要我们终生的学习。所以，这种"一人一职"的服务平台，将会是我们终身学习的保证。目前，已经开展了慕课、智慧型课程，并不断地改进和改革。

二、智慧课程教学设计

（一）理论教学设计

1. 前期学习

在前期的学习过程中，我们要做好前期的准备工作，在基础教育阶段培养学生的基本学习能力，而这门课特殊的学习基础，在开班时就已经在导言中打下了坚实的基础。另外，在课程开始时，学生的特性应该在课程开始时就被记录下来，课程平台、课程资源也应该在课程开始前就建立起来。一切准备就绪，就可以开始自学了。学习平台会针对学习者的特点，为学生提供多种学习资源。在学习期间或学习完毕后，将会有一道考题，因为这是一个初级阶段，知识结构比较固定。因此，这些题目都是一些很好的构架，如填空、判断、选择等，方便平台进行记录和分析。同时，该平台还可以为学习者提供智能提醒、反馈等智能服务，如果学习者未能在指定时间期限内完成学业，系统会提醒学习者；当某个学生出现了大量的测试错误时，系统会对其进行全面的反馈。早期的学习主要是自主学习，所以在学习的时候，可以选择在线或者线下的方式，向教师或者同学求助。在整个学习过程中，学生将会从总体上了解到自己的学习过程，从而形成自己的知识系统。

2. 深化学习

在深化学习阶段，应将学习者按不同的类别进行分类，并对其进行了深入的探讨。这里我们采取了一种不同的方式，即通过技术的方式来实现，在完成任务后，我们会进行团队合作，进一步完善自己所负责的理论，收集更多的信息，并将其整理出来，要有自己的逻辑思维；当有困难时，可以进行团队或者个人的讨论，最后达成一致意见，在学习平台上分享。可以根据不同的环境来选择该计划，可能是在一个学科的课堂上，也可能是在其他地方。然后，每一组都要在课堂上做报告，与教师共同探讨。没有对与错，只要是正确的，没有原则上的错误，才能继续研究下去。在整个学习期间，深入学习是一种不断地深入和完善自己的知识系统，按照学习金字塔的原理，通过讨论、实践和教授的方法，积极主动地参与学习，要比听课和其他被动学习方法更有效。这是一种深度学习，可以让学习者更好地理解学习内容，活跃思维，进行批判性思维。

3. 创新任务

课程的理论学习过程中，最重要的就是找到一些还没有被广泛应用，但却有着独特的价值的理论，或者是根据自己的理解，提出一个新的理论，然后与其他人合作。在这个过程中，他们必须要写一篇关于理论的论文，这篇论文的形式和内容都是固定的，可以让学生充分地发挥自己的创意思维。整个创新工作的重点在于创新，是学生在创造性活动中形成自己的创作作品。

4. 综合评价

综合评估阶段，主要是对学生和平台的评估进行汇总和分析，最后得出学生的个体综合评估。系统评价包括对考试内容的分析和评价，以及对学习成绩的分析和评价。人的评价方式有：同伴互评、教师评价和自我反思。其包括学生在学习中的表现、参与度、创新任务的完成。通过系统的统计和分析，可以得出一个完整的评估结果，以便学生能更好地了解他们的学习情况。学生可以在任何时候都能看到自己的学习状况，以便有针对性地提高，同时也能及时更新评估结果。

（二）教学资源设计

教育资源占有一半的教育系统，是教育交流的主要内容。本课程使用的资源非常丰富，其中包括数字化图形资源、图像资源、音频资源、视频资源、动画资源、多媒体教学资源、网络教学资源和移动教学资源。资源主要有两个方面：一是基础资源，主要有图像资源、音频资源和视频资源；二是高等资源，包括动画资源、多媒体教学资源、网络教学资源、移动教学资源。基础资源是高等资源的基础，是需要学习的，而高等资源则是可以根据自己的需求和能力来选择学习的，但前提是要有一定的知识。

1. 学习导入

在学习导入的过程中，要对信息资源进行充分的认识，可以采取线上和线下两种途径，学习内容包括学习要求、资源类型、资源开发原则、资源评价指标等。

2. 基础资源学习

学习的基本内容是通过学习平台提供的相关资源，并通过相应的考试来实现。在学习结束后，学生需要进行实际操作，也就是通过亲身体验，来加深对知识的领悟和应用，在实际操作中，在课堂上，在网上进行交流、答疑、灵感迸发。在学习了基本的知识后，学生将会有一个关于课程的小结和学生的个人小结，其中有关于资源制作的一些注意事项，还有一些好的经验。

3. 高级资源学习

高级资源的学习分为基础阶段、深化阶段和创新阶段。基础阶段类似于基础资源的学习，主要是通过自主学习和实际操作来实现。在此阶段，学习者必须全面了解先进的资源，并能从中挑选出适合自己的学习内容。在深化阶段，学生要按照自己的兴趣进行分组协作，各小组要对自己所关心的资源进行深入的探讨，从而形成精美、有价值、有技术含量的资源作品；完成后，各小组进行交流，相互学习。在创意阶段，学生可以找到新的资源与同学们进行交流，还可以用他们的创造性思维，将创意的内容加入现有的资源中，大家商量好后，就开始创作自己的作品集，然后做一个学习总结。

4. 综合评价

综合评价与理论评价相似，包括系统评价、同伴评价、教师评价和自我反思四个层面。评价内容清晰、科学直观、实时更新，便于学生随时查阅、自我完善。

三、智慧课程资源建设

教育研究者对教育资源的研究历来都是以教育资源、课程资源、教学资源和学习资源为研究对象。

教育资源是一项具有特殊意义的教育资源，它是一种具有特殊教育和教学职能的资源。从广义的角度看，教育资源包括信息资源、人力资源、物质资源等。课程资源是指学校、学生生活、社会、自然等所有的资源，其中包括了各类有形的人力、物力、自然资源以及无形的知识结构和经验。从广义意义上说，是指社会制度、社会风气、科技水平、文化传统、教育观念等多种教育资源。狭义的教学资源是指从教学工作、课堂教学的顺利进行等方面来认识的教学资源，广义上指为有效开展教学活动所需的各类资料和条件，包含文字、图片、课件、案例、影视等。教学资源可以分为两类：一类是为特定目的编写的教科书；另一类是诸如博物馆之类的可供选择的学习资源。

总之，教育资源、教学资源、学习资源、课程资源在一定程度上是相互交叉的，这些资源之间存在着差异和相互关联，没有明确的界线。教育资源的涵盖范围是最广泛的，它涵盖了各种资源在教育体系中的应用，所以在资源的范畴上，包含了课程资源、教学资源和学习资源。教学资源集中于教学活动所需的资源，学习资源则集中于学生在学习中所需的资源，而课程资源就是在实施过程中使用的一种资源。在当前教育信息化快速发展的时代，教学资源、学习资源、课程资源相互关联，形成一个有机的整体，为教学服务。所以，我们不必过多地去探究它的概念和边界，凡是可以用于教育的，都可以称为"教育资源"。

（一）智慧课程资源的内涵

"智慧课程资源"并非仅限于"课程资源"，而是属于整体的"教育资源"。总之，只要符合这三个条件，就可以被称为"智慧"的课程资源：第一，它是一种教育资源；第二，可以推动各类教学和学习活动在智能课程中的应用；第三，它是优质的。

（二）智慧型课程资源的特征

1. 开放共享，多样立体

随着人民生活水平的提高和知识的更新，全民教育和终身教育的迅速发展在社会发展中起着举足轻重的作用，它应该是面向大众的，使人们能够轻松地学习，完善知识体系，并能创造知识。随着各种公开课、慕课等在世界各地的推广，开放和共享教育资源已成为当今教育发展的必然趋势。教育资源要开放、共享，才能发挥其作用，不断地更新、完善、创新，促进社会的发展。这并不意味着"知识产权"已经消失，知识产权依然受到严密的保护，只是在合理和合法的条件下，人们可以更容易地获得和利用知识。所以，智慧课程资源并非由特定的个人或区域所垄断，它是一种人人都能获得的资源。

智慧课程资源的多元化主要表现在以下三个方面：第一，资源的内容多元化。知识的总量在持续地加快发展，教育资源的总量也在不断地增加。第二，资源的表现形式多种多样。传统的教学资源以教室、图书馆、实验室、文字、图片、音视频为主，而随着科学技术的进步，各种形式的教育资源也在不断地变化。多媒体资源具有丰富的交互作用，学习场所、虚拟实验室、教学游戏、各种软件、硬件等。对提高学生的学习经验和效率有很大的促进作用。第三，内部的资源配置。因为学习者的学习方式和学习要求各不相同，所以资源的内部组织必须要符合学习者的个人需要。比如，问题型学习者，可以先提出问题，然后从问题开始着手，而如果是想要先理解知识的整体结构，那么就可以将整个知识模块的结构展示出来，而想要先学习的学生，则可以慢慢地将所有的知识都传授给学生。基于智慧课程资源的多元化，资源也是立体的，多元化和立体性是相互补充的。所谓的"立性"，它不仅是语文教材、电子书、多媒体词典、学习自我诊断软件、网络课程等优质资源的综合与立体整合，同时也为学习者提供了许多学习资源，如自主学习、协作学习、研究性学习等。

2. 全面重组，交互灵活

知识系统具有一定的逻辑性，是由多个知识点组成的。因此，智慧的课程资源要覆盖整个知识系统，让学习者无论学习何种知识，都能在一定程度上找到适合自己的知识。在学习的过程中，每一个学习者都必须根据自己的需要，建立起自己的知识体系。在微观上，把智能课程资源分成若干个小颗粒的资源，并以一定的知识为基础。所以，每个知识点都有许多不同的来源。根据学习者的需求，将其整合成知识地图、通过学习导航等工具，学生可以很容易地建立起自己的知识系统，以达到最大学习效率。

智能课程资源必须是互动的，它可以通过互动的方式来选择相关的学习内容，并通过反馈激励学生进行深度学习，从而丰富他们的学习经验。同时，智能课程资源也要灵活，它的弹性主要体现在终端上。由于人们的学习、工作和生活节奏的加速，学习的时间往往是零散的。因此，在各种学习环境下，智能课程资源必须能够满足学习者在任何时间、任何地点进行学习，方便了个人的碎片化的学习。

3. 动态进化，与时俱进

智慧课程资源的动态特性表现为：①资源的不断更新。知识的不断更新，使得智慧课程资源不断地增加、更新和完善。②根据学习者的需要，可以动态地整合各种资源。由于学习者的学习能力和学习方式的差异，教育资源必须能根据学习者的需要，按照特定的逻辑进行个性化、动态的整合。③在教学过程中，有些资源是可以动态生成的。学生在与其他学习者或老师进行沟通时，会产生情感资源。同时，智慧课程资源也具有进化性，它和动态性是一个相互融合的过程，在动态的改变中，资源也会持续地发生改变。

由于各时期知识的总量和结构的差异，智慧课程资源必然具有时代性。智慧的课程资源是社会进步、科技进步和时代发展的需要。智慧的课程资源不是一成不变的，而是不断发展、更新和变化的。因此，智慧的课程资源必须具有很好的扩展性，以延长其生命周期，增强其适应性，提高其建设的效率。

4. 规范便捷，趣艺结合

为了便于资源的开发、检索和使用，智慧课程资源应具有某种规范。在建设类似的资源时，可以制定一些技术规范，具有一定的普遍性。避免资源仅限于一个特定的资源平台，在条件允许的情况下，建立一个资源共享的平台，可以避免资源的杂乱、重复建设、查找困难，减少人力、物力、财力的浪费，提高资源的建设与使用。智慧课程的建设，既要有规范的建设，而且要易于获得，即要有良好的资源架构，有明确的资源导航，有高效、智能化的资源搜索引擎。此外，数据挖掘、个性化推荐等技术也为用户提供了方便。

在现代社会，教育资源唾手可得，众多的教育资源围绕着学习者，其趣味性和艺术性已成为人们对资源的选择。作为高质量的教育资源，智慧的课程资源必须具有趣味性和艺术性，才能引起学生的注意和学习的积极性。它可以让学生更好地学习，更有效地学习，也可以在不知不觉中提高学生的审美观和创造力。

（三）典型智慧课程资源建设

1. 微课

微型课程的概念是在 2008 年由戴维·彭斯创立的。广东佛山首位提出微课理念的胡生，就如何在教学和学习两个层面进行改革，提出了自己的见解。之后，全国各地都在进行着各种微课竞赛。随着微型课程的深入，其在我国各个相关领域都有明确的定义。从以上两个概念的界定可以看出，虽然在理解的角度和表达方式上存在着差异，但是对于微课的核心内涵理解大体上是相同的。所有这些要素都包含在一起，就可以称之为"微课程"：一段更短的录像；教学内容含量少，重点突出，教学设计结构完整；可对其进行改进；提供了相应的学习平台和教学辅助服务。笔者认为，微型课程的特点可以归纳为以下五点。①教学目标鲜明、清晰。一堂课，去掉了一些虚无缥缈的东西，剩下的就是一个基本的概念和结构，就像是一个特定的知识、一个特定的教学环节，它的教学目标和资源的设计都很清晰，所有的课程都是围绕着一个特定的活动和一个知识点来进行的。②丰富的资源和现实的环境。对微课而言，它的主要内容包括课件、视频、教学设计、专家点评、相关练习和考试，从而创造出一个真实、具体、典型的教学情景。③简洁，易于操作。该系统的整体资源容量很少，通常不会超过100M，适合以手机为基础进行教学，方便师生在线和下载；通常是5~10分钟，最短1~2分钟，最长20分钟。讲授时间短，讲授内容简练，重点突出某一科目的知识或技巧。简短的录像能让学生更好地集中注意力，显著地提高了学习的效率，并可以更好地进行教学资源的共享和交换。④制备方法简单，扩展方便。微课的制作非常容易，而且它自身具有很好的扩展和开放性，因此老师可以通过添加其他优质的教学资源，不断地对现有的教学录像进行补充和改进，为教学提供更好的服务。⑤互动方便，使用范围广。微型课程应能及时地讨论、测试、反馈关键，并能让学生在教学中举一反三，形成良好的互动关系。此外，微型课程还可以应用于各种形式的课外教育，如成人教育、就业培训等。

　　一般而言，微课建设的流程可划分为六大部分："微课选题""教学设计""资源准备""视频制作""拓展资源""修改完善"，这六大环节的内容，在教学实践中是非常重要的。在微课教学中，如何正确地选取主题是构成微课教学的首要问题。选择合适的主题是实现微课教学成功的前提和基础。选择课题的形成也是一个学习的过程，既要有良好的预测能力，又要有丰富的教学经验。在选题时，要注意：①要正确地确定微型课程的位置。对微课的理解不应局限在"微"，而忽略了"微课"的真正内涵，更不能把它看成是说课、示范课甚至课堂上的一部分。②选择题目应具有较强的解题能力，具有代表性、完整性和独立性，使知识点在较短的时间内清晰、完整。如果只是单纯地表达观念，那么把它做成微课程，其效果就会比学生自己阅读和查阅文献要好得多。③命题要简洁。不能用太笼统的名字来称呼学生，因为这种题目不是一节课就能解释的，必须要根据具体的内容，给出合适的题目，让学生一眼就能看出来。尽管微课时间很短，但在教学设计中，必须要有一个良好的、规范的教学设计。在教学设计中，应根据教育学、心理学等有关理论，综合考虑不同学科特点、不同层次的学生，选用适当的教学方法和媒介。举例来说，戴尔"经验之塔"理论认为，学习经历是从直接体验到抽象体验的过度，也是从观察到抽象体验的过度。因此，在理论教学中，可以采用相关的图片、视频、动画、动作等进行辅助，通过多种媒介的呈现，从而达到更好的效果；微课的教学内容要综合考虑学习者的现有基础和学习资料的复杂性，科学、合理地组织和展示学习资料，以减少学生的认知负担，提高教学效果。④在教学内容的组织和表述上要有逻辑性，使学生在课后能清晰地了解教学主线、教学难点、媒体素材的组织和教学内容的联系。反之，若影片中的主体不能清楚地展现，而到了下一部分，则不能清楚地表达出与先前的关联；或在使用媒介材料进行教学、补充说明、案例分析时，没有使用过渡语，也没有简单的介绍，这样就会给人一种单纯的材料感，无法从教师的教学中学到任何东西。另外，在PPT中要注意标注要点，字幕使用、教师的语音语调等方面也要重视。⑤微观课程的教学设计可以根据特定的结构框架进行，其整体结构与传统的教学设计相似，但在时间上更多地考虑时间的分配。通过这种方法，可以简化教学流程，促进学生间的交流，提高学生的个人能力。⑥将合适的练习集中加入微型课程，有助于学习者巩固和巩固所学知识，并能进行深度思考。当然，并非所有的微课都要求在微课上进行实践，除了微课的录像，还可以通过其他的辅助资源来辅助学习者进行知识的巩固，具体的方式取决于教师和学习者的偏好。

在完成了教学设计之后，要收集有关的资料，进行课件的制作，这样的课件可以极大地提高学生的学习效率。在制作课件时，应注意下列问题：①在内容方面，要对信息资源进行有效的组织，剔除不相干的信息，保留其核心内容。按照米勒定律，一个人的单一维度的判断范围大约是7，也就是说，在短暂的时间内，他最多只能记住7个单元。所以，在一张幻灯片里，他只需要把主要的关键词和观点展示出来就可以了。在内容的编排上，应注意字体、行距、颜色等的调整，以使教学内容简洁、清晰、层次分明、重点难点突出。②界面的设计要注意色彩、背景和文字之间的和谐。③在教学过程中，要做到可靠、简单、灵活，便于师生对其进行控制。图标、菜单、按钮要清楚，避免过多的错综复杂的交互操作，方便浏览和跳转。

视频制作的前期教学设计、课件设计等都会在录像的录制和编辑中得到体现。微课的录像形式和制作方式是多种多样的，下面将详细介绍其常用的形式和制作方式，这里就不再赘述。无论是何种微视频，在制作时都应该注意以下问题：①标题要简洁、不能太复杂、不能太旧，内容要包含微课题目、授课教师等，在这方面再加上一些创意，让片头更有吸引力。②在教学过程中，要遵循教学逻辑和认知心理学。图片的组合方式直接关系到学生的视觉体验，同时也会对教学内容的传递产生一定的影响。在进行镜头组合时，请留意当前的教学环节，视频观众的注意力主要集中在课件、动作、操作技能的展示上，并将会有大量的松销会的主题。当然，这样的问题，在用屏幕录制的情况下，是很少见的。另外，在镜头的推拉和摆动中，要保证画面的稳定性，不能出现明显的抖动和弹跳。③标题的设计要清晰、美观、符合总体的风格。标题的色彩要和图片的色彩相对照，字体的尺寸要适当。如果是在演示视频中，需要特别强调的地方，都要加上字幕。字幕的色彩、字体、字体大小、位置等都要根据视频的亮度进行具体的分析，以便设计出更科学、更合理的字幕。

微课内容十分丰富，包括教学设计、教学录像，也有多种形式的课件、练习与测试、教学反思、学生反馈、专家意见等。在扩展教学资源的同时，也要保证相关资源的使用方便，充分发挥超媒体独有的优势，让使用者能够灵活地获得各种资源。在微课的初步构建完成之后，教师会对微课进行评估和反思，并对其中的不足之处进行改进，让微课在后期的工作中变得更加完美。这既是教师追求精细的"工匠精神"，也是对学生审美修养的一种无形的升华，是一种精神追求。微课录像的方式多种多样，教师应依据自身教学内容，学生基本情况，自身的多媒体能力、时间、精力等因素，选择适合自己的教学方式，最常见的方式有摄像、计算机屏幕等。

2. 虚拟实验室

在现代信息技术的飞速发展下，传统的实验室已经不能满足现代生活的需要，利用虚拟实验室进行实验教学是今后的一个重要发展趋势。当前，对虚拟实验室的认识主要有两个方面：①虚拟实验室是利用虚拟现实技术，在电脑上实现多种虚拟实验环境，使实验对象能够像在现实生活中那样，进行各种实验。②虚拟实验室是一个能够进行模拟实验的互动环境，包括各种模拟程序、工具、测试单元和参考数据。二者的研究重点虽有差异，但其核心内容却是相同的。虚拟实验室由于没有时间、空间、自然环境等因素的制约，具有成本低、高效率、全功能、协作、安全性等诸多优点。因此，它的发展与应用日益广泛。

3. 教育游戏

从古至今，游戏一直是人类发展的一个重要方面。玩家可以通过玩来获得乐趣。从某种意义上说，人们可以通过玩来发展智力、传授知识和提高技能。然而，在古代没有一种教育能使体育运动达到社会的水平，人们深信"业精于勤荒于嬉"，但是，从来不愿意承认人类的全面发展离不开游戏与游戏精神。目前，尽管有些专家担心玩游戏会损害青少年的身体和心理，但是，仍有许多学者相信，适当的游戏能使学习更加快乐，有助于学习。教育游戏在教育领域引起了越来越多的重视。

目前，关于教育游戏的概念尚未形成共识。教育游戏是一种能够提高使用者知识、技能、智力、情绪、态度和价值观的计算机游戏。教育游戏可分为两大类：一种是有教育性的计算机游戏；另一种是专业的教学游戏。在这两种类型中，一种是更具娱乐性的，一种是更具教育性的。教学游戏是将游戏中的任务、情景、情感等游戏要素与知识有机地结合起来，实现以隐含的形式来传达或传授技能。

从上述的理解中我们可以看出，教育游戏在两个方面达成了一致：①电脑软件游戏；②具有教育性和娱乐性。教育性的游戏并不只是电脑软件，它还包含了人与人、人与事物的脱离电脑软件的游戏。从分类上看，教育游戏包含电脑软件游戏与实体交互式游戏。教育游戏的特点是教育性和娱乐性，而教育游戏是教育性与娱乐性的结合，是教育界必须深入研究的课题。

4. 3D 技术相关资源

随着科技的进步，3D 技术在各行各业中得到了广泛的应用，如影视、建筑、军事、工业、交通、医疗等。3D 技术是将虚拟现实技术、实时仿真技术和交互式三维设计技术有机地融合在一起。在教学中，有关 3D 技术的资源主要有三个部分：三维影像与影像资源、互动三维模型或展览、3D 打印。

（1）3D 图像或影像资源

2011 年，一个英国的研究者做了一个关于 DLP 的试验，它利用一种技术，在一块屏幕上生成两幅影像，一幅在左眼，一幅在右眼，3D 眼镜将这两幅画组合在一起，就能形成三维立体的效果。2012 年，香港科技学院的研究人员也进行了相似的研究，他们发现，在教室里展示三维图像时，他们的行为会变得更好，如注意力更集中，而且能够很快地被新的想法所吸引。2015 年，姜艳玲等人在课堂上做过类似的实验，结果显示，在课堂参与度、发言人数和发言准确率上，实验组的课堂参与度明显高于控制组。

从上述的研究与分析可以看出，三维图像或图像资源在教育与教学中有着巨大的优越性，主要表现在：①画面立体、生动、变幻莫测，能引起学生的注意，并能让学生在很长一段时间内集中精力。②通过立体展示抽象的知识，让学生获得"真实"的经验，从而提升对知识的认识，尤其是在物理或化学的模型展示、物理或化学实验、艺术品展示等方面。③让学习者有一种身临其境的感觉，这样就能营造一个愉快、自然的学习环境，并能提升学习者的积极性和参与性。

（2）交互性 3D 模型或展览馆

互动性 3D 模型和展览与三维图像和视频资源之间的互动。3D 影像或影像资料只是提供三维的影像或影像，而互动的 3D 模型或展览，除提供 3D 模型外，还具有互动的功能，让学习者可以从各个角度观看模型，并依需求进行有选择的互动，以影像为基础，加强互动。

在互动三维模型中，学生可以通过上、下、左、右的翻转模型来观察整个模型，使学生能够更直观、更完整地了解模型所代表的物体，同时还可以将模型放大、缩小甚至进入到模型中，观察模型的各个细节。互动的三维展厅，其功能更为强大，通常是由许多模型组成，学生可以在展览馆内的各种模型间进行互动，通过学习有关的知识来获得实际的经验。

（3）3D 打印

3D 打印是一种可以将 3D 图像转化为实体的技术。3D 图像的分辨率很高，可以用来显示更多的细节，就算是三维立体的东西，也能被建造出来。3D 打印技术可以帮助学生探索一些不容易获得的东西，如有毒物质、古董工艺品、动物的解剖学等，还可以让学生通过自己的双手去接触自己所制作的模型，在设计中进行设计、探究并运用科学原理，以促进学习的效率、独立设计、空间思维、实践和创新能力。

另外，3D 打印机和印刷物料的优点是价格合理。世界各国和机构纷纷对 3D 打印技术在教学中的运用进行了积极的探索，创客空间的建设也在不断增多。同时，3D 打印技术也是创客空间实现的一种重要方式。

四、智慧课程学习评价

（一）促进学生自身发展

智能课程的学习评价以促进学生的发展为依据，也是智慧型课程学习评估的首要作用。学习评估对学生的发展有如下作用。

1. 以人为本，及时反馈

评价是为了增强学生的学习水平，而不是给学生打分。要使评估的促进作用得到充分的体现，要根据学生的特点，及时、个性化、直观地反馈信息，对学生认识上的偏差进行及时的修正，并对其进行相应的策略调整。在反馈方式上，应充分利用科技的智力，并充分发挥教师和其他人员的教学智慧和教育智慧。在技术方面，以学习平台为基础，利用学习平台的评价功能，对学生的认知状况做出评价；利用数据挖掘技术，追踪学生的学习路线及学习时间，为学习者提供可操作的反馈；通过对网上学习系统获取的信息、输出资料、实验的数量、学习习惯等资料的分析，为学生提供个性化学习资源与学习策略。在人的层面上，学习技能、情感的感知、了解与指导，以及对学生的全面素质和能力的影响和启发。

2. 激励与导向作用

从需求层级的角度来看，人的基本需求在满足了以后，还有一种需要，那就是人的最高需要，一般是指个人的愿望和志向，而这个愿望的达成，并不只是个人的满足，更重要的是要获得别人的认可和认同。因此，在迈向理想之路的初始阶段，评估的激励作用是不容忽视的。结果显示，就普遍的教育而言，学生的学业评价比教师讲授的内容更能影响他们的学习行为和体验。比如，通过科学的排名来激励学生积极地竞争，从而形成一个积极的学习环境；在完成任务后，通过奖励激发学生的学习积极性，在完成任务后给予肯定或鼓励，使学生对学习产生浓厚的兴趣。要注意排名和奖励的手段和方法要有科学、有智慧，而不能单纯地用考试的结果来衡量。仅仅根据考试的结果去衡量学生的成绩，只能使学生在考试中寻找自己的分数，这就是一种偏颇。科学、合理的评估，应该是综合、多层面的。此外，评价时要有说服力，不能让学生失去学习的积极性，要把学生的潜力充分挖掘出来，增强学生的自信。

3. 完善学习者档案

学习者的个人资料是学生学习成绩、学习成果和综合能力的最好的佐证，也是衡量学生自身价值和评价标准的重要参考。学习者对智能课程的相关评估将被收集到学习者的个人档案中，评估数据包括学生的学习进程，包括学生的情感、行为、综合表现、能力等方面的综合评估，并将其归类为学生和数据用户。

（二）优化教师教学质量

教师的教学成效是通过对学生所获得的成果的多少来反映的，而这些成果常常通过对学生的评估来表现出来。智能课程的学习评估是将学习评价和学习过程结合起来的。它可以提供学生的即时反馈，使其能够制定出恰当的教学战略，并使其达到最佳的教学效果。教学是一项复杂的活动，教师与学生之间存在着差异。因此，评价学生在教学与学习过程中扮演着关键角色。评估教师的教学效果，包含了对教学的即时反馈。学生的即时反馈通常是在课堂上进行的，如教师发现学生对某个特定的知识内容不理解、注意到学生的面部表情等，教师可以对学生的反应作出及时的反馈，并加以干预。短时间内的反馈可以是在一定的课程结束后，教师会根据学生对该单元的内容的掌握程度做出相应的调整和介入，这个反馈的时间可以是一个单元的学习周期，也可以是一个月的学习周期。在更长的时期里，学生的反馈可以通过对学生的学习进行总结性的评估，来制定下一步的教学目标，选择教学模式，或是通过数据分析来了解学生的学习进程，为了理解学生的学习方式，从而引导学生的学习。

（三）提供教学管理依据

通过对学生的学习评估结果，管理者可以直观地了解教学效果、学生知识能力的高低，以便有针对性地制订教学策略。机构还可以对它们进行分析和挖掘，发掘教育规律，改进和发展有利于提高学生知识能力、促进学生发展的教学计划和政策，最终提高学校、组织、地方乃至整个地区的教育效益。另外，在制定和完善相关政策时，需要教师、学习者、社会工作者等多方面的积极参与。

（四）强化家庭教育功能

对学生而言，家长对自己的学习、成长、生活给予了特别的重视，希望能够了解自己的学习状况和进步状况，而对父母而言，智慧型课程的学习评估则是一种直觉的、随时掌握学生对学习的评估。因此，在家庭教育中，按照学习评估对学生进行适当的指导。例如，恰当的监督和奖励，情感上的支持和调节。学习评估使父母和孩子之间的关系更加密切，促进了亲子之间的沟通。

（五）智慧课程学习评价保障措施

1. 建立科学评价指标

学习评估的科学性和有效性直接关系到学习评估的实施。关于学习评估指标的研究，历来都是热门话题，甚至在同一内容上，也出现了很多种不同的学习评价指标，但其是否具有科学性和智力性，尚待进一步探讨。所以，要把大家的力量都集中起来，开展科研工作，就成了制定指标的关键。科学的学习评估指标的建立需要专家、学者、相关人员和社会的共同努力，需要从学生的发展、教师的发展、社会的发展等方面进行深入的思考，并通过技术的支持，从微观到宏观，系统分明的评价指标体系。

2. 稳定可靠技术支持

学习评估的技术支撑包括资料收集、评估、学习分析、回馈、海量数据等。平台不仅要收集和分析学生的平台使用情况，同时还要将学生的评分汇总，对其进行分析、展示，最终得到一份全面的评价。平台将学生的反馈分为两种。第一种是实时反馈，学生在测试结束后立即进行反馈，其中包含答案是否正确、是否存在问题、如何进行进一步的评估。第二种是即时性评估。它要求综合分析学习者的学习成绩、学习评估、人力评估等，这些评估通常都带有阶段性的特点，可以让评估数据的用户随时查阅，但其反馈的时间也不长。大数据技术可以全面地收集教育数据，给学生时间去搜集学习资料，这些资料是其他科技无法提供的。因此，保证综合和多样化的学习评估，学习分析技术而非人力，能为学生提供科学、全面的评价。

智慧课程是在新技术、新理论的浪潮中，但目前还只是一个初步的研究，在系统架构和具体实施过程中还有许多值得深入研究的地方。

（1）关于不同课程的教学方式的探讨

针对不同的内容、不同的课程，都有自己的智慧教学模式，虽然在理论上是相同的，但具体情况还有待于具体分析，之后的研究可以根据不同的课程进行详细的讨论，使其内容体系更加丰富。

（2）健全和运用学习评估系统

目前，对智能课程学习评估系统的研究还处于表层阶段，而学习评估是课程的一个重要环节，值得深入研究，今后的研究应该从目前的学习评估转向智能课程学习评估，建立健全智能课程学习评估系统，真正应用于实践，面向更广泛的学生、教育者、家长、研究人员、管理者使他们真正从中获益。

（3）开发智慧课程平台并投入实际应用

智慧课程平台是实施智慧教育的重要支撑，这是一个技术难度最高的工程。它的开发、应用和完善需要教育科研工作者和技术工作者共同努力，智慧型课程平台的开发和应用对整个课程界来说都是一件好事，它的开发、应用和完善都必须进行综合的计划，这样才能真正做好平台，利用好平台，提高教育效益。

（本章编者：赵添羽）

第六章　实践能力与创新能力养成

从当前社会对大学生的评估结果来看，当代大学生在实际工作中的操作水平相对较低，不但在专业的实际应用能力上有所欠缺，还在实际工作中存在着一些不足，缺少开拓精神和创造能力。大学生的职业发展水平与社会经济发展的要求不相适应，这是造成高校毕业生就业困难的主要原因。社会对学生实际操作能力的重视程度如此之高，与其实际工作水平的低下形成了强烈的对比，从建设国家现代化的需要来看，这的确是一种令人忧虑的状况。当前，高校学生的综合素质有待进一步提升，加强高校教学改革，促进素质教育的全面发展，为大学生创造良好的成才环境，将其作为高校的当务之急。

创新是人类社会发展、民族繁荣的基本动力。大学生是当今社会中较为活跃的一支力量，其创造力的开发和培育应加以重视。大学生的创造性思维是顺应时代呼唤、适应人类发展和社会发展需要的重要标志。但大学生创新能力培养中存在着认识上的随意性，专业知识教育与大学生创新能力培养衔接不紧密，缺少统一标准与实践锻炼。大学生创新能力培养目标也需要进一步明确大学生对创新意愿和动力激励存在不足。这是由于专业教育滞后于社会对大学生创新能力培养要求，大学生创新能力培养统一专业规范指标存在难度，大学生走出校门参与实践创新存在客观限制，以及大学生创新能力培养与个人发展联系不密切等原因导致的。应该通过积极促进大学生创新能力培养的规范化，帮助大学生找到专业知识创新的立足点，强化大学生创新能力培养的专业性，提升大学生创新能力培养的实践成效，明确大学生创新能力培养服务社会的方向，等等措施加以解决。引导大学生进行前人未作的创新活动，培养学生的创新意识、分析问题、解决问题的能力。

第一节　大学生实践能力培养

一、大学生实践能力概念界定

（一）实践的含义

从广义上说，"实践"是一种思维的综合。它包含了内外两方面的矛盾，也可以说，实践是人类身心活动的统称。实践的本质就是思维，思维是实践的基础，没有思维的参与，就不能称之为实践。所谓"外在的思想之争"，即是"精神之争"。实践、思维、思想和认知是一体的，实践不能和思想、认识分离而独立存在，是一个相互联系、承前启后的主体日常活动。

实践是一切事物的原动力，没有实践，就没有城市、乡村、山川、田野、万物；没有实践，就没有我们所生存的真实的世界，就没有在实践中生存和发展的对象。作为社会的主体，个体的实践与社会的联系紧密，人的实践是社会性的，而人的行动也是社会性的。这些做法包含了社会、历史、一种有目标的行为，一种有意识的感觉，这是一种先进、客观的过程，它是人类社会发展的根本，也是推动人类文明进步的根本。人类的全部历史都是由实际的行为构成的。人类的认知是在实践中不断地被归纳、继承、创造、发展的。它具有以下三个方面：①人类利用自身的经验和知识，努力地改造自然环境，创造环境，使外在环境适应人类的需求，这就是原始的生产性劳动。②实践也是一种社会变化，它可以调节和改造人们的社会关系。在这个阶级的社会中，这种运动的主要形式是阶级斗争。③一项科学活动，探究世界的神秘与法则。除上述三种基本形态之外，其他一切都是对社会进行改造及与客观世界发生联系的主观的感性活动，如教育、管理、艺术等都属于实际行动。实践是人类的自觉的、感性的、主观的、社会的、历史的活动。科学证明人类是一个客观的进程，就像自然界的历史。而在人类的历史发展中，它是一种客观的过程。

（二）实践能力的含义

所谓的"实践"，就是在面对问题的时候，能够用自己所学的知识，去分析、去解决那些曾经在书本上学到的东西，甚至是在面对一个陌生的环境的时候，可以将自己所学的知识结合起来，进行分析查找，最后得出结论。前者指的是对实际操作的简单应用，即"死搬硬套"，而后者则是对知识的深层应用，即"活学活用"。

（三）大学生实践能力的含义

从广义上讲，大学生的实际能力是以科学文化知识为载体、以科技和文化为媒介，通过练习，使不同的技能得到转变，是全面地展现和运用学生综合素质的终极价值。环境等因素对学生的实际操作能力有很大影响。实践能力是提高学生实际操作能力的重要途径。实践能力分为一般的实践能力、专业的实践能力、全面的实践能力。高校毕业生的实践能力是一种相互促进、相互影响的综合素质，是高校毕业生就业的重要组成部分。该系统立足于普通的实践能力，注重专业的实际操作能力，注重学生的综合应用能力。

大学生综合实践能力是指在日常生活、学习和工作中所表现出来的能力。它的主要内容有语言表达、环境适应、自学、人际沟通、外语、电脑运用等。专业实践能力是指在社会和专业领域中运用专业的理论知识，并具有一定的应用价值。主要包括实践、资料分析、记忆分析观察、逻辑思考、信息加工、专业写作、实验、科学研究、设计、发明等。随着专业知识的扩展，大学生的专业实践能力也得到了进一步的提高。

大学生实践能力一般是大学生利用在校学习中所积累的大量知识，通过自身的不断摸索和学习，在思想中形成独到的思考方式，能独立地分析和处理新的实际问题，并进行新的课题攻关。综合素质是以综合性、独立性、主动性和创造性为基本特征的综合素质。在当今社会的知识经济时代，创新是一个突出的特征，而提高大学生的综合实践能力，也就是综合素质，已经成为当今大学生的最高目标。高校学生是一个具有丰富理论知识，却缺乏实际应用能力的特殊群体。所以，大学生的实际工作能力主要包括自我修养、个性修养、树立正确的人生态度、运用所学的知识，积极融入社会，从学校向社会过渡；通过查找资料、分析问题、求助他人等方法，能够自己解决问题。

二、浅谈高校实训教学中应注意的问题

（一）课程结构不合理

1. 基础课程多，课程分散

高校的培养体系，与大学生实际的心理接受方式是完全不同的，是不符合人的认知习惯、认知方式的。可以将大学生在大学期间所学的知识比做一棵树，应该从"根部"出发搞清楚，"我要成为什么样的人才、需要哪些知识作为基础"，而不是先让学生在分散的知识体系当中学习全部的基础课程，在具备基础之后再学习专业知识，看似合理的过程其实一点也不科学。在每一门课程之间，大学生无法把握好各个课程之间具有什么样的关系，学习到大量的零散的知识碎片，无法统一起来，达到触类旁通。这种情况极大束缚了学生运用知识的能力，创新和实践的能力也在潜移默化中被限制了。

2. 选修课程少

当下的大学教育，受到市场经济的影响，成为市场经济中的一员。这样的背景下，课程逐渐走向标准化，周期长，效率不高，必修课程太多，而选修课程太少，学生没有太多选择的余地，所有的人才在同样的模式下培养，没有做到精准的市场细分。选修课能拓宽学生的眼界，使他们的知识更加完整，对他们的身体素质和情感的培养、对社会发展的认识和对社会适应能力的培养都是有益的。

3. 理论课过多、实训课少、教学内容落后等问题

我国大学的教学方式，最早是模仿苏联的，就像将文科和理科分开，注重基础研究。在课程设置上，实践环节的作用也不容忽视，即理论类的课程通常是较为系统化的，而实践类的则是分布在各个学科中，处于次要地位。在课程体系中，实践课的比例较低。

忽视了将实验和社会实践结合起来的教育，使学生的实际动手能力与创造力都有所下降。

（二）缺少配套设施的硬件支持

社会实践活动为大学生提供多种实践锻炼机会，它是培养大学生实际运用能力的一种有效途径。然而，目前我国高校的社会实践基地数量很少，特别是校外实习基地的数量很少，对大学生的社会实践活动产生了很大的影响。目前，高校是大学生开展社会实践活动的主要场所，以大学生社团为主体。但是，由于学校社团数量有限，而希望参加学生社团的大学生又特别多。在这种供给不足的情况下，就面临着与社团的双向选择，想要进入自己心仪的社团，就必须要参加社团的考核，这让刚进入校园的大学生望而止步，没有了参加社团的兴趣。

部分高校在工科方面的教学注重理论，对实验实训基地的管理不严，很多实验室处于濒临荒废的状况。即使有的还在正常地运转，但是许多学生都是会动手，不理解深层含义，不能做到举一反三。没有将实践环节与理论知识进行融合，做到理论联系实际。教师也是帮助学生完成实验要求即可，没有培养学生实际动手能力的意识。还有的高校担心学生在实践环节中发生人身伤害的事故，因此对学生在大型的机械基地进行实践的时候只允许其停留在观摩的阶段，不鼓励、不愿意学生参与其中，让学生无法在实践中感受到理论与实际的差距，养成了喜欢纸上谈兵的不良习惯。

高校在文科方面的教学实践方面对学生的硬件支持，相比工科情况更加的不容乐观。文科本来就理论性较强，教学实践大多停留在理论方面，在实践环节几乎没有任何配套的设施。比如，经管类专业应该配套建模实验室，而在开设经管类专业的诸多大学中，只有为数不多的几所大学有建模实验室。

可见，高校的硬件支持不够，过分注重了学生的学习成绩，注重了校园的外在设施，在配套设施的支持上稍显不足。高校在实践能力这个真正的核心价值层次上没有得到足够的重视，主观上隔阻了学生参与社会实践锻炼自己能力的愿望。

（三）课外实践活动实效性低

我国高校已经重视大学生的素质教育，都在开展大量的课外实践活动，课外实践活动真正收效甚微，没有真正地将提高大学生实践能力的工作落实。

随着我国改革开放的不断深入，特别是在我国特殊的历史条件下，独生子女已成为社会的主流。改革开放不断深化，人们的物质条件大大改善，特别是独生子女已占绝大多数的特殊国情下，在组织社会活动的过程中，由于大学生缺乏社会阅历，缺乏组织协调能力，不具备表达能力和社交能力，在社会实践中的某些关键环节一旦卡壳，就变得无从下手，这一次的实习工作就被迫中断了。大学生在进行社会实践活动时，应注重主动性、积极性、时效性等问题。

三、构建培养大学生实践能力的新型模式

建立一种新型的大学生实践能力培养模式，需要多方合作、协作，使这种新型模式的作用最大化。首先，构建五个平台，即课堂平台、学校平台、社会平台、虚拟平台和家庭教育平台。并且，需要教师、学校、社会、政府、企业、家庭的共同努力，才能提高学生的实践能力。这就要求社会对大学生的实践有一个正确的指导和引导，转变过去"唯学历"的教育价值观，社会应积极为大学生提供实习、就业的机会，让他们有机会进入社会锻炼。在教学手段和方法上，要积极探索实践课程，为学生开设实习基地，使他们能够更多地参加实习。在实践活动中，教师扮演了指导和引导的角色，在学生的实践活动中，教师要不断创新教学方式，改变过去教师主导的课堂气氛，充分发挥学生的主动性，让学生在寻找知识、寻找答案的同时，还能提高学生的实际操作能力。父母对培养大学生的精神品质具有决定性的影响，家长要积极地引导孩子多锻炼，多学习，多参加社会活动，勤工俭学，可以培养一个人的谦虚、勤奋、朴实的思想品质，同时又不溺爱，培养出一个健康的心态，让孩子能够在压力下经受住挫折，锻炼自己的坚强意志。

（一）发展培养大学生实践能力的五个平台

1. 课堂教育

课堂教育要改革传统的教育观念，应该以课程为载体，以教学为中心，以课堂为主渠道，以培养学生的实践能力为目标，社会、学校、教师、学生多方面努力，形成合力，要为社会主义事业的全面发展作出贡献。

首先，要以培养学生的实践能力为目标，即是一切的课程都是以实际需要为指导。我国现行的大学都以专业进行区分，如计算机、英语。在这些课程中，计算机编程特别枯燥，英语的语法也没有趣味可言。以书本安排的章节顺序进行讲解，或许并不是最好的方法。在符合学校规定的情况下，灵活地将各章节的内容进行调节，以实践进行配合，以社会需要进行考核。在给学生布置的灵活作业当中，可以留一些有意义的题目，如写一篇英文的自我介绍，介绍出自己的优势，让学生真正写出来的是可以在现实生活中使用的东西。在计算机课程中，让学生编写一个聊天软件出来比编写一个排序算法更有意义，考察的内容也更多。实现简单的局域网之间的聊天，在编写程序的过程中，学生自己就会去查找资料，明白聊天过程中用到的 TCP 或者 UDP 协议。以项目带动学习，会逐渐成为一种教学的趋势，是以后课堂教育的改革方向。

其次，营造轻松的课堂气氛，有利于学生提高学习的效率。教师讲课死板，没有幽默感，教条地按照大纲要求划重点、讲习题，只为完成教学任务，而没有达到教书育人的更高层次，没有实现培养学生实践能力的终极目标。要营造轻松的课堂氛围，教师必须对所从事的教学事业有足够的热爱，集中精力研究教材内容，想方设法地提高课堂的

活跃性，在课堂上对表现活跃的同学进行提问，对他们正确的回答进行肯定和赞扬，提高他们的积极性。对不积极回答问题的同学，还可以多问些简单的问题，培养他们的自信。灵活掌握课堂纪律，允许学生之间进行讨论，即使讨论比较激烈，也不应该批评学生。严禁学生嘲笑被提问者回答错误的情况，这样学生就能更大胆地发表意见，而不用担心回答错误后被嘲笑，久而久之，逐步营造良好的班级气氛。将自己的学生当作朋友，帮助他们学习，帮助他们上进。同时，在课堂上，还应当向学生介绍社会公布的、不为他们所知的科学研究结果，以促进其对科学的学习和研究的积极性，树立他们对科技的向往，促进他们努力学习为以后打下坚实基础。

总之，课堂教育的革新迫在眉睫，让学生多看书，让他们多看，让他们自己做，让他们表达，让他们提出疑问，给他们充分的发言空间，给他们展示自我和实践的机会为他们提供展现自我的空间。对于学习跟不上的学生，要先问问题、做题、批改作业、做指导，让每一个学生都快乐地学习，让课堂充满爱。这样，使成绩不佳的学生感到自己并不差，从而建立起自强、自立、自信的理念。最后，课堂教育应通过具体的措施实现对于实践能力的提高，措施包括：①培养良好的自主性阅读习惯。老师要让学生主动地找到课本，找到这一节课所需要的材料，让他们自己动手，这样才能更好地促进他们的自主阅读和思考。通过找工具和参考材料，了解相关的原理；通过自己的实践摸索，培养实践技能。教师只是作为辅导者，不会给学生布置重复、简单、死板的任务，而是在每次上课的最后，都会列出下一节课的参考文献，让他们自己去查找和阅读，一方面，这样就可以更好地了解这些理论，从而帮助学生更好地理解和学习。对于概念性的理论知识，学生可以自己进行预习，对于不能理解的问题，教师会耐心地解释。这样可以减轻学生在课堂上的学习负担。另一方面，也使他们感到了一种有意义的学习。在养成良好的自主阅读习惯后，学生就会不知不觉地拥有独立的探索和学习的能力。②让学生提出问题，并设法自己解答。让学生自己阅读、思考，遇到不明白的地方，就做判断，能用很短的时间就能解决，不能解决的，就记下来，这样才能找到答案。实在想不出个所以然来，就只能去网上搜索，如果还有什么问题，就去找导师。在此基础上，使学生能够发现问题，解决问题，以此为依据，学生的综合运用能力得到了增强。它的实质就是一个问题的解决。在教学中，我们不能只回答问题，而应该从根本上解决问题，一步步地找到答案，从而提高他们的逻辑思维。③从自身的学习中寻求规则，并寻求"捷径"，学习从来都不存在什么"捷径"。从数学上说，两点之间直线最短，这条直线就是"捷径"，如何在以后学习的过程中尽快地发现这条直线怎么走，就是所谓的规律。在学生自己查找资料，自己学习的过程中，培养他们自己寻找规律的习惯。在课堂上，教师尽量地去引导学生思考寻找规律的方法，归纳总结了几种方法，下次再有同样的问题，有方可循、有法可依，在心里形成一本字典，不懂的地方就查找这本字典。在不断学习的同时，这本字典也在不断进行积累，分析和解决问题的方法就会越来越多，在遇到问题的时候就会更加灵活，更加有创新意识。④改变以往大量布置作业的做法。在布置作业这个环节，有太多需要革新的地方。教师布置作业，留一些简单的习题，进行大量的练习，培养学生的定势思维能力和解题能力，比较注重基础，对于实践能力的培养比较轻视，是典型的应试教育。实际上，教师应该为大多数学生布置一部分基础作业，而留一部分活动的作业，可以做，也可以不做。这部分作业一定要对学生有所帮助。比如，留一些参考书籍，留一些疑问给学生，让他们自己去查找书籍，查找答案。只有如此，那些学习能力较强的同学们才会更多地学习，让成绩落后的学生在完成了基础作业之后，也有能够进一步学习的机会。⑤充分运用新教学技术。充分地运用新教学技术，即是教师应根据所在学校的实际情况，根据当地经济发展水平，决定要采用何种新教学技术。将这些新的技术合理运用能够大幅度地提高教学的效率，提高复用程度，降低教学成本，减少体力劳动，它可以使教师更多地投入到如何改进课堂教学中去。在引进新技术的同时，应该听取学生的意见和建议，听取他们对于运用新技术进行授课后的效果的评价，对于有效的继续坚持，没有效果的坚决取缔。让科技反哺教育。通过运用多媒体教学、录像、投影机、幻灯片等多媒体教学手段，使学生能够通过语言、图像、声音等多方面的综合运用，使学生产生一种身临其境的感受。通常采用的教学方式有影像演示法、引导法、实物投影法、视听同步教学法，增加学生的兴趣，扩大他们的知识范围，减轻繁重的教学工作，增加课堂的密集程度，充分发挥学生的非智力因素，激发学生探索、求知的本能，学生的听力、口语、阅读和写作能力都得到了全面的发展。⑥尝试引进新的教材。内容通过多种途径，将与课堂教学相关的内容引入到课堂上来，丰富教材的内容。多年来，大学教材被证实为基础教育过度，技能和实践内容不足。传统的教材每一版都要经过审定，区域试验，最后进行投产，经历的时间太长。而瞬息万变的现代社会，信息技术日新月异，在新教材应用到课堂上的时候，可能已经成了不切实际的老内容了。因此，由教师或者学校引入相关的部分课程，可以很好地解决这种情况的发生。比如，教师可以将网络上的一些课程进行引进，组织学生进行学习，告诉他们这个课程的链接，让他们自己去学习，然后在课堂上进行讲解，能够起到意想不到的效果。

2. 校园教育

大学校园是大学生学习期间所处时间最长的生活场所，因此校园教育在培养大学生实践能力方面是非常重要的一环。健康而良好的校园氛围，能够让学生更加集中精力地去学习，相反，不健康的校园氛围，能够使学生对学习失去兴趣，慢慢地走向旷课，最终可能误入歧途。丰富多彩的校园生活，可以培养学生高尚的道德情操、广泛的兴趣、积极而正确的价值取向，形成正确的人生观、正确的判断事物，有决定性作用。很多大学生在走入社会后表现出优异的组织协调能力，都是在大学生时期的校园生活中得到充分锻炼的结果，在参与校园活动的过程中逐渐地磨炼自己的心性、锻炼自己的团队协作能力，在走向社会、步入工作岗位之后，以优秀的工作能力，担任所在岗位的重要角色，最终独当一面。

可以采用以下活动方式：①增加专题讲座的场次。大学可以定期邀请著名的专家和学者来校做讲座，有利于培养学生的人文素质和职业素养，开阔学生的视野、拓宽知识面。同时，专题讲座中的专家学者与学生近距离接触，能给学生起到很好的立志作用，让他们在学习的同时立志成为授课人那样高水平的学者，对于他们树立宏远志向，培养全面的素质有一定的益处。同时，应该对参加讲座的同学进行一定的鼓励，如每学期参加讲座次数超过多少次就可以获得学分加分，这样实实在在的奖励不仅促使学生去听，而且让讲座的到场率也无形中提高，解决了"专家讲课，无人问津"的难处。目前，各大学均已采取这种方法，强化对大学生的全面素质教育，各大高校每逢有讲座的时候，都是人潮涌动，能够看出学生积极参与的心情。②积极培育学生社团，培养精品社团。学习和借鉴其他高校在管理和培育优秀社团方面的经验，本着拿来主义的精神，将这些经验取之精华，去之糟粕，用来服务本校的社团管理工作。积极地探索本校社团的个性化特点，为学生建立一个良好的学习环境，并鼓励他们积极参加，对参与社团管理的学生给予物质和精神的奖励，如在学分方面酌情给予加分。鼓励和支持学生创建学生社团，简化审批手续，提高审批效率，为学生社团提供服务、提供支持，为其提供健康的生存环境。做好社团的细分，鼓励一部分有潜力的社团发展成为精品社团，培养大量的大众化社团，让它们分别走不同的道路，实现差异化经营。③丰富体育活动。积极地组织各类的体育竞赛，培养学生崇尚体育的精神，牢固树立热爱体育运动的思想品德，对学生的成长有莫大的好处。首先，健康是大学生搞好学习的前提，健康的身体是学习的原动力，没有健康的体魄，一切都是枉然。丰富的体育活动，可以锻炼学生的身体，让学生保持身体健康，增强免疫力，为后续的学习提供保障。其次，可以增加学生之间交流的机会，让他们摆脱交流障碍。体育锻炼能够陶冶情操，培养学生积极乐观的精神，使学生能体会到别人对他们的关心，敞开心扉，与人交流。体育活动可以提高大学生的集体荣誉感，培养学生勇于挑战自己、在遇到问题的时候，有一种韧劲，不服输，敢于挑战没有遇到过的困难和难题，对于大学生实践能力有积极的意义。④积极开展第二课堂。第二课堂教学是高校教学改革的一项重要内容。在课堂上，通过对学生的实际操作进行教学，使他们能够在课堂上进行实际操作。区别于课堂教育，第二课堂可以采用多种形式，不受大纲的约束和影响，灵活性高，由学校和教师自行制定授课内容，能够在实践环节对学生做有针对性地指导。对第二课堂给予经费支持，人力支持，培育一些精品的第二课堂，成为学校级的优秀第二课堂，同时组织一些评比活动，将这些好的经验与其他学校进行分享，让其成为社会共有的财富。⑤积极开展各类的公益活动。让学生走出校园，接触社会。向残疾人、孤寡老人献爱心，走进社区担任服务志愿者；走进春运担任志愿引导员。在服务他人的过程中，自己也得到了快乐，实践能力得到锻炼。积极参与公益活动，让学生感受到社会的温暖，清楚地认识到公益活动的重要性，从而使学生树立正确的人生观念。

3. 社会教育

社会教育的内涵既包括广义的，也包括狭义的。从广义上讲，社会教育就是以人为本、有利于人类身体和精神发展的社会活动；狭义上的"社会教育"，是指在学校、家庭之外，由相关的社会组织，为社会成员提供的一种教育。社会教育是一种具有深度性、丰富性、独立性和形象性的灵活教育。通过社会教育的协调，可以提高大学生的社会参与能力，使社会分散的、自发的社会影响力进入正常轨道。

开展社会性教育的主要是文化馆、少年宫、图书馆、博物馆、纪念馆等。比如，在大学英语教学中，社会性教育对学生的实际应用具有重要意义。可以从某种意义上弥补学校教育的不足，既能满足学生在课堂上、校外的需要，又能促进学生的道德修养、增长知识、提高能力、丰富学生的精神生活，促进学生的兴趣和特长的发展。

积极开展社团活动，参加社会实践。比如，学校组织同学到小区里打扫街道，带领学生去捡垃圾、清理积雪，请一些社区的工作人员，讲述近年来小区发生的巨大变化。学生从参观、吃、穿、住等方面亲身体验社区的改变。通过参观军营、派出所体验解放军战士为保卫祖国、维护社会安全不怕苦、不怕困难的精神。组织学生参观企业，在参观企业的过程中，可以了解企业的流水线，听企业管理人员讲述企业的发展，还可以安排学生参加企业的生产活动，让他们自己动手做一件产品。

4. 虚拟教育

随着计算机技术的飞速发展，网络时代的来临，电子技术正以前所未有的速度发展。尽管技术上的远程教学早已兴起，但是直到 20 世纪 90 年代，远程教学才逐渐兴起，并逐渐发展成为一种教育行业，每天都会有数以百计的新的网络课程问世。远程教学也并非新鲜事物。几乎每样东西，如教科书、资料、图片、音频和视频，都可以通过因特网即时地实现电子传送。基于网络的图像技术也得到了发展，使得师生能够在遥远的地方进行双向交流。

虚拟教学不仅是对学校教学的一种补充，也是对学校教育的一种升华。大学生在正常的学校教育之外，可以利用虚拟教育，继续深入地学习课堂知识，利用多媒体课件的生动交互界面，使得学习过程更加轻松，学校效果更佳。也可以利用虚拟教育进行深造和专业的知识培训，比如各种资格考试的培训，学生通过网上银行进行在线缴费之后，就可以进入授课界面，由网络另一端的资深教师讲解学习方法和考试要点。还有一些技能培训也可以通过虚拟教育实现，一般常见于计算机行业，如"java"培训等。学生不仅可以在线学习，如果没有听懂也可以再听一次录制的视频，达到零成本的资源复用，这一优点是课堂教育无法提供的。

虚拟教育不仅具有便捷性，还具有节约教育成本、降低教育经费等特点，其中最具代表性的就是"虚拟现实"。虚拟教育是指通过使用虚拟技术来对难以解释的教学情景进行建模，并将其可视化、可参与，从而提高学生的学习能力。数字影像的虚拟现实技术可以让枯燥的表格、数字、程序、操作、装配过程等变得生动、有趣，同时也能将多个知识点连接在一起，形成一套完整的体系。提高了教育的质量，减少了教育费用。

医学领域是使用虚拟教育最多的领域，因为新学员如果实际操作，会导致病人增加很多的痛苦，如果事先在电脑前模拟好这些程序，就会对操作的步骤轻车熟路。

在机械设备领域，也有很多的应用，如拆卸、安装、维修这些大型设备，都是一件非常麻烦的事情，而训练新的维修人员，不仅成本高，而且还会浪费大量的时间。利用数字影像的虚拟现实技术，可以制造出一个真实的、具有人机交互作用的生产环境，可以模拟出真实的生产过程，为学生的实习工作做准备，从而保障学生的人身安全，减少实习成本，减少教学时间，增加学习的机会。

虚拟教育在煤矿安全方面也应用广泛。它可以实现对井下工人的岗前操作及安全教育培训，利用虚拟现实，可以模拟各种突发的自然灾害、瓦斯泄漏、煤矿倒塌等事故，让每一位参加培训者具有一种身临其境的感觉，设身处地学习应急技巧，使每一名矿工都清楚矿井的结构和逃生技巧，消除事故隐患，可以达到在事故发生后减少因缺乏逃生经验而造成的人员伤亡的效果。

数字图像电力仿真系统可以对电力第一线的生产全过程进行动态仿真。仿真系统能够在电力企业培训新员工学习电力系统的动态行为、事故教育学习等方面服务。对于在低成本下实现对员工的培训，包括正常操作、事故再现、应急预案演练等，还可以强化一线员工的实践能力和实际操作处理能力，而不需要在有危险的生产环境中，带领完全没有经验的员工进行实地操作，避免了造成人员伤亡的事故发生。

总的来说，虚拟教育实现了人们以前无法做到的很多事情。让无法实现的场景再现，并且十分逼真，不需要花费太多去购置很多实物，就可以达到预期的效果。在经费有限的情况，可以利用虚拟实验室等软件做很多昂贵的实验，这对培养学生的实际操作能力具有十分重要的现实意义。

5. 家庭教育

要培养学生的实践技能，就需要有一个家庭，而在实践中，家庭是培养学生实践能力的关键因素。家庭是人类早期成长的环境，也是个性形成与发展的重要阶段。家长要注重培养孩子的动手能力，不要溺爱他们，要让他们参与社会生活，增强他们的实际操作能力。可以采取如下措施：①高度重视，将培养孩子当作自己的工作重心来做。家长要摆正自己的位置，在所有的教育工作中，孩子的实践意识和实践能力是最重要的。家长要鼓励孩子，在参加完每一次活动以后，对孩子的表现过人之处进行表扬和奖励，将孩子在活动过程中表现出来的不足之处委婉地告诉孩子。杜绝打击孩子自信心的言辞，杜绝片面一味地夸奖孩子，要引导儿童走上正确道路。②转变思想，正确的指导。家长要转变观念，学生的实践能力不管什么时候都是最重要的，因为动手实践是一种习惯，一旦失去了这样的习惯，那以后是无法通过知识的积累来增加的。针对孩子的个性情况进行正确的引导，如果孩子的学习成绩较好，那应该适当鼓励他在不影响学业的前提下，多参与一些课外活动；如果孩子的学习成绩不太理想，那应该分析其成绩不好的原因，改变粗心马虎的习惯，在功课方面多多辅导，引导其学习的兴趣，将实践性的学习内容掺入辅导之中，让孩子们在学习上的每一分努力，都能够看到自己的研究成果，养成自己动手的习惯。

（二）提高学生实际操作能力的有效途径

1. 教学实践

教学实践，是相对于教学理论而言的，在高校的教学体系中占有举足轻重的地位。教学实践是一项对学生学习情况的检验，是实践能力的最佳手段，学生在教学实践中的表现是学生是否灵活掌握理论知识的依据。教学实践的内容有多少，教学实践环节中所用到的设备的多少，直接地说明了一个学校的综合实力，每一个好的大学都应拥有非常齐全的教学实践基地。

学校应该在教学实践方面多下功夫，主要有以下几个方面：①加大人力、物力的投入，保障教学实践的正常运转。学校应该加大人力、物力的投入，培养一批高素质的青年教师，明确岗位职责，改善师资结构，推动教学实践工作的顺利开展，保障师资队伍的先进性。加大财力的投入，解决教学实践中的经费问题，只要是对教学实践有益的工作应采用"特事特办，特事特批，简化流程，走绿色通道"的工作方针，在保障教学实践正常运转的工作上始终保持积极的态度。②理论联系实际，实践也要围绕教学理论展开。教学实践的内容，应该以专业内容进行规划和限定，由资深的教师和有经验的专家进行论证，把教学活动的内容限制在一个合理的限度之内，既能保证有限的投入，又能够起到应有的效果，达到实践推动理论的效果。③完善考核制度，建立优进劣退的淘汰模式。完善考核制度，对教学实践的参与者，实行淘汰制度，即考核不达标者限期整改，将多次不达标者进行淘汰，避免其无端地占用社会的教育资源。将多余出来的资源分给考核中表现突出的参与者。这样的模式，能够促进参与者积极进步，努力工作，避免"尸位素餐"

的不作为情况发生。④提高教学实践的回报价值。努力实现产学研的整体化，让学校在完成教学实践任务的同时，也实现一定的经济价值，对教育形成一定的刺激作用，这是一个很好的循环。通过参加各种活动，提高学生的实践技能。

2. 社会实践

社会实践是高校学生在学校以外开展的一种活动。在社会活动中奉献自己力量的活动，能够转移大学生注意力、缓解学习压力、增长见识，这是一种很好的教学方法。社会实践的目的，是为了学生在服务社会的过程中，将自己所学到的内容进行应用，能够加深对自己参与的某一行业的认识，加强对本专业的应用前景的了解。

大学生在校期间参加社会实践，如勤工助学，能够培养自己的良好的道德情操，在实践的过程中，养成踏踏实实、谦虚好学的品格，能够促进学生综合素质的全面发展。通过兼职获得一定的经济报酬也可以让学生了解到赚钱的不容易，养成节俭生活的好习惯。

勤工助学只是最基本的社会实践方式，对于学生来说也最容易参与其中。其他的如家教、支教、社区志愿者等，都是很好的参与方式。这个活动的社会实践，只要同学们有主观意愿，就能够获得实践的机会，在社会中得到社会的教育，增强社会责任感和历史使命感，参与社会实践是我党提倡"理论联系实际"优良传统和工作作风的具体表现，也是我党教育方针的重要内容。另外，参与社会实践，能够帮助学生在服务的过程中，实现自己的价值，早日寻找好自己的定位，有助于大学生对自己的未来做好清晰的规划。

我国高校人才都是从九年义务教育到高中教育，再到大学教育，就是这么一步步地，从不参加社会生产，很容易把社会想得太过理想化，对社会的了解不够。通过参加社会实践，使他们了解到理想与现实之间的巨大差异，有利于大学生在以后的工作中脚踏实地、勤奋工作。同时，能够给大学生一定的危机感，迫使大学生对自己的未来早作打算，迫使大学生重视自己的社交能力，改变以"自我为中心"的不成熟做法，形成正确的就业观，为以后进入社会后的工作打下基础。

3. 实验实训

实验实训包括实验和实训两部分。实验是学生在学习到理论知识后，掌握了某种规律，并通过实际动手对这样的知识和规则的检验。这种刺激包括视觉、听觉、触觉、感官刺激等，给人留下了难以磨灭的印象，为实践与理论相结合提供了极大的便利。实训即是实习与培训，两者在实习的过程中是相结合的。实验实训分为校内和校外，大多数工科院校都会在大三的时候提供金工实习，这是典型的校园实践。实践活动能够极大地促进学生的实际操作能力和技能的形成。校外实习的效果更为显著，学生可以在工厂、企业的实际生产过程中，积极地参与。通过学习，可以加深他们对将来工作的理解。虽然不少公司不喜欢应届生，但也不会排斥那些拥有丰富实习经历的人，因为他们觉得，这是一种可以培养的人才。加强实践活动，加强与周边企业的协作，构建和谐的校企关系，为大学生创造良好的实习条件。

加强学校和企业的协作。企业在校内设立实习基地，在校内进行理论上的指导，在校内进行教学规划，并指定专门的教师担任学校的教学顾问。校企合作，节省人力物力。企业将优秀的技术人才送到学校，进行面对面的教学，由公司的工程师上台讲授。同时，学校的教师也会深入企业，加强理论学习。学校和企业之间的相互聘用，让学生有机会在教学中进行技能培训，并与工作人员进行面对面的交流，从中学习到一些实际的经验和社会的经验，这不仅可以提升他们的技术水平，还可以为企业创造价值，既解决了高校教学材料短缺的问题，也培养了学生的专业技能。校企合作，既可以为企业提供人力资源，也可以为学生提供技术，还可以促进学校的发展，这是一件一举多得的好事。

建立和完善学校实践基地。校内实习基地是高校进行实践活动的主要场所，强化实习基地的建设，既可以改善办学条件，能彰显办学特色，又能改善办学质量。实习基地建成后，由学院教务处和系部联合验收，各系部自行负责。学校实习基地要配备专门的技术人员，建立科学有效的人员管理体系，并对各部门的工作职责进行明确。对实习基地的设备进行维修，并按照实习教学大纲的内容和要求，做好相应的准备工作，帮助导师顺利完成实习教学。在教学期间，实习基地的教职工和管理者要确保实习基地的正常运转，并及时收集、统计和汇报实习教学任务书、培训项目经费、实训结果、对外开放程度等基础信息。

4. 家庭磨炼

家庭是社会的一部分，它是人类社会生命的基础单位，是人类最初的学校，是所有教育的根本和源泉，是孩子的教育之始，它对孩子的人格、生活方式、习惯的形成都有很大的影响。家庭养育的后继性作用不容忽视，在其他方面，这是无可替代的。

家庭教育与家庭的日常生活相结合，常常融入家庭的生活之中，渗透整个家庭的各个方面，包括父母对社会、对他人、对自己、对其他事物的评价，无论是自觉或无意，都以具体、生动、形象的方式表达某种思想观念、政治准则、道德准则和行为准则，它直接影响孩子的认知、情感和行为。

当今社会，经济飞速发展，人才竞争日益加剧，许多父母都非常在意自己的子女的学业和成长，在他们的观念中，他们只需要按照自己的想法来学习，而不是去尊重自己的孩子。还有一些父母过于宠溺子女，让子女事事都依靠父母，缺乏自己的主见，缺乏自己的判断力，这样的子女将来注定不会有什么出息，纵容反而会伤害到子女。

因此家庭磨炼对于孩子来说特别的重要，家长应该通过以下两方面培养孩子的实践能力：①不可溺爱。溺爱只会害了孩子，家长要改变大包大揽的思想，让孩子自己去做，尊重他们的决定，家长在孩子选择的过程中只提供参考和指导。鼓励孩子多参加实践，锻炼孩子的自主学习，动手实践的能力；②锻炼孩子的生存能力。生存能力也是一种实践能力，而且是最重要最基础的实践能力。生存能力包括很多方面，当前流行的夏令营就是形式最简单的生存训练。鼓励孩子参加夏令营活动，走出喧闹城市，走进野外，进行生存的训练，在保证人身安全的前提下，可以接触到更多从未见过事物，让他们发挥自己的想象能力，运用自己的思维能力，去解决自己遇到的各种问题。这是一种主动的训练，因为孩子们如果自己不去动手，就没有饭吃，没有办法生存。参加过夏令营活动的孩子，都认为这样的活动都特别有意义。在参加过夏令营之后，不少家长都认为自己的孩子懂事了不少，学到了不少的知识，变得比以前活跃了，也喜欢动手实践了。教育孩子，不仅要具备科学的思想、知识，还要具备将其应用到家庭教育中去的能力。例如，对子女能力的掌握、对情况的分析、对教育方法的选择和运用、语言的表达、自我调节等。

5. 树立现代教育理念

大学要坚持知识、能力、素质的全面发展，注重学习能力、实践能力和创新能力协同发展，以满足社会发展和人类发展需要为指导。要坚持社会需求，不断深化教育改革，要构建适合我国经济和社会发展需要的高层次人才培训制度。随着知识经济、信息化时代的来临，全球范围内的竞争日趋激烈，对人才的素质要求也越来越高。高校是培养高层次人才的重要基地，承担着为社会、企业培养复合型人才的历史重任。为此，应树立"以人为本"的素质教育理念，以完成这一神圣使命。为了满足社会发展的要求，培养一专多能、多才多艺的人才，必须在"老师教"和"学生学"的基础上，不断地进行教学改革，加强对学生的实际操作能力的培养。不仅要注重"学"，更要注重"练"。重视培养学生的实际动手能力，促进素质教育的全面发展。

6. 深化课程与教学改革

要不断深化教学改革，坚持面向世界的科学和技术，以经济为中心，以国家的重要需要为目标，以人民的生命和健康为目标，为社会提供大量的高素质人才。高校应从课程改革和教学改革入手，从促进学生掌握知识、从实战的角度出发，教学内容、方法、手段等都要进行改革。其目的在于增强学生的实践能力，使之能够为社会提供最好的服务。高技能的应用型人才。

（1）各专业之间的相互渗透和融合

学科间的相互渗透和融合是加强大学教育改革和培养学生实践能力的一个重要方面。根据学分制的教学计划，课程内容包括通识课程、学科基础课程、专业课程、教师教育课程、实践性课程。通过突破学科壁垒、整合创新课程系统、发掘与共享课程资源，将素质教育要素融入每一门课程中，使学生的人格能力得到充分发挥，从而使其成为一种全方位的素质教育。在课程的形式、内容和方式上，要正确处理好选修课与必修课、理论课与实践课、专业课与公选课之间的关系，要正确处理好时间、操作要点、实现条件、资源配置和评估指标。通过探索课、研究课、活动课、实验课、案例课等多种教学模式的改革，从而达到培养学生实际动手能力的目的。为了培养学生的实际操作能力，有些学校进行了大胆的改革，将教师的能力分为语言表达、文体写作、教师技能、信息技术、教育实习、导师等，系统地、连续地进行了培训。不同学科间要相互渗透、融合，加强实践性教育，从实践中培养学生的实践和综合素质是切入点。

（2）多元的教学方式

教师与学生的学习是两个主要的过程。这两个过程相互影响，相互促进。要实现大学的人才培养目标，培养符合我国国情的高素质人才，就必须突破传统的应试教育模式，深化教学改革，使教学方式多元化。包括教学方法、教学内容、教学手段等方面的改革。主要包括以下两点：

第一，对教师的教学方式进行了改革。从"灌输式"到"启发式"，从"教案"到"案例"。"启发式"教学是在教师的引导下进行，通过正面的思想、勇敢地提出疑问、正面的辩论、敢于争论等，积极地学习基本技能、基础素质、获得创造性、一种科学的学习方法。这种教学方式的创新，是一种转变，它打破了过去"灌输式"教师的权威式的"满堂灌"的教学方式，给学生更多时间阅读，思考，提问，提高学生的表达能力，分析问题，解决问题，辩论能力。一方面，要让大学生具备一定的专业技能；另一方面，要让学生通过动手、动脑来掌握这些知识，让他们去探索和创造知识。有利于培养学生实际问题的能力，问题解决的技巧，实际操作技能，语言表达能力。把"一言堂"改成"讨论法"，这是一种非常有效的方法。在国外，课堂讨论是一种非常有效的教学方法。采用讨论法进行英语课堂教学，可以调动学生的学习积极性、主动性，使他们能够巩固已学过的知识，提高阅读、思考、语言能力。讨论的方式多种多样，可以是课堂上的授课与讨论，也可以是学生在充分的预习后进行的讨论；在讨论结束之前，教师要对学生所说的内容做一个简短的总结。在课堂中，教师与学生的相互影响，激发学生对未知事物的探索与探索，是目前国外大学教育的主要方式。将科研工作直接或间接地导入到课堂教学中，让课堂教学成为学生在教师的引导下进行探究和探究。在教学中，教师既要对学生进行学科知识的传授，也要把学科的发展历程、研究现状、发展趋势、研究方法等方面进行全面的阐述。教师给学生安排的任务或实验项目要有一定的研究价值，不能从书本和参考资料中得到。他们收集了有关的信息，独立思考，归纳整理，形成自己的意见，这样，才能逐步提高和提高学生的科学实践能力，有利于个案教学。案例教学是指教师自己对问题情景的设计，学生的个人研究、参考信息、剖析式的思考、归纳整理、通过对数据的统计、案例的撰写，得到了比较客观的结果。案例教学的优势在于将学生的学习视为一种系统化的生命过程，而不仅仅是单纯的知识积累。根据美国哈佛商学院的数据，个案教学是非常重要的。鼓励教师使用现代化的教学手段。例如，多媒体及其他现代化的教学技术，大力推广双语教育，鼓励老师选择21世纪的教科书，主要选择了国家级、省级的得奖教科书。

第二，对学生的评价方法进行了改革。在测试内容方面，除了考查学生对基础知识、理论知识和基本技能的掌握，还应增加对问题分析和解决问题能力的测试。通过对所学内容的总结，增强分析问题、综合解决问题的综合能力；在命题部分，增设了主观题、辨析题、判断题、分析题。注重对知识的全面应用，掌握基础知识；在考试方法上，可以采取开卷、闭卷、半开半闭卷、口试、上机操作、选论题、提交调查报告、创作实物作品等多种形式。目的在于使学生从过去那种死记硬背、一板一眼的闭卷教学中解脱出来，由被动向主动转变，为大学生充分展现自己的个性创造空间；在考试方法上，加强平时的考试，把平时、期中、期末考试相结合，突出学生的过程能力。这一次的考试改革，打破了以往在考前记笔记、考后记笔记、考后忘记的错误教学模式。要注重学生的全面应用，注重学生的综合实践能力。

7. 建设高质量的教师队伍

强化教师队伍是全面推动素质教育的重要保证。教师要忠于党，忠于社会主义国家，忠于人民；要树立正确的教育观、质量观和人才观，积极进行素质教育；加强学生的思想政治、专业素养；具备广博的专业知识，终身学习的自觉意识，并具备现代化的教学技术手段；要坚持教育规律，主动投身于教学科研工作，勇于开拓创新；要做到与学生平等、尊重个性、因材施教，维护学生的正当权利。因此，要拓宽大学生的视野，培养大学生的综合素质，培养大学生的实际动手能力，必须加强教师队伍的建设。当前，优质师资的短缺是当前我国普及教育面临的一个"瓶颈"。教师是人类心灵的工程师。高素质的教师队伍，充分发挥其主导作用，是提高高校学生的实际技能，为适应知识经济的发展，为社会输送高素质人才提供了重要保证。

（1）加强教师的实践性和创造性的培养

教师是课堂教学的主体，其教育理念的更新和教育理念的改变，将直接关系到教师的教学进程，以及学生的实践能力的提高。在现代课堂教学中，教师要从"知识的传授人"向"引导"转变，从"被动接受"向"主动"转变。要继续提高拥有博士学位的大学师资比例，加强"双师型"教师队伍的建设。教师要热爱自己的岗位，热爱自己的工作，熟悉自己所学领域的前沿理论，掌握与自己所学领域有关的交叉领域的最新理论，并能把最新的教育研究成果应用到教学中去。要对学生的人格给予充分的尊重，认识到学生的不同爱好、不同的个性，同时，针对学生的个性特征进行创新教育，营造民主宽松的氛围，促进学生的独立思考能力。因此，要实现全方位地培养创新型高素质的创新型人才，就必须培养出一大批有创新精神、有创造性的教师。要提高学生的动手能力，必须从转变观念、从强化实践的认识着手。在教学中，要充分发挥学生的好奇心、求知欲，使其大胆想象，独立思考，质疑权威，表达自己的意见。教师要善于创设问题情境、引导学生探索、尊重学生的观点；在教学中，教师要有很强的实践性意识，引导学生探索未知的东西，并自觉地培养他们的创新思维和动手能力。要优化师资队伍结构，合理确定年龄、学历、学位、职称、学缘关系，增加硕士生和博士生比例，充分发挥高级职称教师的作用，加强教学和科研工作，促进教师的实际应用。为了使大学生具备较好的实践能力，大学教师应具备与时俱进、终身学习的思想，拓展知识范围，提高学术水平，提高教学水平，提高科研能力，培养学生课外实践能力。可见，加强教师的实践性、加强创造型教师的培养，在培养学生的动手能力、推动素质教育等方面都起到了重要的作用。

（2）加强教师的实践性教学，促进其实践性的培养

近几年，随着我国全面推行素质教育，各高校都认识到了实践性教学的重要性，在专业实践课中所占比重逐年增加，学生的创造性和动手能力也得到了较大的提升。为适应社会需要，大学在实践教学中突出特色，以提升教师的实践性教学水平，促进学生的实际动手能力。强调"四能""三字""一话"。"四能"包括课堂实践技能、导师工作技能、教学科研技能、现代教学技术应用技能。"三字"是用粉笔、钢笔、书法等标准书写。"一话"是教师专业外语口语的一种表现形式。只有提高教学技术水平，才能有效地引导和促进学生的实际操作能力的培养，培养出一支懂业务、有特长的师资队伍。

教师要进入实验室，提升自己的实际操作水平。造成大学生实践技能水平低的原因之一是以往高校重视理论而忽视实践，重视知识而忽视能力；注重学习，忽视课外学习。实验室设备和仪器利用率不高，学生进入实验室的机会较少，学生的动脑思考能力和动手操作能力也没有得到改善。其中一个重要的原因是教师缺少实验操作能力和研究能力，有些老师的实验教学没有充分发挥学生的主动性。要改变这一状况，首先要有一定的实践能力和实践经验；其次，要有强烈的责任感和目标意识，要让学生在实验室内完成实验，负责实验室的教学工作，还要在综合和设计方面，加大比例。以往，大学对学生进行基础实验比较重视，其主要目的是使学生能够熟练地掌握实验的基本方法，简单地处理基础仪器的原理、用法和数据，在教师的引导下，学生会按照常规的步骤来进行实验，而不能提高学生的动手能力。教师的科研能力直接关系到大学生的科研能力，提高性实验、综合性和设计性实验是提高大学生的分析、观察、操作、开发、设计等能力的重要途径。特别是非师范院校的学生，在综合实验、设计实验等方面要加强研究。教师要有创造性，培养学生自主完成实验、科研攻关的能力。

强化对学生的实习和培训。通过强化校内、校外实习基地的建设，培养大量的实训业务骨干教师，是高校的一条有效途径。以往，大学生的社会实践大多是依靠自己的人

脉，而这种实践基地分散、时间较长，对教师的引导不利，学生在实践中碰到了一些难题，有些学生甚至没有参加实习。要改变这种状况，必须加强校内和校外实践基地的建设和完善，强化校外实训基地的标准化管理，以大型、专业企业为基地，让大学生可以更专注于实践，通过这种方式，可以更好地了解实习生的能力和水平，对大学生直接就业是有益的。同时，可以适当地延长实习期，增加大学生的体育活动时间，增强大学生的专业技能和综合素质。要想达到更好的效果，首先要保证导师具有一定的实践经验，具有一定的实践技能，同时还要亲自到现场进行指导。

（3）实施导师制度，强化学生的人文关怀

随着大学的扩招，为强化对学生的教育，全面提高学生的综合素质，在实施"导师制"或"导师"制度的同时，推行了"导师制"。教师制度是在教学中应用以人为本的思想，以学生为中心，从学生的需要和利益出发。实行导师制，有利于培养学生的创造性和动手能力。

导师的职责包括思想品德、专业技能等方面，导师的工作内容包括关心学生思想、学习、生活、就业等方面。思想引导的重点在于掌握大学生的心理状态，培养他们正确的世界观、人生观、价值观。学习辅导的目的在于培养大学生的职业精神，培养他们的学习目的、端正的学习态度、引导他们的学习方式、激发他们的学习动力、发掘他们的潜力。通过导师的传授、指导，不仅可以巩固学生的专业基础知识，开阔他们的知识面，更好地理解学科发展，同时还可以引导他们的实践和科研创新能力。生活导师的作用是使大学生在大学生活中适应、端正人生态度、树立良好的生活习惯、改善生活品质，特别是对特殊困难学生实施人性化的教育。职业辅导的目的在于引导大学生的择业技能、培养他们的专业兴趣、正确地选择自己的工作方式、增强他们的职业适应性、促进他们的全面就业。教师制度要因校、因人而异。最好的办法是，在入学后，学院会将导师名单公布出来，让他们与老师们进行面对面交流，让他们明白自己的教学计划和教学内容。在这种互动中，教师可以通过言传身教来激发学生的求知欲望，实施导师制的关键在于培养一批有能力的师资队伍。教师制度的建立，有利于营造良好的学术氛围，为大学生创新和创造机会。高校教师制度要落实到位，不能只是走过场。教师的实际操作能力、学生的实际操作技能的培养意识、教学态度等在培养和发展大学生的实际技能方面应给予足够的关注。教师的引导、示范和启发，都会对学生的实际操作能力产生一定的影响。

8. 加强实习基地建设

强化实习基地建设、培养学生实践技能，是全面实施素质教育的关键。社会实习基地既是大学生参加社会实践活动的平台，又是对学生的综合实践能力进行检验的一个重要平台。

（1）建立学校的实验室

高校应从培养学生的实际动手能力、创新能力、推进实验教学、实验室建设、优化资源整合与共享、提高办学水平、提升素质、协调发展的目标入手。实践表明，在实践操作能力的培养上，采用了实验教学法。在大学里，实验室实习是培养学生的实际操作技能的一个重要方面。相关数据显示，一些高校的实验设施比较落后，实验室管理人员的质量还不够高。为了解决以上问题，就需要加强实验室的软件和硬件建设。随着社会经济的发展，大学生的专业技能的需求越来越大，大学生的专业技能和技术水平也越来越受到重视。

（2）建立学校内部的实践基地

校园实训基地是社会实践基地的一个缩影，它是大学生在现实生活中的一种模拟，是一种实现社会实践的桥梁。根据学生的不同特点，建立了适合学生实际操作的校内实践基地。在实践方面，有些高校根据自己的专业特色，开设了模拟酒店、模拟法庭、会计模拟、财务模拟等实践基地。在教师的指导下，通过情景模拟、角色扮演等方式，把所掌握的专业理论知识运用到实践中去。在校园内设立实习基地，既节省了实习资源，又节省了实习时间，便于学员进行培训，也有利于学校资源的共享。

（3）建立校外实习基地

近几年，随着大学生规模不断扩大，就业困难日益突出，社会企业成为大学生实践能力的重要载体，通过与企业的紧密合作，在大学生的校外实践中形成了规模不等的"校外实习基地"。

一方面，建立校外实习基地，可以让校企之间更紧密地联系在一起，更好地掌握社会企业的用人需要，从而进行教学课程的调整和实训教学的改革；另一方面，企业也可以成为一个展示学校形象的窗口，让学生更好地认识企业，从而为大学生提供更好的就业机会。各地高等院校根据培养目标、学科、专业等不同的特征，建立了"教师教育实习基地""人文社科基地""电子设计基地""数学建模基地""旅游仿真基地""计算机软件设计创新基地"等。立足于实践基地，注重实践技能的培养，以培养创新思维为目标，积极组织教师和教师开展各种教学和科学研究。通过这种方式，能让学员了解公司的社会环境，了解公司的需求和精神，同时通过对自己所学知识的掌握程度进行测验，以提高学生的创造性思维和动手能力，为今后步入社会工作奠定坚实的基础。实习基地是培养学生实践技能的有效手段。一方面，可以增强学生的实际操作能力；另一方面，也可以测试他们的实际操作能力，从而提高他们的综合素质。

9. 实行"产、学、研"一体化模式，培养大学生科研能力

高校要推进素质教育，必须加强产学研结合，加强高校与工业界、科研院所的合作，

扶持有条件的高校创办科技企业、企业成立科研院所、高校建立实习基地。

"产、学、研"一体化模式是指大学和企业充分发挥其在教育、技术、环境等方面的优势,将知识、科研优势与企业技术力量、资金优势有机地结合起来,加强大学生的创新能力、实践能力、科学研究能力,提高大学生的就业能力,为企业提供技术人才,促进学校和企业的双赢。

"产、学、研"一体化模式一般是以岗位、项目合作为切入点,把理论和实践相结合。大学生在企业实习的过程中,作为企业的雇员,直接参与到企业的生产活动中来,并围绕着企业的具体项目开展,而企业则从各个方面介入到专业的教学,由工程师直接指导学生的理论和实践,从而在不知不觉中完成从学生到社会人的转变,对生产和科学研究的实践负责。它的优势在于,目标明确,实践能力强,培养的针对性和实效性强,学生毕业后能够迅速地适应工作角色的转变。另外,以项目为核心的专业教学方案,按项目需求设置课程和实习培训,最终完成项目的研制,更适合于大的项目,而非当前的校企合作模式。

"产、学、研"一体化模式是一种创新和发展高等实践教学的新型人才培养模式,为各大院校和企业所认识和重视。教育部《关于进一步加强高等学校本科教学工作的若干意见》指出:"高校要加强产学研结合,发挥国内外优势,扩大校际、校企、科研机构之间的合作,强化各类实习基地和实验机构的建设。"有数据显示,美国硅谷是全球著名的电子产业中心,其商业发展主要依靠斯坦福的人才,1995年硅谷高科技公司实现了850亿美元的收益,其中62%来自斯坦福。美国也通过建立大学、企业联合研究、合资经营等途径,为广大师生提供了一个研究和实践的机会。

实践证明,"产、学、研"一体化模式可以让大学生更早地了解新技术、培养创新意识、竞争意识、职业习惯、应变能力、沟通能力、表达能力等。通过对高校毕业生的科学研究与实践能力的培养,可以提高他们的科学研究和应用能力,并在一定程度上担负起社会、企业对他们的历史使命。

10. 开展科技创新活动

大学生的知识学习是为了应用知识和创造知识,培养为社会服务的实践性技能。大学生的科技创新活动对提高大学生的创造力和竞争力具有重要的现实意义。高校在大学生中进行科技创新活动,是培养学生实践能力的有效途径。

（1）开展各种技术比赛

目前,我国许多高校都将大学生的科技活动纳入到了学校的总体规划之中,促进科技活动规范化、制度化、科学化。第一,学校团委、学生会要在大学生中发挥其应有的作用,要紧紧围绕自己的特色,成立科技性、学术性社团,广泛开展学术研究、科技交流,营造大学生科技活动的氛围，充分调动大学生的积极性，加强大学生的凝聚力，使大学生的兴趣特长，提高他们的综合素质，活跃校园文化，服务社会。与此同时，加大科技宣传力度，设立"科技之窗"，为学生提供科技资讯、知识和动态。第二，要注重大学生的实际动手能力和创新能力，开展各类比赛。例如：组织大学生进行科研项目、创业项目、软件设计大赛；组织大学生参加诸如"挑战杯"数学建模大赛、电子设计大赛等全国大赛。在竞赛中，提高大学生的科技创新意识和合作精神。第三，举办各种科技讲座、学术研讨会、学术交流会，扩大学生的视野，拓宽大学生的知识面；提高教学质量，使学生提交满意的论文，还可以设立"大学生科学技术月"，组织"科技作品展"。通过科学研究，培养学生探索精神、科研能力、综合应用能力；大学应将校园文化、科技学术活动、社会实践活动等活动有机地结合起来，充分发挥大学生科技活动的主动性，让学生从中获益，提高创新意识和实践技能。

（2）组织大学生"三下乡""四进社区"等社会实践，加强对大学生的教育

大学生文化、科技、卫生"三下乡"、大学生科教、文体、法律、卫生等"四进社区"，是大学生在新形势下参与社会实践的重要途径。在寒假期间，要广泛动员广大大学生，开展"三下乡""四进社区"等工作。学校要加强与当地的联系，进一步明确服务宗旨和内容，根据需要，从各方面挑选出相应的大学生，为群众办实事、办好事、解难事。社会实践是培养大学生的一种有效途径。一方面，通过参加社会实践，使他们能够更好地了解社会，拓宽他们的视野；另一方面，通过社会实践，可以检验他们所掌握的理论知识，并检验他们所学的知识的广度和深度，从而发现他们的综合素质与现实需求的差异，从而使他们能够更好地提高自己的能力。尤其是在寒假期间，要认真组织大学生青年志愿者、社会调查、"三下乡""四进社区"等，要根据学生的特长，采取多种形式，做到有计划、有主题、有目标、有效果。最好由有一定实践经验的老师和同学一起参与，深入社区、乡村，运用所学的知识，帮助群众解决实际问题。培养学生的道德品质、服务意识、服务意识和实际服务能力。

对大学生的实践能力的培养，应从辩证的、发展的角度来审视。要正确理解理论知识和实际能力之间的关系，必须认识到理论知识是实践的根本，没有理论知识的引导，实践才能成为无源之水、无本之木。同时，要认识到，只有实践才是检验理论知识的唯一标准，而理论知识的来源和实践活动，必须注重学生的实际动手能力。两者既是认识和实践的结合，又互相促进、协调发展。对大学生的认识和行为的片面理解，对他们的成长和成才都是不利的。

加强学生的综合素质教育，是21世纪国家实施"人才战略"的一个重要组成部分。在高校毕业生中，如何提高实习技能，是提高其就业质量的关键，是贯彻"技术是第一生产力"的理论，客观上保证了国家经济发展和现代化建设中的杰出人才，提高大学生

的综合素质是一个长远的系统工程，高校和社会企业要为大学生创造一个良好的教育环境，这就要求广大师生不断努力，不断探索，不断进行教学和研究。

（本节编者：戴航）

第二节　大学生创新能力培养

一、大学生创新能力概念界定

（一）创新的含义

对创新的概念，各方面的认识和定义并不是非常的一致，这体现出对于创新理论和实践的研究与探索仍然处于发展和完善之中。不能否认的是，创新具有相对于陈旧或落伍的事物，其相反的独立性的含义是非常明显的，是一种对于旧事物的否定的观念或实践的表示或表达，是表示事物在原来的基础上有了新的发展形式或内涵。创新是扎根于人类社会生产生活发展的生存矛盾认识与解决过程，基于经济政治文化的物质或精神从无到有的更新和最新的发展，是个体或者群体通过认识世界反映世界发展的规律性内涵的基础上，立足于更好的服务或方便于人的生存活动的不同于过去的新认识新想法与新实践的表现形式。

在词典里搜索"创新"这个词，"创"是创造、开始做某事的意思，而"新"是刚刚产生的、还没有使用过的，是"老"和"旧"的意思。"创造"，顾名思义就是制造新的事物。"创新"是指在原有的基础上进行创新和发展，并由此而产生新的结果。换句话说，创新的进程要求人们在现有的基础上，对以前不存在的事物进行创造。所谓的创新，就是继承、借鉴和发展已有的物质和精神文明的优良成果，从信息生产力的角度出发，体现了现实发展的新的需求。为解决实际的矛盾和问题，应不断地向社会提供最新的劳动产品、服务产品和灵性产品，以满足人民对美好生活的追求。这样才能满足和推动原有的物质与精神生产的新发展。大学生创新能力的培养，是个人团体参与到人的精神和物质文化发展中不可或缺的一部分。

从宏观上讲，创新一般包含以下三种情形：一是由于人的研究而产生的、原本不存在的、具有开拓性的新的材料和观念。二是对前人的研究进行修正，从而形成一个正确的认识。三是在前人的研究成果的基础上，对其进行进一步的研究，再加上自己的一些新观点，从而进一步完善前人的理论。可见，"创新"的实质就是"以思想为基础"，对"前人"的"辩证"的否定和扬弃，是指"以实际状况为基础"的"不断发展""不断深化""超越"。因此，在高校学生的创造性思维训练中，要不断地超越自己。

（二）创新能力的含义

创新能力一词是"创新"和"能力"两个名词的合成词组，人们在受教育过程中培养形成的能力存在种类与等级的划分，其中创新能力在人类个体素质中属于个体素质最高水平或最高智慧的种类和等级的能力。人们的创新能力不仅包括认知、想象、记忆和分析判断等能力综合体现，也包括个体在解决问题的过程中体现出的，包括与心理学交叉的体现于个体内心兴趣、情绪表达、意志体现、性格展示等方面的非智力因素的多种能力的集中与推陈出新的程序化系统化的组合，体现了一个人的改造世界的综合能力的状态和水平。

创新能力是指为解决实际问题而创造的具有社会需求的劳动产品、服务产品和精神产品，以满足人类对美好生活的追求。创新能力是人类所有能力中的最高水平，创新能力不仅仅是对新事物的开发，而是由创新意识、创新思维、创新方法、创新环境和创新意愿五个方面构成的。

创新意识是创造能力和创造行为的内部驱动力。没有自觉地积极参与，就无法激发人们的创造性实践。在创造性活动中，创造性思维是最基本的内在动力。

创新思维是创造性行为的重要组成部分。思考是一种抽象的思想表现形式，在人们完成某件事情之前，会形成一种思维结构，并控制着人们的全部实际行动。在实际操作中，思想往往会告知人们做事的目的、方法、意义等。因此，人类的各种实践活动都是不能脱离思想和被思想支配的。创新思维是一种超越已有的思维模式，它对创新活动的导向作用是显而易见的。

创新方法是企业创新能力的重要组成部分，是企业创新能力的体现，是企业创新活动的途径和过程。创新方式是创新能力的关键，它对创新行为的效果有很大的影响，而创新方式的恰当和有效，可以从创新成果的视角来看。

创新意愿是指解决问题、克服困难、跨越障碍的思维过程。创新意愿的形成不能一蹴而就，创新的行为也不会一帆风顺，碰到问题、困难都是常有的事，要正确地处理挫折和困难，才能体现出创造性的精神。坚韧不拔的创新精神将会在这个时候起到积极的作用，帮助他们战胜困难，完成他们的创造性行为，否则就会导致他们的努力付诸东流。

创新环境是企业创新能力产生的外在条件，而企业的创新能力不仅受到企业自身的主观因素的制约，而且还受到外部环境因素的制约。良好的环境气氛有助于创造积极的创造气氛，有助于创造性思维的形成；恶劣的环境气氛如何影响创意活动，取决于个人如何处理。要引导大学生对创造的环境要素有正确的认识。

（三）大学生创新能力的含义

大学生创新能力培养是高校从专业出发的人才培养过程中，能发现问题的可以且利于观念和技术产出的首次新事物发现能力的培养，也包括有利于观念或物质发展的新的时间空间条件下提出的问题和思考问题与实践解决问题的能力的培养，同时能够独立或合作在研究探索过程中现有条件下，以最新的内容解读或最新形式地展示外观的全面认识、分析和解决问题的能力的培养。大学生创新能力的形成是对前人认识世界成果的基础上，在学习、成长和实践中长期培养积累的社会综合性培养的结果。大学生创新能力培养虽然主要由高校来承担，但大学生创新能力培养从结果的影响上则是全社会的事情。大学生创新能力培养通过高校的专业教育平台帮助大学生树立专业观念和专业素养的同时，激发大学生的自主性，从辩证唯物主义和历史唯物主义的观点来认识和分析问题的能力，从而使他们能够产生具有广阔的社会需要的新的物质产品、精神产品和服务产品，从而为民族的复兴和国家的经济、政治、文化的现代化提供支撑。

大学生的创新能力是指在学生的专业知识的学习中，以一种与时俱进的教学方式，引导他们去思考，去完成别人没有完成的事情，去激发他们的创造力，提高他们的教学水平，为了适应我国的政治、经济和文化的发展，提高大学生的创新意识、分析问题、解决问题的能力，从而在未来的社会实践中，具有创造性的物质和精神成果，以满足社会的需求，从而推动新的社会生产和生活。通过对知识与社会实践相关联的存在状态和途径的认识，从物质生产与人类的生命发展之间的联系与冲突的角度来认识和学习前人的优秀的智力成果，就可以快速地认识到问题的根源，并找到解决实际问题的钥匙。同时，继承了人类文化中独特的再创造与再生的特质，并以此作为创新的精神力量。

二、提高大学生创新能力的必要性

（一）培养大学生创新能力是促进大学生全面发展的需要

人的全面发展的进步受到时间空间的局限，需要通过包括创新能力培养在内的知识的代代传承。创新人才培养的培养实际上是人类自身再生产的表现形式之一。既要达到前人已经达到的高度和水平，又要保持和超越前人的水平，以满足日新月异的世界发展的步伐。任何民族停止创新活动，绝不是幸事。历史经验告诉人们，简单地传经授道，不足以解决发展的生产力的与时俱进的技术要求，还会在世界竞争中处于不利位置。教育不解决创新人才的培养的问题，就会使人的全面发展不能真正实现，因为处在落后于时代生产力水平的能力状态的人才，不是符合社会生产力发展水平需要的能力状态的人才。不能正确认识创新能力在全局角度的位置和意义，也就不会对于个体综合创新能力产生科学认识。单纯的创新能力培养必然导致某种全面综合能力的欠缺，就会在某一特定领域阻碍全面性可持续发展的进行，这也是大学生创新能力培养的意义所在。

（二）培养大学生创新能力是提升大学生实践能力的重要方面

大学生的创新能力培养是对理论联系实际和学以致用的最好贯彻。缺乏实践能力和创新精神的大学生，不是合格的全面发展的人才。要想缩小与世界科技创新、世界领先水平的差距，就必须进行创新，要使我们的社会和经济发展能够持续下去，要确保关系到国家和人民生活的科技不被束缚，必须要有创新精神。高校的学历教育，还远远不够。加强高校学生的创造性思维，是时代发展的需要。大学生创新能力培养需要增强其思辨能力，可即使具有高度完备的批判精神和思辨能力，如果不能落实实践领域，就仍是脱离实际的空话。大学生创新能力的发展也是需要循序渐进的，即使大学生求新知广思维具有了探索未知的创新人格和创新能力，还是应该紧密联系而不是脱离实践领域的。大学生实践能力的发展也不是仅仅依靠校园学习就能完全解决的，引导大学生正确认识创新能力和实际的关系，有利于大学生实践能力的心智基础、创新人格和内在创新品质的完善与发展。大学生能否坚持原则，也是大学生创新精神科学与否的检验与体现。否则，大学生的创新实践能力就会缺乏方向保证。鼓励大学生正确认识创新能力培养的科学过程，在学校要从基础做起，在社会上也要从基层做起，不要贪多嚼不烂，让创意与现实脱节。以实践能力为基础，培养大学生的创造性思维，有利于提高大学生的综合素质。

（三）培养大学生创新能力是实现我国现代化人才培养的需要

大学生创新能力培养可以在实现现代化国家发展目标的过程中，提供其所需要的千百万创新劳动参与的建设者和众多高素质创新生产组织者。高校毕业生的创造性思维是高校实施战略规划的一个不可或缺的重要环节。通过大学生创新能力培养引导大学生凝聚民族发展共识，增强与调动大学生参与国家现代化发展的自我创新勇气和力量，通过加强大学生创新能力培养，促进人才的创新能力的全面发展，团结和凝聚千百万高素质创新人才从上到下齐心协力来助力我国"两个一百年"奋斗目标的顺利实现。要使经济持续、健康地发展，必须加强大学生的创造力，使我们的科技在世界上处于领先地位，使我们的经济发展能够更好地满足人们的生活。

大学生创新能力的培养可以通过引导大学生发现自身创新的潜力与价值的挖掘和全方位地促进大学生创新能力的培育，影响全面深化改革的进程。教育者要坚持科学的培养，促进人才的综合发展，同时引导树立正确的价值观作为大学生创新能力培养的重要方面，把大学生创新能力培养自觉投身中国特色社会主义建设的创新实践与帮助大学生正确认识我国发展面临外部环境的巨大压力等教育内容相结合，把专业知识领域创新能力提升在坚定社会主义理想与做到不为物质财富而动摇、树立集体主义价值观、为党和国家事业不惜献身的理念的前提下明确自己的责任和使命。

（四）培养创新人才是国家培养创新型人才的迫切需求

一个国家要想在世界上具有较强的竞争力，必须从硬性和软性两方面入手，而大学生的创造力则可以促进科学技术与文化的创新，两者都是硬与软的结合。因此，加强大学生的综合素质是当务之急。创新，是国家发展的最主要力量，也是提升国家国际地位的一个可靠保障。国家之间的竞争，表面上是一场国家之间的国力之争，实际上却是一场人才和技术的较量。在整个人类的历史上，从来都有一条定律，那就是墨守成规必然会落在后面，而落后的人，则会受到惩罚。世界上的竞争，与其说是一种产品的竞争，不如说是一种综合实力的较量，一个国家拥有高质量、高水平的创新型人才，就会在国际事务中占据更大的优势。在这样一个激烈的国际竞争形势下，以习近平同志为核心的党中央十分重视创新的重要性。发出了"全民创业、万众创新"的口号。让人们在创造财富的同时，也能更好地实现自己的精神和自我价值。"双创"的出现，使更多的人投入到创业、创造新的供给、释放新的需求，从而成为稳定经济的主要动力。中国作为一个发展中国家，要想面迎世界经济一体化和科技进步所带来的巨大挑战，就必须要在科技方面有所突破，而要想在世界范围内实现科技的突破，就必须要有创新精神。

（五）培养大学生创新能力是高等教育与时俱进培养人才的需要

教育是国家和民族永续发展的根本。大学生是国家的未来和中流砥柱，是我们建设创新型国家的新生力量。人类的创造能力并非天生的，它要求人们把思维中有关创造性的认识活动从感性的表现上升到理性的探究，从而使其从感性向理性的跨越，最终进入到实际的境界。因此，在高校中，要有系统地进行创造性的教育，是不能让创造性的潜能自行产生的。优秀的创造性思维与素质一旦形成，便会自然而然地走上持续构建与更新的道路，并成为促进其发展的一种内在动力。提高大学的教学质量，既要适应经济发展的要求，又要优化大学的专业结构，要把创新人才培养作为出路。而要从培养模式、教学内容、教学方式、教学方式等方面入手，从培养目标和培养方式等方面，都要从适应时代发展的需要出发。为了适应经济和社会发展对高质量、创新型人才的需求，必须进一步深化高等教育的改革。我国各大学要从提高教学质量和适应经济发展的角度出发，发挥其优势，推动新时代教育的变革，积极推行和推动素质教育，建立新的人才评价指标，促进创新型人才的成长。在综合素质评价中注重创新能力、发挥评价导向作用等手段，可以将教育改革与创新能力培养相结合，从提高教学质量、转变教育方式等角度，构建更加符合时代发展的全新教育机制。因此，在当代教育改革的需要下，加强大学生的创造性思维，增强其创新能力，是高校改革的必然选择。

（六）培养大学生创新能力是实现中国梦创新驱动的需要

中国梦，是一个民族自信、自由、追求理想、全面实现自我价值的时代观念。在市场分配供需关系的基础上，个人的劳动价值必须转变为社会需求，这就是产品与服务品质的发展与创新。创新对经济、政治、文化等各个层面的发展都有新的需求。这要靠个人的创造性才能作出反应，并得到充分的满足。在追求梦想和实现目标的过程中，人的成长和成长，也是一个民族的发展和壮大。中国梦的提出，一方面，勾勒了我国的发展蓝图；另一方面，也给我们提出了新的挑战与要求。这既是对创新人才的重视，也是对其发展方向的肯定。

要靠自己来实现中国梦，最好的办法就是创新发展，培养创新型人才。在一定意义上，改革开放前期的经验和基本功，使当今社会在知识创新的量变基础上发生质的变化，是深化改革的新的红利。竞争的深度、行业的技术水平不断提高，都要求有创造性的人才参与进来。通过对大学生的创新能力的培养，促进科技创新，从而产生新的行业，从而实现就业和产品供给两方面的双重提高。同时，通过科技创新加速了我国清洁能源研发的步伐和水平，在各个方面都能达到世界先进水平。加强高校学生的创造性思维，对于促进我国生产力的发展，促进国家经济的发展，实现中国梦的伟大复兴有着重要的作用。

三、大学生创新能力培养存在的问题

（一）对于创新能力是民族进步的灵魂的认识强调不足

1. 专业教育中创新能力培养的激励驱动不足

职业教育是国家经济、政治、文化发展、人才培养的根本目标，是要用创新精神培养人才，保证国家的持续发展。目前，学生对创新能力的整体认知存在着应试教育、专业划分、学生学习态度、理想目标、社会取向等方面的削弱和瓦解。除上述可以纠正的部分之外，在学校内部和外部的分段式与形而上学观念上的认识、对教育政策、教育制度的局限等，使得大学生在大学教育中的逻辑思维能力的培养，并非朝着开发自我创造力的目标和方向相向发展。学校和老师对此缺乏深思熟虑，具有创造素质和创造潜能的根本条件的大学生，往往把太多的时间和精力花在了与创新能力培养毫不相干的问题上。当然，深层次的教师创新示范效应的正面和负面效应也会对学生产生影响，如大学的创新机制是否公平，大学的科研投入与社会经济运行的互动关系，以及整个社会创新机制的运作走向。此外，如何规范学生的创新能力培养，以及能否充分发挥其创造性思维的有效性，这些问题都必须得到解决。而从宏观角度看，高校学生的创新意识，而如何正确引导大学生在创新能力培养过程中正确对待创新收益与风险的问题，也将直接影响到他们的创造性动力生成与持续。要克服创新恐惧、创新乏力、创新淡漠等负面影响，使创新观念与创新行为产生负面影响。

大学生创新能力培养存在专业课程教学缺少与促进大学生创新能力培养相衔接的具体教学指标的问题。如果专业课程教学过程只是满足于学生可以顺利拿到毕业证书，而不是把具体学科知识体系教学与大学生创新能力构建进行体系化培养相结合，就会因为大学生对创新能力培养内涵的误解，导致降低专业课程教学在大学生创新能力发展方面的效果。大学生创新能力培养的关键在于从专业教育出发的专业知识被动学习转化为知识运用与培养大学生自主意识有机结合，使具有专业化视角和基础的行业发展的新技术领域问题的解决能力，得到有效的发展与提升。如果课堂教学只是简单注重课本知识进度，不仅会损害学生学习积极性，也会使大学生对于全面发展的意愿和需求得不到有效满足，使教学活动片面造成只会背教材的"人才"培养，而造成不利于大学生人才创新能力培养的脱离社会生产实际要求的局限。如果这种情况在大学生创新能力培养过程中不能加以避免或一定范围地存在，就会对大学生创新能力培养的整体水平和效果造成不利于大学生创新能力形成与发展的消极影响。只有把引导大学生对于专业知识与社会发展的关系的认识融入对大学生进行专业知识教育和创新能力培养的过程，加强大学生与专业知识运用关系密切的价值观的哲理思辨能力提升的能动性的自主认识，提升大学生加强专业知识的理论联系实际的转化能力，并与系统创新能力教育理论体系相结合，启发、启迪与启动大学生的自主意识的觉醒，从而达到促进大学生创新能力培养的目的。

2. 创新能力培养对社会发展的支撑作用体认不到位

大学生的创造力培养在某些表象上被遮蔽了，老师在为学生寻找稳定工作的焦虑上，其具体的助力是辅导考研、公务员考试、求职等，而创造力的培养则是不同的。而对现实需要与自我价值实现的反思，则是目光短浅的功利主义追求名利。因为创造力的形成和执行是不确定的，所以往往被认为是不切实际和不切实际的。此外，培养创新意识必须具备面对现实、否认权威的勇气，将自身置于现实与当下"合理性"的对立中并非易事，需提高个人的立意与境界；在培养创造性思维的同时，还必须具备一定的个人素质，这不仅仅是对学生的尊重，更是对教师和学生创新能力的培养。创新教育离不开突破简单就业、维持教学活动运行、创新风险等问题。而在创新的领域，则是将这些不愿意创造的人才资源，从社会的基础上，转化为社会的负担和负能量。高校学生创新能力的培育不仅要将其推向社会，而且要积极地为经济、政治、文化的发展提供能够促进生产、体制发展、科技文化发展的人才。

3. 对大学生创新能力转化为现实成果的引导不够

新形势下，培育杰出的工匠精神、杰出的创业精神，是促进和引导学生创新能力的重要举措。我们历来重视培养学生的劳动意识。但问题是，"爱劳动"的含义和外延，与"创新理念"的正确导向是与时俱进的，不能违背"爱"的高素质人才培养目标。比如，如果认为热爱劳动只是一种简单的劳动，而不是一种创造性的思维方式。那么，大学生就会被认为是一种被拒绝的行为，从而在一定程度上，将自己排除在生产组织之外，继而在大学生中产生一种想要成为生产领袖的倾向，而降低了优秀的创业者的产出。优秀的工匠精神也是一样，教师只满足于现有的研究体系和形式，久而久之，就会导致他们的创造力退化或者消失。如果大学生的生产理念只停留在受雇程度，那么他们就不可能将创造出卓越的创造性劳动和创新服务视为自己的职责。不管是优秀的企业家，还是优秀的工匠，都需要不断地积累、成长和转化，这就需要从学生的创新能力开始。在发达国家，没有好的手工艺和好的创业者是无法实现的。

（二）对于创新能力是发展竞争的核心的理念强调乏力

1. 对培养创新能力与大学生服务国家的关系阐释模糊

在培养学生创造性思维时，要注意并改变其认识上的脱节。要以服务于国家、以民为本的起点来看待创新活动。关于大学特定的专业理念，与当前学科的最新科技成果动态，以及学生的专业技能提升方向与国家发展的具体成果之间的关系，很少有涉及。在改善教学方式、在教学中引入创造性教学，但是，在培养学生的创造性情感、创造性意愿和职业素质等方面，他们缺乏对职业发展的研究。在专业创新方面，高校学生缺乏对专业创新的认知，缺乏对专业创新的研究。学校的教学大纲是一道"课程壁垒"，各个学科之间的联系很少，课时太多，学生的注意力都集中在了自己的专业上，很少有时间去关注那些有利于创造力的选修课。有些学校虽然为学生提供了一个创造的舞台和机会，但他们把自己的研究范围局限在特定的领域，而忽略学生创造力和创新行为，对培养学生创造性思维有些不利。这对大学生在培养创新能力与服务国家之间的关系上形成了鲜明的对比。

2. 对创新能力和社会效益的关系缺少启迪

在培养学生的创造性思维、创造性的同时，教师的创造性个性、创造性意识也会对每个学生产生直接的影响。其中，以国家、集体、个人三方面的利益平衡为主，而从专业知识的视角来看，则没有太多的关注。特别是对一些职业领域的人物、概念、产品不客观的教育方法，在实践中产生了抑制和阻碍学生创造性思维的负面效应。从专业角度出发，缺乏与社会生活密切相关的专门理论或专业产物，将实际状况流程化不利于学生创造性知识的成长。将学生自尊心、充分思考与创造力分离，往往会造成"不解渴"或"拔苗助长"。同时，在大学生中，缺少正确地对待创新能力的差异，将"因材施教"和现代教育的平均主义倾向相对立。更没有针对学生的个人情况和特征进行个性化的培养，也没有将其与具有实际社会价值的专门产品相结合。当前，高校学生的创造性思维训练应当着眼于教师的社会产物和教育导向，充分发挥其对学生在教育中的创新和社会效益的提示及影响。

3. 对创新能力的改革发展动力引擎作用揭示不足

科学技术在大学生创新能力培养中的重要地位，这一点毋庸置疑，但在这一领域，特别是教师和学生的个人创新对于民族发展的贡献与影响，却没有得到充分的重视。既忽视了自己的专业创新价值，又忽视了创新能力作为推动改革发展的发动机作用，这将直接影响到大学生的创新积极性、创造性热情和参与创造性活动。从中华人民共和国成立到改革开放，再到现在，我国的教育总量已经达到了一个从传播知识到科学技术产出的质变阶段。要使科学技术创新成为经济可持续发展的重要力量，必须直接明晰和加强相关概念。同时，也不能只局限于宏观的政策与理念，要加强对学生的创新能力的培养，要加强对社会发展的直接推动作用和产品的供给。从思想、物质、制度等方面对教师和学生创新能力不足的原因进行梳理。解决影响教师创造性思维的实际问题；解决科学研究工作中的一些问题；科学研究的行政化倾向；如何解决科技创新中的"以市场需求为主导"这一问题。要摆脱与区域发展脱节的困境，转变区域发展仅靠国外技术或持续低效、污染、缺乏市场的产品。并将其与高校学生创造性思维的健康、有效地发展相结合。解决创新基金不足的问题。为创新的做法寻找财务上的支持。激发学生对知识生产力的正确理解，学习发掘资讯产品的创意潜能，发掘创意品质的电子产品。

（三）对人才的竞争就是创新能力的竞争的认识体现不充分

1. 缺乏激发和培育大学生的创造性内在动力

培养学生的创造性思维，对他们的长远发展具有重要意义。高校学生的创新能力与思想政治教育相结合，要体现在对大学生的关爱上，要将创新转化为精神食粮和精神需要。有些大学生在大学毕业后，由于缺乏上进心，很容易产生迷茫和彷徨，大学的环境给他们提供了一个相对宽松的学习和居住环境，但是如果不进行有效的教育和引导，很可能会把宝贵的时间浪费在无意义的事情上，这对大学生的创造力的培养是不利的。现行的课程选择与学生评价制度不能充分反映和推动大学生创造力，缺乏可操作性，是不健全的创新机制与教育制度。在此背景下，缺乏一种能够激发大学生内在创造力的可靠方法，而教材、专业知识与学生自身发展目标之间不能形成有效的协同作用。这对培养大学生的创造性是不利的。

2. 缺乏对勇探时代视野的全面创新思维的灌输

高校学生的创新精神要面向世界、面向未来，要培养具有国际先进水平的领军人才，使之成为世界先进人才。与之相反，高校学生的创新能力不能很好地适应信息时代的新形势和需要作出相应调整。面对现代竞争，传统的人才培养理念必须进行变革。当传统的人类社会的历史发展，由一个城市、一个国家转变为一个全球性的物质和精神财富的创造。如果没有创新，技术落后就会导致产业的全面崩溃，从而被其他国家的技术所支配，导致国家的发展落后，这背后的综合技术发展支持与动力，一定要引导学生深刻地理解，不能落后的道理；暂时的退步，并不是不可弥补的。从这一点来看，古人所说的"止于至善"，就是我们今天所说的"与时俱进"。任何一个创新领域想要歇一歇，都会让竞争者有机会超过它，而任何有缺陷的创新都会失败。所以，要将这种抽象的知识具体到大学生的创造性培养中去，真正做到"无最好""永远不会停歇"的"完美""全能"。

3. 缺乏将创新能力与个人发展相结合的引导

创新是人类社会前进的内在驱动力和原动力。为在世界范围内实现骄人业绩，促进社会转型，国家高度重视对大学生的创新能力的培养，制定并出台了相关政策和措施，为大学生进行创新活动开通了绿色通道。

但是，在具体地培养学生的创造性思维的过程中，还存在着很多问题，而能否进行创造性实践取决于他们能否将创造性实践与自己的发展相结合，以及对自我认识的自我调节的自主性。如果不能控制自己的身体和精神，所有的东西都被外部的力量所左右，就会产生一种与创新的正确方向背道而驰的妄想或者极端的行动。通过对大学生创新能力的培养，使他们认识到，在先辈的基础上，实现思想的规律性飞跃，将中国梦作为实现自身价值的方向和机会，学习寻找解决问题的途径，从思想和实践中获取利益，形成良性的累积和滚雪球效应，将创新实践和民族发展紧密地结合起来，即个体的发展，认识二者的同一进程的共存性。从新的角度看，大学生在考察国家政策、寻找企业的支持时，会有新的认识和理解。

四、大学生创新能力培养存在的问题的原因分析

（一）创新能力培养与社会经济结构优化认知脱节

1. 专业教育中创新能力抽象预期缺乏具体化手段

从表面上看，知识的实效性缺失是由于高校的管理倾向，使高校的教学改革目标与实际工作的不协调。这个问题看似棘手，其实是关于教育在整个民族发展中所扮演的角色的判定与处理原则中的一些问题。就大学生的创造性思维而言，其关键在于克服其认知上的错误。而在改革发展过程中，原始的、初级的、中级的、不能适应世界先进生产力需求的观念和行动，主要是缺乏对创新的正确认识和理解。而高校学生的问题，则是基于这一问题，从专业知识学习到创造性成果的直接转化。从抽象的专业知识到具体的创造性产品的转变，其根源在于专业知识的传授和创造性的教育缺乏与现实生活的联系，而在具体的教学环节，缺乏解决专业概念与人的社会生存的联系，以及创新与社会产品生产的联系，在本专业的知识功能和作用在学生观念中，可自主掌握的能力的培养。通过建立扎实的专业基本功，使其具备自主发展的知识和思维能力，并以专业学习为导向的综合生产力创新标准，从而使其产生和发展。

2. 创新能力的培养忽略工匠精神和创业精神的引导

在大学生的创造性教学中，要注重"精益求精"的理念、"能力"和"素质"。培养"工匠精神"是指在今后从事生产过程中，为学生提供和输出高质量的产品、高质量的服务，从而让受教育者正确认识到"创造"的含义。在创新教育中，要坚决抵制弄虚作假、以次充好、不公平竞争等思想和行为。特别是在以教育为主导的高校的教育理念、师资和教育方式的创造性教育指导方面，更不能出现"误导"和"不恰当"的问题。在国家明确地提出了大学生的创新观念，并指出了培养学生的工匠精神和创业精神的要求后，就应当在教育过程中得到充分的贯彻和落实，从而使他们的各项指标和素质得到快速发展和实现。党的基本路线明确指出，要把重点放在经济发展上。但是，如果把它看作与大学、大学生没有任何关系，甚至无法在教育内容、方法、学校与社会之间的关系中达到这种目的，就不利于实现经济发展的目标。改革的现实反映，就是认识到人们的不同观点的全面反映，即认识到在分配关系中所得到的成果，仍然影响着人们的思想和情感的积极性和消极性，但是这需要通过培养大学生的工匠精神和创业精神来引导整个社会的正能量。这是一种积极的、建设性的活动。只注重知识的专业成果，实际将专业技术在社会上获取创造性技术的超额利润的个人收入期望相关联，对其创新意愿的影响也是不同的，应当以工匠精神、创业精神为主导。而事实上，中国梦与"双创"已在全国范围内全面地为创新实践提供支持与激励。关键是要从学生的创造性思维培养中走出错误的认知，避免自己的创造性思维和实践的局限性。

3. 大学生创造性思维与就业联系不紧密

大学生的创造性思维与就业密切相关。对学生进行单向性的培养，不利于大学生对生产和经济的辩证存在方式的全面理解。如果不能正确地预测整个经济关系过程中自我的存在，就会妨碍整体观点下的创新思想和实践，从而影响到对就业的正确理解。若不能将国家民族发展的历史与现实相结合，在对大学生进行世界观认知的同时，对其进行同步性的理解，并对普通生产者和优秀手工业者的区别进行正确的划分；如果能够正确地区分出不称职的生产经营者和杰出的创业者，那么职业教育所培养的人才将会受到思想、行为的限制，从而影响他们的就业。因为在未来，我们要达到发达国家的发展目标。如果大学生不能正确地进行自主创新，不能正确地理解自己参与到生产关系中，就会对国家的发展产生不利的影响，而这一点将在就业方面得到充分的体现。将个人创造性思维的差异统一到国家创造性人才的培养过程中，不能使其在教学方法和效果上，不能满足大学生的社会生产性需求，也不能满足大学生的职业技能需求。而其关键在于，要使大学生的自主意识增强，而非被动地提高其创造能力，从而使其在高校中的成功就业。

（二）创新能力培养中对大学生时代使命感的开启不到位

1. 教育改革中创新能力培养需要有的放矢的正能量

目前，部分高校对大学生创新能力培养的关注不够，缺乏对大学生创新能力培养中存在的积极作用问题的关注与解决。

传统的大学教育方法，对于文化的传承、救国、巩固学生的理论基础、强化知识记忆都具有积极的正面影响。但是，要实现对大学生创造性思维的积极导向，实现由特殊性向普遍性发展与现实发展的关系，要充分认识专业发展与创新生产之间的积极作用，在开设促进学校发展的高校紧跟热门专业设置与以市场为导向，认识其所体现的生存辩证法的全面性和辩证性，正确认识学科发展创新与大学生创新观念的正能量引导的一致性。加强对人才培养的积极导向。

2. 创新能力培养理论和实践从抽象变为具体有难度

大学组织教师和教师组织的教学方法，既要兼顾专业普及、基本维持和专业前沿研究的双重目标，又要着重于将专业知识抽象和具体相结合，注重将科技成果转化为实物和精神成果。正确对待教师的科研自主性，既能促进专业发展，又能把知识传授给学生并正确、有效地指导学生的自主思维，还能促进学生的创造性思维。有些教师存在思维定式、认知定式、个体思维的局限性，亟待改变这种教学管理方式。改革教学环节与方法，正确对待学生的创造性问题，不应将其视为挑战权威或否定其观点，而应将其引导到专业领域创新和大学生创新能力形成的专业化的方向。同时，大学对教师的考评论文数量、科研项目的数量与规模等"功利主义"的短期效应，必须将其进行全面化的创新内涵扩展和转化。通过改革专业的教学方法，实现科研投资和科研回报的良性循环。

3. 大学生创新能力培养对新理念新方法关注贯彻不够

素质教育与创造性教育相结合，使专业创新理念与实践相结合，尚有一些亟待解决的问题。素质教育的职能与观念单一，也将影响到创新教育与专业知识领域。创新教育在很多方面都存在着不和谐的趋势，而从应试教育中选拔的学生，要实现创造性思维的转换并不容易。同时，学生的个性、能力、思想道德、心理等各方面的综合发展，也与专业创新的高端性产生了矛盾。因此，在实施创造性教育的过程中，出现了一些不成熟的现象。此外，我们还必须正视创新教育与考研率、就业率之间的关系。学生的创造性的抵抗有时源于父母对创造性教学的错误认识。当新概念产生之时，若以专业的形式呈现，大学生便会将其视为与自己无关的领域；假如是新的社会领域，就会觉得不属于自己的。由于高校、家长的脱节，使创新教育走上了一条错误的道路，形成了"理论与实践的貌合神离"的僵硬局面，使素质教育在加强理论知识的应试教育中无法发挥更好、更全面的作用。思想上的拒绝，必然会导致实践上的无所作为，从而延误了创新能力的发展。

（三）对经济平稳健康发展和社会和谐稳定缺少危机意识

1. 缺少大学生把生存压力转化为创新动力的引导。

追求稳定并不意味着满足于现状，在大学里所获得的成就将会被归零，从头再来，社会发展也是如此。我们需要从大学生的创造性思维训练中深刻地了解并解决这一问题。高校单纯地满足于传授专业技能还远远不够，将缺乏就业理念、心理和能力准备的大学生投入社会，只能说明大学的教育并没有完全履行自己的职责。高校毕业生要面对的问题，要从零开始，从低到高，到职业技能的学习，再到大学生的创造性教育。社会的发展固然为大学生提供了许多就业的机遇，但也要引导大学生去正确地去争取和把握。所以，要从源头上理解创新能力的动机，不仅要抵制逃避个人责任的思想，还要引导个人主义的自我奋斗，要防止个人发展与国家、世界的发展趋势相背离，就必须从大学生的创造性思维中，使世界观与民族、时代相结合，从而获得发展的不竭动力。

2. 对创新能力在创业中的扶持力度有限

在大学生创新教育过程中，要强化对特定创业的支持。大学生的自主性和从属心理会对大学生的创业行为产生积极的影响，而支持创新能力会直接影响到企业的可持续发展。考察高校自主创新理念的整合，仅凭高校学生自己还远远做不到。也就是说，要使学生的创造性思维得到正确的发展，就要在这个过程中，对学生进行创造性的培养和激励。大学生的创造性思维能力要从思想上指导其自觉、主动地形成与发展。从这一点来看，大学生的创造性思维训练其实是顺应时代发展要求的党的教育方针。它使大学生正确认识问题、分析问题、解决问题的正确判断和正确判断的规律和真理性。实际上，要将其作为一种社会实践导向的实现，看成是克服其在思想意识层面上的一种尝试，从而使其全面实现创新能力的过程，既是创新理念教育和普及过程，也是齐抓共管的共同参与过程。

3. 缺乏将创新能力与奉献精神的结合教育。

在培养大学生的创造性思维方面，要正确认识高校毕业生为社会服务的工作态度。正确引导大学生克服"创新意识""自我意识"等问题。大学生创新成果的表现形式与其创造性意愿之间的关系，是要正确地看待其经济效益和社会效益。利用国家对经济发展的保护，准确把握国家宏观调控措施的引导，规避个人创新风险，实现产业化、规模化生产，并得到财政和政策的保障；争取更多的市场支撑因素。要正确理解企业的运作，在为企业提供具有技术优势、有竞争力、能满足社会消费需要的新产品的同时，还要积极地为社区服务。需要指出的是，产品的风险程度与产品的质量、时代生产力的发展和文化的潮流是一致的，都应该包括"奉献"两个字。这不仅会影响到创新的市场价值，还会给企业带来更多的积极效应。通过对大学生的创造性思维训练，使他们真正地认识到创造活动的各个环节和要素，以及为社会服务的各个环节和要素，具有整体性、一致性、协调性和把握性的能力。同时，我们也应充分认识到，创造性的实践活动必须是具有创造性的人才，在一个有利的条件下，才能发挥创造性的作用。倡导"奉献"能够在因特网和信息化环境下激发创造性思维，从而拓展创新实践的作用。

（本节编者：戴航）

第三节 如何激发大学生的实践创新能力

一、以中国梦为大学生创新能力培养的方向指导和动力

（一）以新时代育人新成果统领创新人才培养

高校学生的创造性思维必须以新时期的教育实践为指导和驱动力量。高校学生的创新能力培养应当按照中国梦的需要，对培养目标、培养方向、培养标准、培养内容、培养方法、培养模式等进行调整，并对其进行改革和完善。培养大学生的创造性思维，应当从树立正确的世界观、人生观、价值观、职业技能与生产、生活之间的价值关系、提高自身素质和能力的社会性认识开始。要正确理解实践生产活动的参与和组织过程，并将其创造性的培养与社会的需要相结合，使其在新的物质和精神产品中得到创新。以大学生的创造力为我国全面建成社会主义现代化强国提供了必要的人才支撑；从大学的视角，解决了在不健全的社会人才招募过程中，大学生积极主动地为社会服务的积极性；从中国梦的要求出发，对自己进行全面、客观地认识，充分发挥自己的优势和优势，从而达到全面发展的目的。全身心投入到国家的改革中去。激发学生的爱国情怀，传承和发扬爱国主义精神，将生命理想融入国家建设，做"追梦人"。

（二）重视引导大学生充分运用新创业政策和创新平台

通过对大学生创新能力的培养，指导他们运用、利用多种主体，构建"创新梦"的创新实践平台。要引导大学生充分认识和积极参加具有学校特点的、具有普遍性的创新平台。自觉地培育适应社会发展的、整体创新意向、创新项目和创新方法的提升和扩展，使学生的创新能力得以实现。以提高世界先进技术水平为目标，以创造社会产品为出发点，充分发挥学生的创造性。支持、鼓励和培养大学生的创新能力，为大学生提供资金、材料、仪器设备等。在满足高校毕业生的就业需要的前提下，成为高校与企业创新的纽带，畅通知识的获取和使用通道，这样就可以让大学生在参加社会慈善活动、志愿公益活动等活动中，通过走进基层，培养自己优良的创造性品质。

（三）加速大学生创新成果的产出过程

引导大学生从思想形态走向实际生产。培养学生的创新意识，成为一名合格的创新者，必须从实践上克服思想上的局限。我们呼吁大学生将为社会服务融入具体的实践，

学会用事实说话。正确理解心理和概念的精神能动，从被动地回避和主动地调动，以人的需要为物质生产实现，以满足人的生存的物质需要为前提，以反映社会生产力发展需要的物质和精神产物为现实。通过对学生创新思维的训练，可以提高其坚韧的毅力。用大学所学的知识创造出成绩的务实精神，用大学所学的创新观念，辩证地看待高精尖技术和普通生产领域的联系与矛盾，树立创新实践需要的务实态度，用大学所学的创新理念，辩证地看待高端技术和生产生活中的成果和产出之间的关系。发掘创新潜能，建立正确的权力、财富观念，充分发挥个体的创造性潜能。创新与家庭、学校、社会三者的关系。让学生意识到缺乏创新对社会和民族发展的阻碍，要认识到，创新是一个民族发展的灵魂和推动力，要有坚定的创新观念，有实践的能力，有创新的结果。

二、从社会实际出发培养大学生创新能力的自主性

（一）结合教改完善创新能力的培养

以教学改革为契机，促进学生参与创造性实践活动。在培养学生创新能力时，要注重培养具有高素质的创造性人才。要从传统的教学模式中解脱出来，建立创新的大学制度。主要使学生了解专业的基础概念和体系与存在关系的实体和概念的发展与演化，以及专业知识的可塑来源与其他学科的相似性相结合，加强对知识和学科的交叉和融合的自我认知。要把学生的创造性思维与创新能力相结合，改革传统的教学模式评估制度，注重基本理论知识的培养与社会发展、需求相协调，从而使学生全面发展。高等学校应转变"以分为本"的静态评估方式，采用"以创为本"的实践创新成果动态评估模型，将"以人为本"思想的基础全面贯彻下去。使学生朝着创新的方向发展，注重对学生个体价值的自我提升和激励作用的培养，以及对创新型人才的培养，从而激发他们的创新自主性和积极性。将创新素养的测量与创造物质成果结合起来，将其转化为具有人文精神和社会精神的物质成果及内在的思想和行为习惯。建立与创新需求相适应的激励创新评价体系与标准。要合理安排教学内容，增加学生的创造性实习时间。在课程设置方面，要改革和突破原有的学科壁垒，强化人文学科和科学学科的渗透，鼓励各学科之间的交流和互相学习，扩大大学生思想的广泛性。提高大学生的知识面，增强他们的自信心，激发他们的求知欲，发掘他们的创造力。

（二）发挥教师对大学生创新能力培养的建设作用

要充分挖掘教师的创造性潜能，充分发挥他们的引导作用。在指导学生从抽象的理论到具体的创造性的产品过程中，充分利用教师积极的推动作用。教育的目标是激发人内在的创造力，教师是教育活动的组织者和执行者，这不仅仅是对学生的一种潜移默化，同时也能在一定程度上激发学生的创新精神和创新素质。所以，在推动创新人才的发展

过程中，增强教师的创造性和主动性，是树立榜样、发挥创新和示范作用的先决条件。教师的创新思想和教学方式的变革，不能只局限于启发式、探究式等创造性的教学思想和观念，而应强化理论与实践的创造性结合。在充实教学内容的同时，加强对基础知识纵向、横向的系统认识，夯实创新的根基，锤炼创新的基本功。教师在课堂上向学生展示科技成果和社会结果，让他们明白如何运用专门知识。教师将科研与教学有机地结合起来，使学生参与到教师的研究工作中去。还可以让学生独立地对某个问题进行研究，提出自己的看法和解决办法，然后通过教师之间的沟通，最后得到最优的方案。它不仅可以培养学生的解题能力，还可以促进他们的创造性思维和科学研究。从国际视野出发，学习国外先进的教学理念和教学实践。

（三）强化大学生创新产品的满足市场需求意识

培养学生对实际市场需要的特定创造性的洞察力。大学生创新能力的培养要把大学的素质教育和创新能力的培养有机地结合起来。通过多层次的创新教育，使学生在现实中树立起一种自信和能力，并在市场导向下进行实践。大学生的创新能力要从素质教育的实际效果出发，重视学生的潜能和人格的发展，培养他们的创造能力、自学能力和世界观，体现在对现实的洞察力和对创新的判断能力上。在实施素质教育的同时，还应从培养创新型人才的角度出发，进一步加强大学生的创新意识。要把教育观念的改革与创新相结合，使学生的创新能力得到持续发展，使新产品的供给得到满足，从而促进生产力的发展，促进社会的文明进步。在大学生的创造性思维中，要将终身学习和生产实践相结合的思想灌入他们的创造性思维中，使他们不断完善、提升自己，不断地将自身获得新的知识的力量化为创造新的社会产物。要注重学生的创造性个性和健康的心态，要与创造新思维、创造能力相结合，要以积极的心态、积极的生活态度来获取创造性的灵感和洞察力，保证创新活动的实效；创新意识体系的建立，最后为市场营销活动提供有效的服务。使大学生克服消极的情绪和懒散的心理，使其在创造性的活动中充满活力和积极的情绪。要大力推进校园创新文化建设，创造一个从学校到社会延伸的良好的新产品创新环境。

（四）大学生创新能力培养对焦专业前沿的最新成果

根据大学生创新能力培养的需要，制定与完善专业课程教学促进大学生创新能力发展的具体教学指标。以学科知识体系与大学生创新能力紧密结合系统化创新能力考核目标体系，作为大学生创新能力发展的促进动力和杠杆，结合思想政治教育提升大学生利于创新能力发展的世界观认识水平。科学引导大学生基础性专业知识学习与本专业知识发展最新状态及最新成果相联系，促进大学生创新能力发展立足和对焦于现实社会与行业发展实际需要，保障大学生创新能力相对于社会现实的超前优势。科学提升大学生自主创新意识、创新意愿和创新观念，使大学生具有专业化视角和基础行业发展的新技术领域问题的创新解决能力，得到切实有效的发展与提升。鼓励和保护大学生的创新积极性，使大学生的创新能力发展建立在辩证唯物主义和历史唯物主义出发点的基础上，得到全面地形成和满足，使大学生创新人才培养符合大学生创新能力培养发展实际和社会生产的实际。从观念、方法、政策与体制上避免误导大学生创新能力科学发展的可能，排除干扰大学生创新能力培养的整体水平可持续发展的一切消极因素。使大学生不仅具有对于专业知识与社会发展的关系的科学认识，具有建立在科学价值观基础上的自主哲理思辨能力提升和积极能动性认识，而且应该使大学生专业知识的理论联系实际的转化能力得到实实在在地加强和提升。并且让大学生在创新能力培养过程中，真正意识到，要成为合格的社会主义建设者和继承者，必须要接受体制改革带来的影响，反映在有社会广泛需求的专业最新科技创新成果的创造上，提供最新的物质产品、精神产品和服务产品，以满足社会的发展。

（五）重视大学生创新主动性与敏锐性的能力培养

在大学生创新意识培养过程中营造革故鼎新的创新追求的环境氛围，有利于大学生创新能力的脑力开发与培养，培养大学生精准把握创新过程细节的能力，并可以持续保持最佳状态投入可创新化运用。把不断进取的求知欲建立在辩证唯物主义和历史唯物主义的出发点上，坚持实事求是地认识客观世界的整体性的同时，认识和把握其组成细节对于创新活动的关系，进而找到创新路径。创新兴趣与创新实践紧密联系，在专业化学科知识的研究探讨中发现创新的思想火花，并把考察知识过程的因果联系和规律化表现作为创新灵感的放大器与助燃剂，把创新兴趣与专业知识相结合，提升捕获与跟踪记录创新思想过程的能力。把鼓励大学生推陈出新的创造欲同社会发展的技术需求密切联系，科学认识创新周期和时间节点符合创新规律，使创新活动运行在科学的程序上，并纳入严谨的创新数据支持体系，并妥善解决创新思想火花与原有知识体系理性创新构建问题，合理解决创新活动的有市场需求的产品化的现实问题，完美实现创新性环境与现实环境的对接和创新产品的社会提供。通过大学生专业创新的主动性与敏锐性能力培养，精通创新实践思想活动的捕捉方法与跟踪方法，达成可创新脑力状态，顺利实现创新活动进行。

三、培养符合时代发展趋势的科学创新观

（一）强化高校学生创新能力的制度化和常态化

高校毕业生的创造性思维是培养学生创新精神的必要手段。民族实现"幸福"的目的，主要靠的是经济、政治、文化等方面的改革。以具有创造性的人才的新材料或新产品，作为对社会需要的市场支撑的生产开发的具体体现，以保证可持续发展和引领全球发展

的目的。在多个层面上，大学生的创新能力培养是实现这些目标的关键，而培养创新型人才则是实现这一目的的载体。要想避免这种趋势的发生，就必须转变观念，营造宽松的创新环境，克服短期功利主义的消极效应，从培养更多的具有可持续稳定的创造性人才入手，使其具有常态和制度化的作用。转变大学管理的趋势，消除传统的观念，消除传统的"压抑"创新意识，把"尊重创新"当作发展的精神，具体表现在教学实践中。"创新宽容"是一种新型的"理性"的创造性思维，它承认和了解他人的观点、思维及处理事物的不同方法。以包容的心态去看待别人的革新，不要因别人的一个错误或失败而否认它。发挥创造性、容忍的社会环境和群众的心理环境保障功能。要创造一个良好的创新环境，要保护创新的人格，才能逐步地完成创新的发展，才能不会阻碍创新主体的积极性，从而阻止创新能力的丧失。

（二）牢固树立永不止步的与时俱进创新意识

探索吸收和借鉴国外的创新文化，丰富我们的创新实践。创新是国家发展的硬实力。在大学生的创造性思维中，创新文化具有十分重要的作用。积极的创新文化可以促进现实社会中的创造性实践的繁荣，而创造能力的创造活动则离不开新文化的引导。要达到我们的发展目标，就要在经济、政治、文化等各个领域进行持续的革新，这需要全社会发掘创意潜能、培养人才，同时要树立"创新实践"的"永不停歇"的创造性思维。要改变我们传统文化中那些对创新活动不利的保守内容，发掘其所蕴含的创新要素，成为新的创意思想的养分，从而使之在创意活动中发挥出积极的作用。考察我们古代先民所说的"周虽旧邦，其命维新。"等表达的深邃智慧与实际含义，发掘出前人的创造性思维方法启示，获取创新发展的活力。把忧患意识转化为创新和创造的驱动力。在现实生活中，科学引导着创造性的文化进行正面的、理性的批判与辩证的批判，既要消除对经济、政治发展的消极影响，又要坚持党的基本路线，要把中国传统文化与现代科学技术相结合，这样才能获得全面的创新活力，才能在历史上不断跨越自己的创新实践。在这一点上，国外仍有很多可借鉴之处。比如，微软就是一家以"不断淘汰自己的产品"为核心的企业。确保科技创新成为整个社会的主流创新文化。

（三）引导大学生将"创新"与国家的发展紧密结合起来

高校学生的创造性思维教育要与大学生的爱国情怀相结合。大学生的创造力培养是一个完整的价值形成与成长的过程，同时也是一个新的个体担负起自己的历史任务和社会责任，是一种能够恰当地反映历史发展需求的代表自我实现的进程，这也是时代对这一点的肯定。大学生的创造力在创新意识和素质教育中起着重要作用。通过对大学生的创造性思维训练，使他们了解人生的最高阶段必须通过创造性地实践来促进个人的社会发展和个人的价值的充分肯定，这就需要密切联系自身与国家的共同命运认识。

通过培养大学生的创新意识，使他们了解其与祖国的关系。大学生的创新教育应当向政府寻求更多的支持。在创业初期，获取资金来源；充分利用高校毕业生的创新项目优惠政策，利用项目申请和贷款手续简化流程，快速完成创新项目的成果转化；学习通过诸如知识产权这样的法律来保护创新的结果，而获取的创意收入也应当回馈于社会和国家。总之，要努力促进大学生的创造性思维训练和实践。引导大学生重视、立足于信息化时代的新环境与新形势。在信息化条件下，利用新的知识和新的创新能力，并制定相应的优惠政策；利用建立专门为大学生创造的平台，随时了解企业的创新动态，获取最新的企业信息；利用电视、微信、微博等交流平台，积极争取社会各界成功企业家与大学生进行创新创业实践的交流和各类扶持，加快创新步伐，树立正确的名利观。要在创新发展中寻找自己的正确位置，要把自己的国家归属感和血肉相连。

四、积极促进大学生创新能力培养的规范化

（一）帮助大学生找到专业知识创新的立足点

大学生创新能力培养应该引导大学生认识专业知识与社会生产的联系及应用交集。大学生创新能力培养包括一个重要方面就是，发现专业知识的可应用领域，无论是现有知识对于生产环节的促进，还是专业知识前沿的最新发现的生产化应用，都属于大学生创新能力培养的组成部分。引导大学生认识规律与真理反映的与本专业联系密切的领域，与现实生产生活发展技术更新的关系对于创新实践的重要性。并在此基础上结合所需创新体制和政策方面的现实导向，以推动社会发展的物质创新产品、精神创新产品与服务创新产品的社会提供与转化产出。培养学生的创造性思维和动手能力，培养可以正确区分符合实际社会需求的科技创新与脱离社会实际需求的无效创新的能力，正确把握创新实践的发展方向。这需要通过大学生创新教育更新与完善其可以胜任此目标的知识与能力结构的相关方面，以现代化创新教育理论引导大学生创新能力的认识观念的科学发展。认识实事求是和与时俱进的观念上的关键环节与实践上的可下手环节，找到实现创新的抓手和杠杆，推动和促进创新实践的积极有效开展。

（二）强化大学生创新能力培养的专业性

加强大学生创新能力培养的专业性内涵和专业水准与创新的品质保证。打通专业理论与大学生创新能力培养的通道，解决好专业抽象理论对于大学生创新能力发展可能造成的不利影响，摆脱空洞的脱离实际的理论研究和形式主义的创新教育，从体现专业知识理论价值和社会价值相统一的角度加强大学生创新能力的培养，把大学生创新能力的培养聚焦于科技发展瓶颈的现实问题的解决和突破上，把大学生创新能力培养聚焦于突破科技封锁上，把大学生创新能力培养聚焦于满足广大人民群众对幸福生活的美好需求

的满足上。既要解决利于大学生创新能力培养的专业基础知识的牢固掌握的问题，又要解决利于大学生创新能力培养的专业最高最新知识的掌握的问题。同时，要解决好大学生创新能力培养的心态情绪、情感创新、意志品质的完善问题，还要解决好大学生创新成果的所有权和使用权问题与获益收益问题等。把大学生创新能力培养的专业教育与大学生思想教育紧密结合，通过大学生创新能力培养使大学生能够以端正的态度把创新创业能力在服务社会的过程中自如掌握。在大学生创新能力培养过程中让大学生掌握打通不同学科和行业科技壁垒的观念与能力，并具有多专业、多行业交叉创新的能力。

正确引导大学生对于创新能力培养与促进社会生产的关系的科学认识。在宏观上明确创新对于生产发展的与时俱进作用，以及创新对于技术更新、设备更新与产品更新的社会发展的必然性支持，使大学生能够充分认识从专业出发的创新成果所包含的市场价值、社会价值和满足人民需求的价值，增强专业创新能力标准与社会人才需求标准的密切性和一致性，从而形成自我创新能力培养和创新实践动力驱动的正确轨道和方向。深入挖掘宏观创新教育和基本理论培训潜力，突出大学生创新能力培养的个性化和具体化能力的调动、鼓励、激励和促成。使大学生创新能力教育与面向社会、面向生活、面向世界、面向未来等方面相统一，加速实现大学生创新成果满足社会需要的过程。不断调整与完善有利于大学生创新能力培养的促进我国民族复兴事业的人才教育方式，在大学生创新能力培养过程中始终围绕世界一流创新人才的培养目标开展教育活动，以促进国家现代化的发展的目标的实现作为创新人才培养的方向。使大学生创新培养积极立足信息生产力技术的新条件和新情况，使我国人才供应能够在世界范围的经济、政治、文化竞争中居于不败和保持优胜的位置。加速大学生创新能力的培养与确保实现社会发展的创新人才的标准相统一，正确应对大学生创新能力培养面临的新挑战，正确解决大学生创新人才培养过程中面临的新矛盾，完成社会发展所需合格的创新人才的培养的任务。

（三）提升大学生创新能力培养的实践成效

大学生创新能力培养的实践成效既体现与检验教育价值，又体现其社会实用价值。这些实践活动既为大学生创造能力的培养提供了切实可行的机会，也是对其教学效果的检验，更是对其创新能力的测试。高校学生的创新能力培养应立足于学以致用，为国家发展服务，从提高教学效能、提高教学质量等方面入手，否则不仅浪费了培养过程和资源，也无法满足社会发展对创新人才的需要。高校学生积极参加学术研究、参加社会实践，是培养学生创新精神的有效途径。创新实践活动在大学生创新能力的培养中起到了打开大学生创造性思维最直接的途径和认知的作用，是创新活动和社会实践的对接过程。通过社会创新实践的参与，大学生可以不断提升自身的创新能力。大学生参加社会实践活动的途径很多，通过对社会实践过程中的问题的理解和解决，从而提高对创新的不确定性、偶然性的理解和掌握。通过培养学生的洞察力、丰富的想象力和独特的思维能力，可以不断地提高他们的理论知识、学习、思考、综合运用、创新思维，培养学生创新思维、发现问题、解决问题的能力。

在世界文化飞速进步的今天，各国的竞争日益加剧。创新是人类社会发展中一个永恒的主题，也是当今世界各国竞争的一个主要内容。大学生是中国新时代建设的重要力量，培养大学生的创新意识，是目前各高校亟待解决的问题。高等学校是培养创新型人才的摇篮，应注重培养大学生的创造性思维，要强化创新型人才的培养，要大力培育创新型人才。

从"大众创业、万众创新""新发展理念"中的"创新"，都可以看到，创新已经成了全国发展全局的中心。高校是我国科技创新的摇篮，应进一步完善教育、教学方式、培养创新能力、培养创新人才、提升素质。

（本节编者：戴航、刘丹丹）

第七章　教育理念与教学行为

第一节　教育理念的特点

教育理念是教育方法的概念，在教育思维及教学实践中，教育主体形成的对教育的应然状态的理解认识。教育理念涵盖教育目的、教育使命、教育宗旨、教育理想、教育目标、教育要求、教育原则等组成。

一、教育理念的特点及概念

教育理念包含以下五个基本特点：①教育理念是教育主体在教育过程中产生概念的具体体现，是一种理性认知结果。②教育理念中关于"教育应然"属于"好教育"的价值倾向。③教育理念是对教育现实中思考，但不属于教育现实，它是教育主体通过理念载体自觉反馈到教育现实，因此，理念持有者即理念载体在理论上是对教育的清晰认识，也是理念载体对教育的深刻认知。④教育理念是一个概括性的概念，是教育思维活动等的共性概念。其中，教育思想、教育观点、教育信念等概念都包含其中。教育理念具有教育各概念的共同性，同时又具有直观性和抽象性，通过教育目的、教育宗旨、教育目标等形式表现出来。⑤教育理念源自教育实践，具有引导定向的功能。

通过上述对教育理念的基本特征的理解，教育理念可作如下定义：在教育实践和思维中，教育理念是将规定性定义和程序性定义结合的综合体，既可以是单一概念也可以是非独立的概念，是系统的也是非系统的，但是无论是哪种教育理念都能影响教育主体的教育实践行为，也体现出教育主体对教育的应然状态的理解。

二、教育理念的特性

（一）以人为本

当今，社会时代发展从以科学技术为主再到以人为本，教育为促进社会发展、促进教师队伍素质能力不断提高，为社会提供具有素质高、专业强的各方面人才"以人为本"的时代精神在其中充分体现。将以人为本作为现代教育的核心，在教学过程中融入时代精神和民族精神，全面实施贯彻新的教育发展理念，发掘人潜在的能力和天赋，培养正确价值观，弘扬人文精神提升文化品位，增强适应社会环境的生存能力，不断完善自身的发展。

在教育过程中要融入"三全育人"，在整个教育过程中全方位地将以人为本概念贯彻、落实，将现实需要和未来发展作为重点关注，激发人的潜能，提高自我价值的实现，同时提高精神文化和生活质量，逐渐提高自身能力。通过教育增强民族凝聚力，提高国家综合国力。

（二）全面发展

在现代教育中，不断提高自由全面的发展，关注发展过程中人的全面综合发展。宏观上全民教育立足于整个民族的共同发展，通过全民族素质教育的不断加深，大力提升和发展科学文化水平及综合素质能力，这样才能提高人的创新能力，只有提高全民综合素质和创新能力，才能促进民族繁荣和国家富强；微观上在教育教学过程中，教育的根本任务是培养学生的德、智、体、美、劳各方面的发展，提高精神文化，通过不断更新教育理念，将教育由专业转向通识，实现全员育人的教育战略。

（三）素质教育

在现代教育教学过程中，摒弃了传统教育思想中只重视知识传授的理念，将良好的素质教育融入教育过程，针对性提出改变传统教育理念中过分看重知识传递及考试分数，轻视综合素质及实践能力等弊端。素质教育强调所学知识、素质及能力在人才整体结构中和谐发展并辩证统一，强调素质和能力是培养方向的重点，加强学生实践能力的训练和培养，帮助学生学会主动学习、自主学习。素质教育旨在全面激发学生潜在的能力，提高综合素质、提高人的整体发展水平。将教育不局限于教学活动，让我们的学生能够从知识中来，来而能战，战而能胜，成为真正对社会有用的人。

（四）创造力

转变教育方向，通过从传统教育转向现代教育，着重培养创造性教育。经济价值为人的创造力在经济社会中的作用提供了一定的价值体现，彰显了人才创造力及其潜能在现代社会中的重要作用。在现代教育中，创新教育和创业教育两者的有机结合，构成创造力教育，通过培养学生的创新创业能力和思维，充分激发学生的创造潜能，有效提高学生自身优势。现代教育强调教学过程也是一个高度创造性的过程，教师以现代化的教育教学手段，优化教育过程使之成为教学艺术，为学生营造更优的教育教学环境，引导、开发潜能，点拨启发学生的创造力，才能全面提升学生的能力。通过创造力教育不断培养新型、复合型创新人才，为社会输送高素质人才是现代教育的重要目标，使人才不拘泥于书本上的刻板知识，将知识内化为自身的能力，实现个人价值。

（五）主体性

现代教育更能体现以人为本的理念，强调人在教育过程中的主体性，充分调动教育主体的积极性及能动性，使教育教学过程转换成客体服务于受教育者主体的能动活动。教师是课堂学习的主导者，对学生的主体地位给予充分的尊重，教学过程中始终将"学"作为教育中心，知识讲解不仅需要清晰明白、逻辑清楚，更要因地制宜、因材施教，能够很好地提高学生学习知识的主动性，激发学习本能，学生也会从之前的被动接受知识转变为主动发现索取知识，使教学过程真正变成一个主动学习的过程，变成教学活动的主体，提高学习主动性，建构知识及实践体系。"这节课讨论活动有没有讨论起来？""问题设置本身有没有引起紧张的思考？"教师需要通过教学反馈不断总结反思相关问题。相对于传统教育理念，现代教育通过转变教师、教材及课堂教学为中心的教学理念，重点关注以学生为中心、以实践为中心、以活动为中心，不仅仅倡导快乐教育，还关注学习过程中的学习成果，通过多种新颖模式的主体性教育，不断提高学生对学习的热情和兴趣，让其逐步养成自主学习、主动学习的能力，形成良性循环。

（六）个性化理念

人不是学习的机器，丰富的情感体验和相应的意志调节伴随在知识学习的过程中，个性化学习体现为文学、科学、艺术、道德的内在融合，构成个性化学习的内在底蕴。时代发展和创新是密不可分的，人才是支撑社会发展的根基。因此，在教育中要求教师在教学过程中与时俱进，倡导个性化教育理念。现代教育理念中，尊重学生的个性发展、鼓励对学生实施人文关怀，对不同个性特点学生采取适合的教育手段。教师通过了解学生的特点，制定适合其发展的教学方式，让学生在自由的空间里充分发挥其创造性。在教育的各个环节中将教育理念有机融入其中，不断拓展学习资源，对提高学生的身心素质和创新能力有着极其重要的作用和影响。教师教育实践过程中，首先，要针对不同的学生制定适合其发展的个性化教育环境；其次，教育过程中对学生的个性化差异保持认可，将公平、宽容的精神融入教育活动中，将平等的机会和条件提供给每一个学生，为其展示个性和发展搭建平台，以学生为中心鼓励学生积极创造；最后，注意教育方法的使用，要因材施教，对学生的个性化给予认可，不同的学生有其独特价值，发现和激发学生的潜能，能够培养学生自主、独立的学习能力，促进学生自由发展。引导学生通过自主学习走出迷茫，探索目标，在实践交往中提升品质，规划人生。

（七）开放性理念

开放是当今时代的主旋律。随着科技的迅速发展，全球经济、信息、网络促使世界更加密切地联系在一起。传统的教育模式格局已经不再适用于当今社会，开放性教育正在快速发展，教育观念、教育方式、教育过程都包含开放性教育，在教育观念上，我们既要和国际接轨，吸纳优秀教育思想，同时也要剔除糟粕，将优秀的思想、理论和方法融入教育中；在教育方式上，结合先进的教学理念，制定适合学生发展的社会化道路；在教育过程上，倡导终身教育、实践教育，让学生走出校园融入社会，增强实践教学；在教学目标上，通过开放性的教育激发学生的创新能力，教育的目标就是通过学生能力的不断提升进一步拓展发展空间；在教育资源上，利用现代化教学手段将优秀教育资源应用到教学过程中，激活教育实践；在教学内容上，教育环节要面向世界和未来，设置开放、生动、新颖的教学内容，提高学生学习兴趣；在教育评价上，要打破传统试卷考试评价方式，通过多角度、全方位、多元化的教育评价，建立开放性机制。

（八）多样化理念

在多元化的时代中社会结构高度分化，人们的价值取向随着日益复杂的社会生活而变得更加多元化，教育也呈现出多样化发展的趋势。在教育中，学习本质上是人脑神经元接连发生的变化，不同的学习方式，能够得到不同的学习效果。基础教育的目的是为学生产生多元化思维奠定基础条件，在此基础上加强创新能力培养，开设多种特色课程供学生自主学习，强调多元化发展。

（九）生态和谐理念

人才需要在和谐的生态环境中健康成长。现代教育中，将教育的一系列举措融入一个有机的生态整体。该整体中既包括教育活动的主体学生、教师、课堂、教学内容、实践环节等诸多要素之间的融合，同时在育人过程中的环境、设施及文化氛围之间的协调也应该统一。在教育的过程中，在每一个有机要素之间将融洽的精神灌输其中形成统一和谐的教育生态链，为人才的健康成长提供适宜的环境，将和谐理念贯穿育人过程。在现代教育中，和谐教育对整体生态环境提出新要求，为营造出和谐统一的教育氛围，在管理、服务、教学中都要协调统一发展。

（十）系统性理念

新时代中，终身教育已经成为现实，人们更加重视教育的意义。随着对知识和学习的不断渴望，教育已经不仅局限在校园，还与社会的发展和进步紧密连接。同时，教育也不再只关乎个人，而是与全民整体提高密切联系。系统性教育已经成为社会发展的重要环节，不仅关乎社会发展的全局性，更是一项战略性事业，在各行各业中都需要人们的共同建设、共同参与才能完成。因此，社会大教育体系已经逐步形成，在统一规划、统一设计、统一运行的系统工程理念的统一指导下，才能进一步实现提高人的生存和发展能力，以达到全面提升社会发展的目标，促进教育大系统良性运行和有序发展。

（本节编者：赵鹏）

第二节 教育理念的内涵

教育理念，即有关于教育形式的意识，是在教学活动内容及教育思想内容中产生的对"教育个体性"的社会意识和主观性标准，包含教育服务宗旨、教育重任、教育目的、教育理想、教学目标、教育标准、教育原则等内容。

一、以人为本教育理念

当代教育特别强调以人为本，把注重人、理解人、重视人、爱惜人的精神贯注于教育科研的多方位、全过程。

（一）以人为本理论概述

在高校教育管理坚持贯彻以人为本的教育理念，必须首先明确理解以人为本中所指的"人"的含义。以人为主体、以人为活动的标准，要求我们在制定各种政策和完成各项工作时，把客观规律同人的现实需求相结合起来，以促进学生知识与德行、技能与素质全方位发展作为教育目标。以人为本理论是一个符合现代社会发展的理论基础，在中西方思想文化的变迁及我国社会历史进程中都蕴藏着深厚的理论渊源。通过分析和梳理各个不同历史背景下以人为本的思想理念，能够为以人为本理论提供更加有力的理论支持。

（二）以人为本教育理念应用的原因

1. 有利于培养学生的自主意识

以人为本的教学理念在高等教育当中的应用，有利于培养学生的自主意识。学生自主意识的提升是提高课程学习效果的关键，通过将以人为本教育理念融入教育，能够促进学生在学习过程中的自主性，自主意识得到增强，学习效率得到提高。学生只有在自我学习中体验学习的乐趣，才能积极主动参与到课程的学习中。

2. 有利于课堂教学的改革

把以人为本的教学理念运用到高校课堂教学过中，有利于课堂教学的顺利改革。在高等教育教学中，教师应当关注学生的发展需求，以学生为主设计课堂教学方式方法，充分激发学生学习的兴趣，增强学习能动性。因此，应用以人为本的教学观念有效开展课堂教学已成为课堂教学改革的重要一步，能够有效提高教师教学趣味性。

3. 有利于提升教师教学水平

教师教育教学水平的提升需要用先进的观念做基础，以人为本的教育教学理念正是提高教师教学水平的关键方法，在这种教学理念的指导下，学生学习的兴趣与积极性得到不断提升。以人为本的教学理念能指导教师在创新化思维模式之下，有效设计教学环节，将重要的教学理念植入教学过程当中，用先进的教学方式开展课堂教学，让学生在充分了解知识点的同时，与社会生活实例相结合，真正做到从学生的实际出发。

（三）以人为本教育理念应用的方法策略

1. 应用自主探究的教学方法

在高校课程教育教学中，应用自主探究的教学方法开展教学，能有效提高以人为本教学效率。以人为本的教学理念强调在课堂教学过程中以学生作为教学的主体，对学习的方法和内容进行自主探究，推动教学目标的实现，学生学习的自主性得到提升、学会学习是以人为本教育理念的重要体现。这对学生自主性的要求较高，提高教育教学水平。因此，利用自主探究的教育教学方法让学生充分参与到课堂学习中来，在自主学习中提升对学习的积极性。

2. 激发学生课堂参与热情

在课程学习中，鼓励学生积极参与到课堂学习，提高学生学习的热情，以学生的需求为主设计教学过程是以人为本教育理念的要求之一。以人为本的教育理念提倡以学生为主，开展教育教学需从实际需要的角度出发，让学生在实践中了解所学内容。教师应当在以人为本教学理念的指导下引导学生有效地学习课程内容，让学生在了解理论知识的前提下主动开展实践学习。

3. 提升教师以人为本的教学意识

提升教师的教育教学意识是落实以人为本教育理念的根本方式。以人为本教学理念的树立，需要教师通过长期阅读相关教育书籍。以人为本的教学理念强调以学生为主。教师在阅读相关书籍时要了解以人为本教学理念的真正内涵，并将这种教育理念运用到实际教育教学当中，用以人为本的教学理念设计教学环节，让学生在教学过程当中快乐地学习。另外，高校及社会相关教育部门应当重视多举办关于以人为本教育理念方面的培训，让教师在培训的过程中充分了解以人为本教育理念的内涵，将以人为本的教学理念传递给教师，让教师在以人为本教学理念的指导之下有效开展教育教学。在课程教学中，教师应当充分关注学生的发展与变化，在教学过程中将围绕学生为主的教育教学理念，真正做到以人为本。以人为本是当前教育教学的重要理念，教师应让学生积极主动地学习道德内容，增强道德学习的有效性。

二、素质教育的理念

素质教育的理念特别强调知识、工作能力与素养在优秀人才总体构造中的相互影响、对立统一与融洽进步，以帮助学生学会学习和加强素养为基础教学目标，致力于全方面激发学生的诸种素养潜力。

（一）贯彻素质教育的意义

在高等学校教学过程中，教师需要将素质教育的理念运用到课程教学的过程中，同时教师应该深刻理解贯彻素质教育对课堂教学的重要意义和作用，这样才能真正实现素质教育下的课堂教学，从而在实际的课堂教学过程中应用适合的教学方式。

1. 符合我国的教育要求

将素质教育贯彻落实到高校实际教育教学过程中，符合我国的教育要求。在高校教育各个阶段的教学过程中，教师要紧密结合我国学校课程教学要求、教学目的来展开教学，真正体现出教师的教学特长，提升教学效率，促进学生的未来职业发展。

2. 有利于促进学生的发展

高校贯彻落实素质教育，就是帮助学生提升职业素养。我国的教育要求是依据社会对人才的实际需求而提出的，并非凭空想象而来。因此，在教育过程中，教师应该注重学生的素质教育，加强学生在社会的竞争力，这样不仅有利于学生的成长与学习，更为日后学生发展奠定坚实基础。

（二）贯彻素质教育的策略

教师是素质教育的真正执行者，学生是素质教育的受益人。教师为了在实际的课堂教学中完成教学目标，在教学过程中需要选择合适的教学方式，促进学生素质的提升。

1. 促进学生知识结构的发展

在高校课程教学中，教师应在课堂教学过程中体现素质教育，从知识结构发展的角度开展学生知识框架的构建。在教学中应用教材，加强学生的基础知识学习，同时运用现代教育技术结合课堂教学情境，帮助学生理解内化所学的知识。通过素质教育的内涵，要明确学生知识框架的构建，从而促进学生知识结构的形成。在高等教育教学过程中，由于部分学生的基础知识比较薄弱，教师需要帮助学生构建知识结构，通过适合的教学方法帮助其发展。

2. 加强学生的知识探究能力

在高校课程教学中，教师要不断增强学生对知识探索的能力。同时，教师要立足于素质教育的基础，将教学理念贯彻在课堂教学中。尤其是对刚步入高校的学生，需要教师帮助其提高探究知识的能力，在进行学习的过程中，通过教师的引导逐渐形成一定的自我学习意识，并在各类课程学习过程中加以运用。教师通过问题引导、实践研究等形式展开教学，培养学生只是探究的能力，促进学生素质的发展。

三、创造性理念

加强教育创新与创业教育并推动两者的结合与相融，塑造自主创新、自主创业复合型优秀人才成为当代教育的基础目的。

创造性教学的核心理念是指教师根据学生创造活动的客观规律，发挥学生的主观能动性，将创造性思维方法运用到实际课堂教学中，激发学生创造潜能。运用创造性教学应首先明确创造性的教学理念。

第一，创造性教学是培养学生创造性的一种教学活动，通过倡导学生有目标、有选择地学习，教师引导学生独立进行思考和探究，最终形成结论，不单单满足于获得现成的答案和结果。目前，很多学校在进行创造性教学过程中，并没有将其实际地应用到教学过程中，在实际的教学中还是以传统的知识讲授为主，创造性教学更多地体现在了总结当中。真正地实施创造性教学应该以有利于学生形成具有创造性的教育为目标，坚持教学创新。

第二，创造性教学受众面应该面向大众，并不是只针对少数所谓的精英。个别教师认为创造教育的受众应该是部分具有较好创造才华的人群，但这种理解是不正确的，因为创造是人人具备的本能，是可以通过正确的教育方式进行培养的，通过教师的创造性教学培养，可以激发人的创造潜能，提高学生的创造力。

第三，在教学过程中，将创造力的培养作为重要目标。在部分教育中，教师轻视学生创造力的培养，将教学重点放在现有知识的学习上，或者把创造性教学的重点放在训练创造性的技法，这样导致教学空有创造之"名"，而无创造之"实"。当学生具备创造意识时，在教师的指导下树立创造目标，才能产生创造动机。教师在创造性教学的过程中起到启发和帮助作用，加强学生综合素质的培养，提高学生创造能力。

第四，教学的过程中应关注创造性教学，而不应该把目光局限于教学所要达到的目标。在教学过程中教师如果并没有给学生自我思考过程"留白"，程序化地将知识灌输给学生，就会产生重结果、轻过程的教学的结局，导致学生自我思索空间缩小，只是单纯地记忆教师传达的知识。而创造性教学则强调教师通过质疑、分析、比较及相应的选择过程引导学生，多样性的教学过程更有利于学生找到创造灵感，由求同到求异，这是一种过程、结果并重的教学，对于教学结果的评价方式和标准也可以是多元化的。

第五，创造性教学是将学习的自主权交还给学生。在创造性教学过程中教师应引导学生学习，找到开启未来的新智慧，可以进行头脑风暴训练，启发学生创造性思维，为学生创造力的产生创造适宜环境。学生作为创造性发展主体，鼓励多种想法，接纳标新立异的观点，真正发挥学生的主体能动作用。创造力不是胡诌，而是在基础知识扎实、知识结构完整的前提下新观点之间碰撞出新火花，为问题的解决提供新策略。

四、主体教育理念

主体教育理念标准：教育过程要从传统式的以教师为核心转变为以学生为核心、以活动内容为核心、以活动内容为核心，提倡自主性教育、快乐教育、塑造学生的自学能力和良好习惯，使学生积极主动地学习和进步。

在当今高校教学管理以人为本的背景下，要求教师对于教学方法不断完善、创新，将教师主体的发展与学生主体的发展有机地结合在一起，让学生在学习过程中感受学习中发现的乐趣，能够积极发挥学生的学习自主性，可以最大限度地发挥创造能力。这样不仅可以提高学校的教育质量，开拓学校健康持续发展的新局面，还能为学生提供新的教学体验，形成更好的技术素养，实现自身的社会价值。在主体教育理念指导下，努力探索科学、高效的管理方法，逐步形成学校以学生为主体的教育办学格局。

（一）主体教育学校管理的意义

随着教育理念的不断更新，学校管理方法也在不断变革。学校管理及新课程改革体现了对学生主体或教师主体的关注和尊重。人本教育理念是主体教育的管理模式的核心，充分发挥师生的主动性、自主性和创造性，以发展每个师生的主体性为主线着力推进学校开放教育教学资源，着眼于学校管理方法实现现代化，谋求学校教育教学内容和方法的全面发展。因此，人本教育理念在学校管理中体现的意义主要表现在以下三个方面。

1. 提高学生个性发展

以人为本的教育是一种培育学生个性的活动。为使学生个性发展得到充分保证，提高学生的自主性、独立性和创造性。主题教育理念提高了针对性、适应性和实效性，打破原有学生"齐步走"的局面，充分满足学生个性化需求，从根本上实现了"一切为了学生，为了一切学生，为了学生的一切"的目标。

2. 增强教师专业化水平

教师的专业发展是主体教育关注的重点，将关注重点从"师德、教学基本功、分析教材的能力"转变为对"学历层次的提高、反思能力、科研能力、心理健康、情感状况、情绪意志"等方面的关注，更加关注教育思想的改变、教育理念的更新，对专业知识结构的完善、教育教学科研能力的提高及教育教学风格的形成等更为重视。

3. 促进办学特色的形成

主体教育的学校管理可通过师生的不同需求，结合学校教育资源和学校优势，确定本校的办学特色、办学目标和策略，最终形成自己的办学特色。

（二）主体教育理论基础

教育理念通过指导教师进行教学行为，在教学过程中教师要时刻检查是否具备运用先进的教育理念、是否对教育理念孜孜追求、是否不断改进工作的意识和能力是衡量一个优秀的教育工作者和平庸教育工作者的根本区别。如果在教育过程中没有教育理念，教育将会变成教书是真、育人是假。

党中央和国务院提出全面推进素质教育后，极其重视教育理念的形成与变革。党的十八大以来，以习近平同志为核心的党中央高举起改革大旗，习近平全面深化改革重要思想应运而生，一场新时代的思想大解放席卷神州，中国特色社会主义伟大事业由此步入崭新境界、结出丰硕果实。国无德不兴，人无德不立。立德树人，是教育事业发展必须落实好的根本任务。习近平指出，要把立德树人融入思想道德教育、文化知识教育、社会实践教育各环节，贯穿基础教育、职业教育、高等教育各领域，学科体系、教学体系、教材体系、管理体系要围绕这个目标来设计，教师要围绕这个目标来教，学生要围绕这个目标来学。

（三）主体教育理念的内涵

1. 基本含义

"以人为本，实施主体教育"作为主体教育理念的根本，以学生为根本，把学生作为课堂教学的主体，实行主体教育的教育理念。通过让学生充分认识到自己主体性存在的价值和意义，达到促进全面发展。同时，教师通过运用适合的教学方法，指导学生学习，起主导作用。

2. 以人为本教育理念凝聚了教育本质

在漫长的教育历史中，以人为本一直是古今中外教育中推崇的教育思想，其凝聚了教育的本质。要把人民群众的发展需求作为经济社会发展的重要价值体现，牢固树立人民群众在发展中的主体地位这一重要思想，培养带有浓厚爱国、爱家情怀的现代大学生，不断探究和实践适合我们自己的教育教学方法。高校教育质量提升活动有利于师生双方的职业生命发展，因为如果一种教学方法压抑了师生的发展，那么无论它多新、有多少理论依据，都不能提升教学质量，这也是教育的自然选择。

现代的教育思想扬弃了传统人本思想中的不足之处，将科学发展观渗透于现代课堂教学，以培养人才为己任。职业教育遵循实践逻辑，不能仅仅依靠理性思维和理论知识制定完美的教学方案。教学方案不断接受社会条件与学生自身的知识更替而变化。教育坚持科学发展观，也必须"以人为本"，这是现代高等学校教育发展的本质和核心任务。

3."实施主体教育"充实素质教育

中共中央制定发布的《关于教育体制改革的决定》中明确指出："教育的根本任务是提高整个中华民族的素质。"全面培养具有高素质的大学生，是我国高等教育的根本任务。当代高等教育要培养具有高素质、富有创新思维、能力强的新人才，离不开一线教师在教学活动中的不断创新，离不开创新的教育。中共中央、国务院发布的《关于深化教育改革全面推进素质教育的决定》一文指出素质教育应当由中小学教育延伸到各级各类学校，包括高等院校，表明了国家推进素质教育重大变革的坚定决心。

基于素质教育的本质和根本任务，首先要找到先进的素质教学模式。教师要创造条件让学生主动探究知识、增强智力和能力，调动学生的积极性和主动性，将学生作为教学活动的主体，调动教与学双方面的积极性。教师的教学也要有创造力，创造适合高等教育的教学方法，创造出更加理想的素质教育模式。

（本节编者：赵鹏）

第三节 教师教学行为的内涵

教师教学行为的基础是教师的素质，同时也是教师素质的外在表现。教学行为虽然有时很短暂，但却不容忽视。它清楚地反映了教师在教育和教学活动中的有效性。在教育发展过程中，教师的教学行为是重要变量之一，同时也是教师行为的集中体现。关于教学行为的研究，过去的关注点主要集中于对教学方法、教学模式和教学艺术等方面的研究，对于教学行为并没有过多关注。伴随课程与教学评价改革的深入，在理论和实践上课程与教学评价体系都取得了丰硕的成果，但在发展中，诸如理性分析不够深入、研究课题不够集中、实践探索薄弱等一系列问题仍然存在。在宏观管理层面，现有的课堂教学评价体系缺乏微观上对课堂教学行为具体评价研究。在标准化模式的限制束缚中，限制个性化教学的开展，导致在教育动态过程中忽视对师生价值的诉求和评价权利。

在教学过程中，教学行为始终贯穿其中，有效的教学行为设计能够大大提高教学过程中教学的效率。教学行为的设计是基于更好提高学生学习的前提下，利用多学科理论基础应用于教学技术中。通过将多种学习策略进行整合，融入教学经验，最终通过教学行为展现出来帮助学生学习知识和技能，提高学生获取知识的效率，更加引人入胜。通过教学行为设计能够提高教学对专业更深入的理解，有利于教师个人发展，同时也能够使教师创造力得到充分体现。

一、教师教学行为设计的概念

教学是教育过程中的基础，是建设教师行为的根基。如何正确地理解教学对教学行为有着重要的影响。在教学过程中，教师对教学规律、模式、评价及流程的认知是教学行为的一部分，教师在构建自身的教学设计体系前，首先要探究什么是教学，把握教学的真正含义后，才能从整体上构建教学体系，帮助教师跟随教学行为设计总体趋势。

教学与社会发展密切相关，伴随人类社会的变迁和发展，不同时期的教学目标和教学内容都随之而变化，教学形式和教学方法也在不断更新。在不同历史时代背景下，教学有着不同的知识结构和研究方法，可以从多个角度来理解教学的概念。

当前我国教育专家对教育的表述虽不一致，但是教育的内涵是一致的。第一，教学是一种行为活动，教师通过传授知识给学生，以达到将知识传输的目的，是一种帮助学生获取知识的行为活动；第二，教与学是一个统一的整体，教师通过教学行为传授知识，学生作为行为主体接受知识；第三，教学行为的宗旨始终是提高学生的全面发展，提升综合素质。

二、教学的本质

（一）教学的行为认识活动

教学是一种认知行为，人类通过大脑感性到理性再到实践认知的反应，客观展示了哲学认知的特征，而教学行为同样遵循认知的基本规律，即"感性 — 理性 — 实践"。在认知规律的制约下，教学活动也受到制约，但是教学活动是一种特殊的认知过程，它并不是简单地遵循一般认知规律，因为在人类认知活动中，首先教学认知是教师与学生之间的教学活动；其次，教学认知的过程是一种行为经验的间接学习过程；再次，教学认识是学生通过教师教授获取知识的一种行为；最后，教学认知是学生进行道德行为认知的过程。

（二）教学的行为交往活动

教学过程是一种特殊的交流活动过程，其中包括教师教学行为及学生的学习行为。教师与学生之间的关系是教与学在特定环境中的行为关系，两者都是这种关系中的积极因素。彼此之间既相互产生影响，也相互促进，教与学作为教学过程中的主体，彼此都是相互存在的前提条件。教学行为和学习行为相互交融贯穿在整个教学过程之中，既彼此相互联系，又具有独立性。教学的行为活动是社会行为中比较特殊的一种，有别于一般的社会交际活动。教学行为的目的在于传授与接纳，通过提高人的各方面知识储备达到交往的目的。

（三）教学的行为实践活动

教学过程中，教师需要根据学生的特点和社会的需求制定教学目标，通过启发和传授科学文化知识和实践技能，引导学生掌握新知识、新技能，增强学生的综合素质，同时培养学生全面健康发展，养成正确的思想道德和价值观，是一种特殊的社会实践活动。其特殊性表现在以下几个方面。第一，教学的目的是让学生通过所学知识理论应用到实际生活中，通过对知识的理解和进一步实践，并在实践中印证理论知识，增强解决问题的能力；第二，实习环境具有特殊性，学生的学习环境是教师通过研究学生特点和教育目的所设定的，是在特定的教育环境中进行的；第三，在教学过程中，实践方式具有特殊性，学生可以通过社会实践、模拟操作、参观学习、调研研究等方式进行。

三、行为的特征

人的行为是在一定的物质条件下，为满足需要进行的生理和心理活动，在社会环境、文化和个人价值观的作用下，表现在生活中的基本特征。个体行为是群体行为的基础，行为者因个性不同，在特定的环境中根据自身个性会作出自主选择行为，具有主观性。

行为的动机源自需求，其内在动力是人对事物的生理和心理上的需要所引导，将内在的意识转化为外在行为。动机与行为是相互关联的，通过行为来实现目标，往往动机和目的越是强烈，表现出来的行为也越强烈，具有目的性和战略性。

教育行为是一种特殊的行为。广义上，教学行为指的是教师教学和学生学习的过程；狭义上，教学行为是教师在教学过程中产生的一切影响学生的行为。在教学过程，教师教学行为根据教学目标、教学理念、社会需求和学生特征，设置特定的教学环境，通过传授知识和技能给学生，是教学操作方法的总体表现。同时，教学行为除具有社会行为的共性外，还是一项特殊复杂的行为过程。在教学过程中，要充分发挥教学行为的主动性、服务性、规范性和个性化的特征。

（一）目的性

教学行为是通过教学目标而确定，具有很强的目的性。通过特定的教学行为实现教学目标，在教学活动的基础上服务于教学目的。在教学过程中，通过将各因素进行内部整合形成教育价值观，并以教学行为导向的方式展现出来。教学目标具有强大的引导作用，目标越是明确教学效益就越高，两者之间紧密相连。

（二）社会性

从教学活动的属性来看，它属于社会实践的一种，教学行为源自社会行为，也遵循社会实践的规律进行。在教学过程中，社会的客观发展直接影响教学行为，将优良精神文化和思想道德通过教学行为进行传授，体现了教学活动的社会性。

（三）规范性

教学行为的设置是依据教学目标和要求。教学活动需要在动作、言语、姿势等规范的教学行为特征下进行，教学主体要将正确的价值导向、伦理知识、科学文化传授给学生。正确处理教学活动中的教学行为，才能充分发挥教育的功能，达到教学目的。

（四）一致性

教学行为是诸多动态和静态元素之间的有机结合。通过协调动静要素之间保持一致，才能高效地实现教学任务，达到教学目标。在教学过程中，教师教学行为的要求和步骤要保持一致，以完整的形态展现在教学活动中。另外，要以教学目的为核心，整体朝着既定方向运行。因此，教学行为是一种整体性行为。

（五）创造性

首先，教育的目的和教育的功能是随着社会经济制度发生变化而随之发生变化，教学行为也会随之而产生变化。其次，在多元化的社会背景下，现代教育对教学行为的要求更高，通过提高标准和规范丰富教学内涵，这就要求教学行为需要与时俱进具有创造性，这样才能满足日益变化的教学要求。

（六）角色性

教学行为过程中行为主体是其中的重要角色，承担完成教学任务、实现教学目标的重要任务。各项任务都需要特定角色来完成，这就构成各个教学角色，完成教学任务的主体就是这个角色的承担者。相应地，每个承载者也必须具备匹配的品质和条件，才能转化和创造角色行为。

（七）自觉性

教学行为在强烈的教学目标下，能够引发强烈的完成意愿，通过完成教学任务获得成就感。这种强烈愿望是教育者对教学任务的重要性充分认识、对完成教学目标的深刻理解，完成教学任务的愿望也就更加强烈，会自觉、主动地进行教学行为来完成教学目标。在完成教学目标后，教育主体会得到强烈的满足感，并驱使更强烈的教学动机，在这种动机下教学者能够调动各种因素，积极开展教育教学活动，使教学行为成为主体的自觉行为。

（八）有效性

在教学行为中，如何有效实施教学，通过教学过程中教学行为的科学设计、规范制作能够提高教学行为的有效性，是教学行为的基础。另外，通过提升和完善整体教学水平达到更好的教学效益，是交性行为的结果。两者协调统一。

四、教学行为设计

（一）教学行为设计的内涵

教学行为设计是通过对教学内容、教学方法进行分析，评定和指导学习的教育过程。通过规划预期想要达到的教学目标选择适合的教学行为，是教学设计中的重要部分。教学目标设计中行为目标是关键因素之一，行为目标是行为主义心理学中的概念，通常是指学习目标或者预计达到的操作目标，学习者通过明确想要达到的目标，将目标变成一种可视化、具体化的行为陈述目标，通过一系列的学习后展现学生在学习过程中发生的行为变化。在教学目标设计中，行为目标的表述形式占有重要地位。

在教学行为设计中，通过教学对象和教学目标来选择恰当的教学起点和终点，有序、合理地安排教学中的各个要素，最终形成一个完整的教学方案。教学行为设计的过程，是将系统方法运用到教学问题中的一门学问，目的是通过最佳的教学设计达到最好的教学效果。教学设计具有以下四点特征。

第一，教学设计是教学过程中的一部分，遵循教学过程的基本规律，它是将教学原理通过教学方法变为教学材料和教学活动的计划。通过确定教学目标，达到解决问题的目的。

第二，教学设计是通过组织、安排、解决如何教授的问题，是一种具有计划性和决策性的教育活动，目的是实现教学目标、达到教学效果。

第三，教学设计遵循程序，以系统方法作为指导。通过将教学各要素看成一个系统，明确教学目标，分析教学过程中可能遇到的问题，以达到教学效果最优化。

第四，教学设计是教育技术的一部分，是学习者通过教学设计提升获取知识和技能的兴趣及效率的技术过程。通过运用系统方法，使教学设计过程变为一种具有操作性的程序。

对教学设计内涵包括：注重教学设计的系统性特点、注重学习体验和学习环境的开发及注重教学设计的本质。运用系统的方法被教学行为设计所应用，教师教学行为通过将教学理论进行转化，其目的是促进学生学习的特殊设计活动，遵循教育科学的基本规律。

（二）教学行为设计的结构

1. 教学行为设计的性质结构

教学过程中，教学能力、教学方法及实践组成教学行为，教学行为设计包括三种特性：第一，程序性。程序性教学行为设计的根本是教学能力和技能，教学目标、教学方法、教学过程、教学内容都包括在教学行为设计内，在连贯性的基础上设计教学行为，具有规范性和连贯性，能够保障教学行为设计的科学性。第二，生成性。教师通过课堂教学经验积累和不断创新，根据学生的特点创造出适应学生个性的教学行为，具有很强的适应性和创造性，匹配学生多元化的需求。第三，策略性。它介于前两者之间，既包含了教学行为的一般规律，又通过教师教学中积累的经验和智慧形成适应学生特点的教学行为。

2. 教学行为设计的时间构成

课堂教学中教学行为被分成课堂前、中、后三段教学行为设计。其中前段教学行为是教师课前准备的时间；中段教学行为是指教学过程中，教师实施的教学行为；后段教学行为是教师课后对教学过程的总结，通过分析教学行为，能够提高和完善教学行为。

3. 教学行为设计的结构功能

第一类教学行为设计功能是由教学基本行为、技术和组织行为组成。其中，教学基本行为包括教学过程中应用的手势、姿态、动作等行为，还包括口头语言设计和书面文字设计，教学用语、板书设计都属于语言行为设计；教学技术包括授课讲解、提问、答疑、管理等行为设计；教学组织行为设计中要考虑到学生的不同特点，设定适应的教学环境，因人而异的教学方法。

　　第二类教学行为设计功能由主要、辅助教学行为及管理行为所组成。其中，主要教学行为由教师主导进行，通过讲解、板书等一系列的教学行为所展现。在教学过程中还应与学生之间保持互动和讨论，课后指导学生，解答学生的问题，即教师指导行为；辅助教学行为在教学过程中由教师积极引导学生学习，加强课堂沟通，激发学生的学习热情的行为。教学管理行为包括对课堂时间、互动问题、教学组织行为的管理。

4. 教学行为设计的主体

　　教学行为中的主体包括三种，即以教为主的教学行为设计、以学为主的教学行为设计及师生互动教学行为设计。这是一个复杂的动态变化过程。首先，在以教为主的教学行为设计中，教学目标、教学对象、教学内容、教学策略、教学效果等都是教学行为设计；其次，在以学为主的教学行为中，通过选学习目标、设定情境、资源开发、自主学习、协作学习、探究性学习、学习效果评价等进行行为设计。互动的教学行为是教师与学生间相互沟通、讨论的行为设计。在教学活动中，分析教学主体的个性和教学环境的情境是选择哪种方式进行教学设计的前提和基础。教师教学形式设计是多样的，通过不同教学行为设计的对象主体选择不同维度的教学方式，每种教学行为都有自身的优势和不足，只有结合教学对象选择适应的教学行为才能达到最佳教学效果。

（本节编者：刘丹丹）

第四节　教师教学行为的特征

在教学实践过程中，每个教师在教学行为设计方案上各有不同，教师科学合理的教学行为设计为教学目标顺利完成提供了基础保障。在教学实践过程中，每个教师在教学行为设计方案上各有不同。本节我们将教学行为设计过程的一些基本特点进行总结和归纳，为设计过程提供一些理论参考。

一、设计理念的建构性

虽然教学计划的执行有一定的线性先后顺序，但教学计划、教学行为、教学结果评价实质之间的有机联系是动态变化的。产生有效教学的要点不是制定标准的教学方法和技术，而是将教师内化的知识框架外化为教学内容的过程。因此，教师教学行为设计具有建构性，其核心目的是在学生面对复杂多变的情景时能够有条理地分析、解决问题，作出适应当前情况的决策。建构性的教学行为设计理念，要求教师注意以下三个问题。

第一，教师和学生是教学的创造者和教学主体共同参与到教学发展的过程。教学设计是一个体现教师创造与开发能力的过程。建构性的教学设计理念认为，每位教师对教学的内容和意义的实现方式都有自己独到的方法，每个人对教学内容的含义有自己的理解。这也促使教学方法和内容不断改革创新，依据内容选择方法，使既定的教学内容不断转化为"教师自己的东西"。教学过程是教学内容不断传递和内化、教学成果不断生成的过程，教学策略中渗透了教师的教学思想。因此，教学不仅是执行既定教学设计的过程，更是对于教学内容创造和发展的过程。这给教学行为的设计带来了一种新的定义，使教学过程真正成为教师和学生充满个性的创造性过程。

第二，教学是教师和学生之间相互交往与互动的过程。教学设计的建构性理念认为，上课不再是单向的教学内容输出，而是师生交流互动、自我实现和专业成长的过程。课堂上师生双方通过对于丰富的教学内容相互交流、补充，学生在教学环境中主动学习，鼓励学生质疑、辩论，敢于发表自己的见解；教师分享对于教学内容的思考与经验，交流彼此的情感与体会，碰撞出新的思想，实现教学相长和共同发展。从学生的角度看，建构性理念在学习过程中意味着张扬个性、解放学生学习思想的建构，学生不仅学习知识，更要学会探究知识的来源与发展，知其所以然，保持对于知识的好奇，产生求知欲望。从教师的角度看，建构性理念在教学设计中体现在教师和学生平等交流、合作的建构，要求教学行为设计是一个交往与互动过程。

第三，教学既是学习的过程，又是关注结论的过程。教学设计的建构性理论认为，教学是帮助学生理解和掌握正确结论的过程，丰富多样的教学过程是帮助获得正确结论的必经之路。学生学习目的不仅仅是接受知识，同时要学会通过学习发现问题、解决问题。从这个过程中，教师的作用不仅是帮助学生扫清学习过程中的障碍，还要引导学生充分发挥聪明才智与创新思维，找到解决问题的方法，最好是自己的方法。因此，教师在进行教学行为设计时要重视建构性设计理念，注重学生探索和获得新知识的过程。既要设计学生学习的过程，也要关注学生学习的结果，两者不可忽视。

二、设计目标的完整性

课程教学目标是国家教育宗旨的体现，教学的成败取决于准备工作是否扎实有效，教师设计的教学目标必须具备完整性。通常来说，课程目标包括以下四个部分：①认知范畴，包括教学内容基本概念与成因、原理与逻辑；②技能类，包括实际操作能力和行为规范；③思想信念类，包括观点和体会；④应用类，是运用前三类方法解决实际问题的能力。探索社会与学生发展需要之间的关系，一方面，教学目标要满足学生个人发展的需求和人格培养；另一方面，教学目标的设计应适应社会发展的需要，培养社会发展需要的人才，从教育行业的发展促进社会的发展。

现代教师教学目标设计的完整性体现为：①教学目标设计是应该以学生身心素质全面发展为宗旨。当代教育理念要求以人为本，关注学生知识和个人能力全面发展。个人发展的三维目标，被界定为知识技能、解决问题的方法、情感与价值观三者的全面发展。其中，"知识技能"强调专业方向的基本知识和需要具备的专业技能；"解决问题的方法"强调对问题理解、问题探究的体验过程，掌握发现、思考问题的方法，学会找到解决问题的方法和思考过程；而"情感与价值观"是在教师的帮助下让学生形成积极、健康的人生态度，培养具有科学研究精神，有道德、责任感的优质社会公民。②教师教学行为设计强调学生创新能力和实践精神的培养，打好终身教育的基础。科学与人文素质共同作用，帮助学生身心全面发展，在精神上适应现代社会生活。③教学目标设计要求教师在教学过程中要摒弃传统教学思想和内容灌输，教师不是权威的、不可撼动的，而是综合素质强、知识覆盖面广、教学方法优秀的复合型人才。全面发展理念应与终身教育理念、教育主体理念、教育民主理念、和谐发展理念、全面优化理念、人才培养理念有机结合。

三、设计结构的整合性

教学设计结构是指在教师进行教学行为设计的过程中，将各类教学行为组织起来形成教学行为的设计体系。教师教学行为的设计结构应该是由各类教学行为目标构成的有机统一体，并根据具体教学需要而由教师灵活设计。教师教学行为设计结构的整合性是教师教学行为设计的一个基本特征。现代教师的教学行为结构设计教学目标的结构整合性，授课内容的授课时机是经过认真研究的，是由知识体系的搭建过程决定的。《基础教育课程改革纲要（试行）》中写道："为改变课程结构过分强调学科化、学科过多、缺乏整合性的现状，统筹设计九年一贯制课程类别和比例课时，并设置综合课程，适应不同地区和学生的发展需求，体现课程结构的平衡性、综合性和选择性"。教学设计结构的整合性是教学过程顺利实施的理论基础，是连接教学目标与教学结果之间的重要纽带，在教学活动的设计和实施过程中起着承上启下的作用，具体体现在三个方面：①教学行为设计过程参照教学内容与现实社会生活密切相关的各类各种教学行为，教师要找到适当的课程内容传授的切入点，从应用出发告诉学生为什么要学。②教学行为设计体系中各学科占比随着学生学习经历的丰富而有所变化，高年级阶段较低年级阶段在学习方向上出现细节上的变化，体现在哪个阶段就要想哪个阶段的问题。③教学行为设计可以有选择性。教学行为体系为了个性化灵活教学的发展，赋予学校和教师更大的教学自主权，能够使学生有更多自主发展的机会，给学生的个性发展提供有利的环境。现代教育注重教学行为的内在逻辑和系统，关注社会对于学生的个人发展的需求，增强教学行为的实用性，为创新型人才的发展提供了更大的空间。

四、设计管理的民主性

教师教学行为设计管理是教学管理者对教学行为设计方案的制定、实施和评价过程，是使教师的教学行为设计达到预期目标的管理方法。它决定了教学行为发展的方向和运行方式，对规范教学行为具有重要作用。现代教学行为设计强调民主的教学行为管理制度，主要表现为：①为保证教学行为设计满足不同地区学校和学生的要求，改变高度集中的教学行为管理体制，要求实行由教育行政部门、学校与教师组成的三级教学行为管理制度。发挥学校和教师在教学行为发展中的创造力，逐步建立分散的教学行为民主管理制，提高教学行为对教学的适应性。②明确分配教学行为管理者的不同职责，取长补短，更好地协调、分工合作。其中，教育行政研究部门的主要职责是统筹研究教学行为改革方向，因地制宜，制定适合不同地区的教学行为管理政策，制定新的教学行为评价体系。学校参照教育行政部门制定的政策和本地区的实际情况，结合本校的传统和优势，结合学生个人发展和社会需要，制定适合本学校的教学行为管理规定，选择适合学校的教师教学行为评价体系。学校有责任反映在执行教育行政部门管理的政策过程中遇到的问题，各级教育行政部门应当结合学校和教师的反馈情况对教学行为管理的实施和效果进行指导和监督。③为使教学行为发展与管理实现主体化、多元化，教学管理者应整合教学行为管理资源。国家在推广现代素质教育过程中积极鼓励高等学校、科研院所和中小学的教学专家、学者及一线教师积极参与教学改革的实践，鼓励其要对教学资源进行开发和管理。教育行政部门、家长和社会各界都可以参与到教学建设和学校建设的伟大事业中来，充分利用新闻媒体，发挥舆论宣传作用，引导社会各界关心、支持教育事业，培养有能力的优秀人才，让优秀人才可以投身于教育事业。

五、设计评价的发展性

教学行为设计评价对教学行为实施的指导和效果监测具有重要作用，教学评价的目标体系和评价方法都直接影响着教学目标的实现。发展性评价观是教师教学行为结果评价的基本特征，教学结果的评价已成为教学行为设计中关注的焦点。教学行为评价设计的发展性对于教学行为设计有以下三点要求：①以学生身心的全面发展为中心建立教学结果评价体系。对学生学习结果的评价应该是多样化的，学生在校表现是教学结果评价的一个方面，而对学生的学习动机、潜力挖掘和个人能力的评价都应该是评价的重点目标；对学生教学结果的评价应采用多种方法，要摒弃卷面考试作为单一的传统评价形式，建立学生在态度、价值观、知识技能、创新意识和实践能力等方面的评价模式，可以将日常教育评价、内部学业考试和毕业考试作为评价的组成部分。同时，综合教学评价能够帮助学生认识自我，查缺补漏，促进学生个人发展。②建立教学行为评价体系应促进教师持续进步。由于教学行为设计评价的发展性理念，需要建立一个促进教师个人职业发展的评价体系。教学行为设计评价体系的发展性观点认为，在教学中教师应对自身行为进行分析和反思。对教师的评价包括对教学前的准备、教学水平和技能的评价。同时，校长、教师、学生和家长都是教学评价体系中的重要组成部分，这样教师能够从教学的各个环节来获取信息，达到提高教学水平的目的。教学结束后，教师应对上一节的教学进行总结，从各个渠道获得的信息来分析教学的得失，以提高自身的教学水平。教师既是评价的对象，又是评价的主体，充分调动教师的主观能动性，不断产生教师的提高教学行为水平的动力，有不足才有进步。③建立多元化的评价体系，促进教学行为的不断发展。发展性评价观认为，教学目标的多样化和发展性，决定了教学评价的多样化和发展性，在为教学活动的每一个环节提供了建设性的改进意见和建议。教学结果的评价是促进教学行为发展不可缺少的环节。评价方式灵活多元化，定期、反复分析评价教师教学实施过程中存在的问题，完善教学管理，琢磨教学内容，形成教学行为持续创新机制，发挥教学评价的激励和引导作用，大大提高教学质量，起到促进教师教学行为的发展的最终目的。发展性评价理念要求教师在教师教学行为设计中建立促进教学行为不断发展的评价体系。

（本节编者：赵鹏）

第五节　教师教学行为设计的意义

　　教师教学行为设计是教育主体为达到要求的教学目标进行的教学活动，包括教学行为和学习行为，其中包括教学主体和学习主体之间的互动，也包括教学环境。在教学过程中教学主体一般为教师，教师是整个教育活动过程中重要的组织决策者，同时也是执行者和承载者。在教育活动过程中，教师直接或间接地引导、启发学生进行知识学习，达到教学目标和预期教学效果，这是一个主体行为的过程，通过一系列外显行为实现教学目标。

　　新课程理念下，提高教学质量和人才培养的关键在于教师课堂教学行为设计研究。评价作为价值判断的一种客观方法，可以对教学过程中教师教学行为进行分析，科学地作出判断。教师通过客观评价重新构建教师的教学设计，推动下一步有效教学行动的发展。通过激励教师有目的地、有针对性地反思教学行为设计，形成评价、改进、再评价的良好循环机制，创造新的评价价值。因此，教师课堂教学行为评价是以教师具体的课堂教学行为为评价的客观对象，辅助具体评价内容和评价标准进行分析判断，从而达到规范教学行为的目的。在特定的课堂情境中，综合估计和分析教师具体教学行为的特点、影响因素、期望达到的行为目标，帮助教师回顾实际操作过程，改善教师教学行为薄弱环节。

　　教师教学行为中，设计研究保障教学行为各个环节系统化。保证在一定条件下取得良好的教育和教学成绩，师生用最少的时间取得最好的教育和教学效果，有效提升教学效率。它使得教学论的问题愈发细致、深刻。教学行为设计研究与教学行为及教学论的关系是一种深化和具体的关系，促进了教学行为理论的研究和发展，展现了教学行为研究与教学理论的关系，此类从属关系使教学理论更加深入和具体化，这使得教学理论的实践质量得到进一步的保障，落实和发扬了教学论中的许多问题，具体在以下六个方面有所体现。

一、教学行为的科学化落实

　　通过加强教学行为设计实施，对提升教学质量有很大帮助，同时能够优化教学成果、全面提高学生素质，最终达到教学效果最优化。

　　教师在教学时，不仅要凭借自身的知识与经验进行探索，同时要避免教学工作计划的盲目性和局限性，要将教学活动建立在科学系统的基础理论之上，将教学手段与教育模式转变为可以传承的专业技能。只要教师习得基础教育理论，掌握前人探索出的合理的设计方法，就能使学生学习的最优化教学系统实施方案应用于教学实践中。教学设计是设计科学家族的一员。设计科学所有成员的共同特点是用科学原理和应用来满足人们的需求。因此，研究教师教学行为设计让教学工作从经验教学走向科学教学，为教育技术提供扎实的理论支持，它是促使教师教学行向科学化、现代化不断前进的有效途径。

二、提升教学理论的价值性

教师教学行为设计具有连通性，将教学理论与教学实践融合成一个有机整体，教师教学行为设计是一种起到连接作用的教学技术。与其他科学技术一样，教师教学行为设计的现实意义在于运用研究原则，提高教学效率和质量。为了提高教学效率和质量，实现学生身心的全面发展，教学行为研究者和实践者一直在探讨教学活动的运行机制。在教育教学实践的基础上，不断总结教学经验，根据教学效果反复验证理论的可行性，形成了具有普遍应用意义的教学理论体系。教师只有充分了解学生学习行为的特点之后，才能纠正教学行为设计的不足。只有当教师以基础教学理论为依据进行教学行为设计，加上教学经验才能认识和理解教学行为设计研究的重要意义，实现教学设计的再创新，教学理论研究才开始走向现实，发挥设计研究的更高层次的意义，教学实施行为的目的和方向常用常新，不断完善，教学理论才会在实践中提升其价值。

三、展现教学的主体性

教师教学行为设计研究是一个制订师生教学行为计划，研究教学活动中师生行为的预先分析和决策的研究过程，在这类研究中找到对教学产生积极作用的规律，寻找利于提高教学效率的有效行为。教学本质上是教师和学生能动地发挥和建构自身主体性活动。它对于教学行为过程中师生的思想行为、情感行为、道德行为、认知行为、创新行为等，由意识到行动的发生发展过程开展研究，实际上为师生在教学中的心理行为优化自主控制的条件。师生行为的自主控制程度高，就是师生主体性高的重要表现。教学活动是教学行为中行动体系的核心内容，它使教学中师生对教学行为的控制既符合规律又增强了自觉性。同时，教学活动规律性、自适应性研究是教师教学行为设计研究的重要任务之一，从而在教学行为的操作层面上更加有效地体现教学的主体性。

四、促进教学资源的整合性

教学行为设计是在教学情境中，教师和学生的教学实践活动从思维到活动的复杂行为系统。教师教学行为设计的研究试图阐明各个具体教学行为的组成部分之间的互动机制。通过对教学行为各方面内容及其整体的研究，可以找出不同教学行为模式的共同规律，提高教学行为的有效性，增强教学行为在教学中的可预测性和可控性，实现教学行为设计的继承与学习。在教学行为设计研究中，所有的教学资源都是教学过程的研究对象。其中，教师和学生教学行为中的理念思想及教学过程中的教学目标、教学内容、教学方法和教学策略等多种因素都包含在内。通过系统方法分析研究教学行为活动中各个因素之间的相互作用，优化师生之间的教学行为活动，以便提供更好的教学环境、教育资源来促进学生的个人发展，以教师的进步促进学生的进步，起到教学相长的作用。所以，这种系统化的教学资源整合，改善了教学效果。

五、增强教学评价的客观性

教学评价本质上是对教学行为实施情况的课后评价，无论是对于知识本身讲授的评价，还是教学能力的评价，都要在教学行为之后反馈给教育者。教学评价通过将学生学习过程中心理变化进行评价，以多种方式具体、深入地研究教师教学行为，其研究对象是教学过程中教师和学生之间的教学行为。这种将教学过程中外显行为作为教学评价对象，能够更加深入、细致地对教学对象进行评价，可行性和简便性很高，很好地解决了传统评价中枯燥、抽象地叙述问题。将教师教学行为设计的评价展现在具体情境下的教学行为中，可以通过更生动活泼的形式展现教学效果，同时也能避免因主观臆断、理想化评价带来的负面影响，体现了教学评价中对待教学实践中的科学态度和客观态度。

六、加强现代教育技术普遍应用

科学技术在现代教育中迅速发展，新时代教师教学行为设计也要适应新时代教育，通过应用和掌握现代教育技术，拓宽自身眼界提高自身科学能力。教育技术领域中现代教学设计是核心内容也是重要分支，也为教学方法提供可靠的技术支持。目前，应用在教育领域的信息技术主要包括数字音像技术、多媒体计算机技术、卫星电视广播技术、计算机局域网络技术、因特网络技术、人工智能技术和虚拟现实仿真技术等。

教学资源的开发和利用建立在现代信息技术的基础之上，通过现代教育技术应用在教学行为设计中构建新型教学模式，使教学活动变得更加生动，教学过程变得更加清晰明了，有助于学生更好地理解和学习教学内容，提高学生学习效率。同时，现代教育技术能够根据教学的不同需求进行改变，适应不同教学环境，体现了以人为本的教学理念。教师在应用现代技术中，通过不断学习、接触各种现代技术教育，能够极大地提高教师教学能力水平，通过不断发现和摸索，创造更多新的教学模型，教育技术服务于教学活动的同时，教师的教学行为也在推动现代教育技术不断更新发展。

（本节编者：赵鹏）

第六节 教师教学行为设计的原则

教师教学行为设计的原则取决于教学的多种构成成分的内在作用规律。教师教学行为设计的原则是指教师针对教学的各个环节统筹规划和安排进行教学行为设计，设计行之有效的最佳教学方案模式，开展高效的教学实践活动，以达到最好的教学效果。教师掌握教学行为设计的基本原则，才能更好地发挥教学技能，实现既定的教学目标。

一、以系统论的观点作为教学行为设计的指导思想

教学行为设计的系统观认为，教学行为设计和安排应当以系统论的基本观点来联通。教学行为设计由教学目标制定、教学内容分析与组织、教学方法和媒体的选择与运用、学习对象分析、教学评价五个子系统组成，其各个要素紧密联系，针对共同教学目标发挥不同的作用，又和谐地组成了一个有机整体。因此，教师的教学行为设计应把教学行为过程的各个要素作为一个整体的、开放的、动态的系统综合考虑，只有各组成部分和谐地统一、协调于整体之中，才能达到整体的优化。把握多个教学要素的共同点，探究其本质及相互联系，充分发挥各个要素的作用，从而使教学效果达到最优化。因此，我们进行教学行为设计时，应注意以下三点。

（一）整体性

教学行为设计包括教学目标设置、教材的分析与处理、教学模式的选择、教学媒体和方法的运用、学生情况分析、教学效果的评价及反馈等多个组成部分的系统工程，教学行为设计也需要大局观。教学行为的各个环节既有各自问题的特殊性，又相互产生关联与制约。因此，在教学行为设计时必须从教学系统的整体相关性出发，综合考虑教材、媒体、教师、学生、教学效果评价等各个方面在教学行为过程中的作用，产生整体效应。深度学习是在简单学习的基础上，经过多重思考、明确任务目标后逐步建立相关整体观的能力，这才使学生形成适应未来生活的大局观。教学行为设计从整体出发，每一环节都紧密围绕整体目标而设立，使整体与部分达到和谐统一，符合各个部分自己所隶属的那个更大系统的要求。要实现学生身心发展的统一、艺术性和科学性的统一、科学性与人文性的统一。

（二）程序性

教学行为设计需要从教学目标到教学活动完成过程中的各个部分和环节按照一定的

程序逐步落实，这就是教学行为设计的程序性。教学行为设计应该注重相关性、连续性、遵循教学行为设计系统中的各个环节间的等级结构性和程序规定性，逐步落实教学目标，以确保教学行为设计的科学性。教师对于教学内容、教学过程、学生学习的程序把握，体现了教师的教学功力。好的教学逻辑将教学内容的逻辑顺序和学生的心理变化有机结合，应该将教学活动系统方法的基础之上，使教学手段、过程成为教学理论体系，使教学方法可复制、可传承。青年教师都可较迅速地懂得相关的理论，掌握科学的方法，在教学实践中历练教学技能，帮助每一个爱学、爱教之人最终成为一名教学专家。

（三）动态性

在教学行为设计的实际工作过程中往往不能完全按照流程图的线性程序逐步开展教学活动。虽然对于教学行为设计的过程具有一定的理论模式，但有时候也会碰到不可能完成的"硬骨头"，或是没有必要大费周章的内容。为了提高教学效率，我们要了解教学行为的流动性，机智化解工作中的困难。例如，在某些教学行为设计模式中强调，学会分析学习是一个重要的教学行为设计环节。但如果我们的教学目标是由国家教育决策部门统一制定的基础教育，那么，针对这门课程的教学质量提高而开展的教学行为设计，到社会上进行对可成功学习需要的分析论证工作就不是当前必要的。另外，涉及教学过程中各个因素如教师、学生、媒体、环境、信息等也都处于不断变化之中，具有开放的属性。因此，教学过程是一个动态过程，随着教师的教学实践活动而不断变化，教学行为设计工作呈现出一种相对稳定的动态变化过程。这要求教师设计利用模式时，应根据不同的环境和教学目标要求，针对复杂多变的实际问题，因地制宜地、创造性地开展教学行为设计工作。"从何处着手工作？""重点解决哪些环节的问题？"，略去一些不必要的工作步骤，提高教学工作的效率。

二、把教学实践和教学理论紧密结合起来

长久以来，教学研究偏重理论上的完善，提供了丰富的教学描述，教学理论若脱离教学实际，使教学理论成为纸上谈兵，对教学工作的帮助也就大幅缩小。为了使教学活动有序、高效，人们对于教学实践的探讨必不可少，对影响教学过程的因素及其相互关系进行研究，并形成了一套独立的教学实践理论。教学行为设计学被称为"桥梁学科"，起到了沟通教学理论和教学实践的作用。一方面，通过教学行为设计，可以在授课时就把已有的教学理论和研究成果运用于教学实践中，让教学活动"接地气"；另一方面，教师的教学经验在教学实践中提炼升华，充实和完善教学理论，使其形成教学科学，检验教学理论的可行性、有效性，这样就把教学理论和教学实践紧密地结合起来，才能实现优化教学效果。因此，我们进行教学行为设计时，应注意以下三点。

（一）理论性

学习的本质是复杂个体信息加工的过程，教学行为设计依赖系统方法，设计对象的科学性是系统方法无法解决的。为了保证过程设计的完整性和可操作性，在理论的指导下才能设计出科学的教学目标、教学策略、教学程序、教学内容，从而优化教学效果。按照信息理论观点，教学过程的实质是教育信息传递、接受和反馈的过程。教学行为设计又是对教与学双边活动进行设计，合理规划教学目标，安排教学全过程的理论与程序，从人类学习的心理变化为依据探索教学机制。因为教学理论和学习理论同样是教学行为设计的理论基础，所以教学行为设计的结果必须符合教与学的基本理论。综上，教学行为设计整合了一般知识系统理论、传播理论、教学理论与学习理论这四大理论作为设计的理论基础，为教学决策提供科学依据，才能保证获得最优的教学效果。

（二）可行性

教学行为设计是依据一定教学理论对教学实践所进行的规划。教学行为实践过程中的每一环节的工作应当是具体可行的。由于教学行为设计是针对教学中可能遇到的具体问题进行预判分析，解决可能遇到的各种问题。因此，在分析学习目标与内容时，教学设计者必须认真剖析教学目标中所包含的概念、规则等，使教学目标成为知识体系，并在此基础上提出具体教学步骤，选择合理的方法。教学行为设计目的就是在具体的教学条件下达到可能的最大效果，需要授课教师按照科学的方法组织学生的教学活动。另外，想要这种规划成为现实，必须符合两个可行性要求：一是教学双方主客观条件适合。主观条件方面应考虑受众的年龄特点、既往的师资水平及已有知识基础，客观条件方面应具备教学设计所需要的教学设备、课程实施方法是否具有区域性差异。二是要保证教学设计的可操作性。在教学行为设计方案中对于不同类型的教学目标要分类处理，找出适合的教学模式，各个教学环节都有明确具体的规定和安排，为教师教学提供翔实可行的依据，做到有备无患。

（三）目的性

教学是一项具有极强目的性的工作。目的性越强的教学活动对教学设计的需求就越强烈。行之有效的教学行为设计能够提高课堂的教学效率，提高教学质量，使学生获得良好的发展。从教师自身的来讲。教师对于教材精髓内涵挖掘越深，悟出来的道理就越深刻，讲在点子上，才能一语道破。因此，教学效果和时间精力消耗的是教学行为设计双重质量指标，关注教学过程中的合理投入与高效产出，克服"低效""形式化"现象。教学行为设计的实质在于综合考虑教学质量、教学时间、教学速度等因素，调动和创造有利于发挥教师长处的各种条件，使教学安排科学合理，充分利用现有的教学条件，克服可能遇到的各种不利因素，使教学工作走向效率化，争取师生双方都能以比较少的时间和精力，取得相对于该种条件下最好的教学效果。课堂教学是一个复杂多变的系统，富有教育智慧的教师面对偶然问题和意外情况，总能有奇思妙策。提高教师教学行为设计的效率对经济欠发达地区的教师具有重要的现实意义。

三、搞好教学行为设计的前期分析

教学行为设计的开始阶段就要对学习目标分析、学习内容分析、学生特征分析这三个教学过程重要参与者进行分析，因此可以把它们统称为"教学行为设计的前期分析"。前期分析的任务是通过细致的调查研究，深入掌握教学工作的实际，确定学习需要、学生特征和学习的内容，以分析结果作为教学设计的重要参考。前期分析中的三个要素是相互联系的：①学习需要分析以后将得到的总的教学目标，这个总目标规定了学生经过学习之后需要达到的能力水平，表明了学生通过学习需要达到的终点能力。②学生特征分析与学习内容分析有着密不可分的内在联系，二者没有先后顺序。通过对于学生特征进行分析，可了解学生的初始能力，这就是学生的学习起点，作为制定教学策略的重要依据。③学习内容分析是保障教学目标能够如期完成，达到从初始能力转化为最终能力。同时，根据前面两项分析的结果，安排学习内容。因此，前期分析可以使教师摸清教学行为设计的背景情况，对于能够影响教学效果的各种因素做好充分的准备。只有这样进行教学行为设计，才能使教师设计的教学行为从最恰当的位置起步，真正提高教学质量，达到最优的教学效果。

（一）学习目标分析

因为对于教学行为实施过程的各个方面进行分析是问题解决的起点，教学行为设计是为完成教学目标服务的。所以，了解教学中存在的问题和需要，深入调查研究教学活动的各个环节，整理相关资料，收集可靠的数据，发现和分析教学问题的性质，能够帮助教师更加有效地利用教学资源，提高教学行为的针对性和实用性。对于学习目标的分析可以分为三个步骤：首先，把教学内容进行详细梳理，制定教学目标，用学生的行为术语将"学什么"表述出来，形成一个相对具体的指标体系；其次，根据这个指标体系的各个方面进行现状调查，了解学生的初始能力水平；最后，找出目标与现状的差距，就得到了学习需要，同时也明确了总的教学目标。

（二）学生特征分析

不同教育阶段的学生具有不同的心理特点。过多的学习投入或过大的学习压力会对学生身心健康产生很大影响，也可能会打消学生的学习兴趣，使学生失去创造力。教学工作的关键在于如何使学生掌握知识和实践技能。教师要做好教学行为的设计规划。在进行教学活动之前，教师要分析学生目前所具有的一般特征，要掌握学习准备的状况和学生认知结构的特点，制定适合学生的学习模式。学业负担与成绩并非绝对的线性关系，如果仅把学生作为知识的学习者，可能会丢失很多有价值的信息。教师通过分析学生学习特征，合理安排学生的学习内容，制定适合的学习目标、设计教学策略、选择教学模式，营造出一个适宜的学习氛围，对提高学习效率有很大帮助。教师分析学生特征可以通过掌握和了解学生学习的初始能力，对学生的一般特征及学习风格进行分析，从而制定学习目标。

（三）学习内容分析

学习内容分析主要是对学生应掌握哪些知识、学习哪些技能等的分析和确定。分析"教什么"和"学什么"，分析学习内容的类型，确定学习内容的深度，找到学习的范围，分析厘清学习内容中各项知识与技能之间的相互关系，为教学行为设计打下基础，建立教与学的关系，最终为科学准确地确定教学目标奠定坚实的基础。学习内容分析的基本步骤是：确定学习类型、进行信息加工分析、进行先决技能分析、安排学习内容、进行初步评价。这五个步骤仅是分析学习内容的一般过程，这些步骤可增加、可减少、可重复，不断完善教学过程中可能遗漏的部分，以确保学习过程高效。

四、提高教学行为设计能力

教学行为设计能力是指教师在教学活动开始前就要对课堂教学的目标内容、教学方法等重要步骤进行周密详细的计划的能力。简而言之，就是教师在教学前对教学过程的各个要素进行安排，形成最优化组合的能力。成功的教学离不开教师出色的教学行为设计能力。教学行为设计能力是诸多教学能力的融合，其基本内容主要有以下六个方面。

（一）设计教学目标的能力

教学目标设计是教学行为设计的重要环节，是对教学活动预期效果的规划，合理并具体的教学目标是保证教学活动顺利进行的必要条件。教学目标设计的步骤有：①钻研课程标准，分析课程内容；②分析教学目标的前提条件；③对教学目标进行分类；④列出综合性目标；⑤描述教学目标，所使用的教学目标描述的是内在心理过程，如理解、知道、掌握、欣赏等。教学目标设计是没有定法的，这些步骤是抽象而概括的，需要教师根据自己的理解和教学经验以及教学的实际情况，灵活地进行设计。教学目标设计分类决定了学习的结果与学习的分类，明确的教学目标能够促使学生全面发展，关注知识分类差异性，保证学生的学习时间调配。

（二）教学任务分析的能力

教学目标规定了教学活动完成之后学生应习得的能力，教师接着要做的就是对教学目标中规定的能力构成层次关系及成分进行分析。现代心理学一般把学习分为认知、情感和动作技能三个领域，所以对教学任务的设计者需要学习分类的知识，教学设计者通过任务分析找到不同类型知识的教学设计条件和学习顺序的安排，那么教学方法的选择、教学材料的设计等问题都可以迎刃而解。教学任务分析的基本步骤包括：确定学生的学习起点与倾向、分析教学目标及其类型、分析学习的支持性条件。教师要根据不同的教材内容和学习类型来确定教学条件，开展实际的教学活动。

（三）设计教学内容的能力

教学内容设计是教师通过对教材的认真解析，合理设计教学内容的过程。教学行为设计的主体是"教什么、如何教"，教学行为设计的好坏直接影响教学活动的成功或失败。有效采用课内外资源，进行教学内容设计，可以体现教师对所教授内容的知识结构特点的掌握情况。现代认知心理学中包括程序性知识、叙述性知识和策略性知识，教学行为设计可以通过这三类知识的不同特征进行改变。正确阐述教学内容内涵，由知识类型制定教学思想方法，明确教学重难点。要选择合理的教学内容和科学的教学逻辑，将学生的身心发展情况放在教学内容制定考量中来，以便于更好地指导教学设计。

（四）创造教学模式的能力

教学之前要教研，依据教学目标的不同制定不同的教学方式，还要考虑不同学生的行为特点有的放矢，创造不同的教学模式，深入开展教学研究，同时增进教师的专业能力。在教学行为设计中，常见的教学模式如：讨论式教学、三明治式教学、PBL 教学、CBL教学、情境教学、分层教学等，所有教学方法的前提都是先掌握基本教学模式，再根据各个教学模式的特点进行运用和拓展。但教师的教学模式不要拘泥于现有的教学安排，应该通过教学实际情况创新教育，便于学生理解掌握的教学知识，激发学生的参与兴趣，活跃课堂气氛，以教师的专业发展促进学生素质的提高，是教学行为设计走向成熟的体现。

（五）进行心理辅导的能力

教学行为设计中教学目的是重中之重，是立德树人的根本任务。教师必须考虑学生在学习过程中的心理变化。教师在教育过程中应该增加心理健康教育，通过学生的心理情绪变化能够客观反馈对知识的接受情况。一方面，教师通过掌握学生学习过程中的心理变化，在教学活动之前就要对教学内容进行心理干预；在课堂中，教师要善于观察和捕捉学生对教学行为的接受情况；课后，教师要收集教学效果的反馈意见，通过不断调整教学设计达到最佳教学效果。另一方面，教学目标不仅是让学生掌握课堂知识，同时也要培养学生个性化成长，培养学生的创造力，提高个人能力。因此，教学行为设计应以学生在教学活动前后的心理活动变化发展为依据，给学生心灵植入一片绿洲。只有教学行为设计与教学活动是协调的，才能让教师与学生产生一致的心理倾向，由此而产生的心理效应也会是正向的、积极的。从心理学的角度去考察教学行为设计，引导学生自我表现、自我表达，达到自我领悟的功能，潜移默化地进行心理疏导。这提高了教师的专业技能，为教师的育人工作提供了新的手段与思路。

（六）教学补救与修正的能力

教师制定教学目标、经历教学过程以后，需要进行教学评价。教学评价是查缺补漏的重要依据，用来检测教学目标是否完成。对没有达标或达标情况不理想的学生，教师应当帮助他们奋起直追。若发现学生未能完成教学目标，或发现学生学习过程存在困难，教学评价以后应当由教师进行教学补救与修正，同时其教学设计与教学行为需要重新设计。教师应该针对教学目标和教学任务进行分析，对其适合性和正确性进行研究。教学逻辑是否严密，找到问题的症结所在。如果教学行为设计存在不合理之处，则应立即进行针对性修改，并且更改适合的教学目标，进行补救性教学。如果发现教学目标定位恰当，且教学任务层次分析准确，并且教学逻辑严密，则需要考量教学策略是否适合，实施过程能否改进，开展补救性教学，完成教学目标。因此，如果教学目标达标不理想，可以从教师教学和学生学习两个角度进行分析、查找问题，从教学行为设计的各个环节发现问题，检测设计方案的可靠性和合理性，并及时修正原设计方案中的不足，采用积极有效的应急对策，保证教学活动的顺利有效进行，提高教师的教学能力，避免教学遗憾，并取得最佳的教学效果。

（本节编者：赵鹏）

第八章 三全育人及学习效果评价

随着素质教育的深入，现阶段高校人才培养工作必须要在加快观念转变的同时，立足"三全育人"观念的指导；在构建起立体化人才培养体系的同时，积极推动学生培养正确的社会责任感和担当感，为后续的教学过程与评价奠定基础。基于此，本章主要围绕基础教育中的三全育人、科学的评价体系、教育工作各项标准、评价方法、评价手段、形成性考核进行阐述。

第一节 基础教育中的三全育人

一、三全育人的构成要素

作为全面提升和进一步深化立德育人特点和规律认识的重要表现，"三全育人"要求各育人主体要在实践过程中严格落实这一理念，要为其落实提供制度和运行机制的双重保障，确保全员的协同性、全过程的贯通性和全方位的渗透。此外，确保三全育人工作的效率和质量，还需要对其内涵和构成要素之间的关系进行全面把握。倘若无法充分了解三全育人，那么三全育人工作的有效进程将无法得到保障。

作为一种教育模式和指导思想，三全育人的内涵集中表现如下：其核心在于育人，其根本任务在于立德树人，其根本目标在于实现学生的全面发展，其基本原则在于适应思想政治工作规律、学生成长规律和教书育人规律，旨在通过充分调动各方面因素，打造时间、空间和人员三位一体、协同发展的育人工作新格局。对三全育人内涵的具体解读，需要重点把握三大构成要素（全员育人、全过程育人和全方位育人）。通过三大要素之间的相互影响、相互促进、协调发展，提高育人模式的系统性、整体性和全面性。

（一）全员育人

全员育人是围绕育人的实施和发动者提出的范围概念。它认为育人主体涉及社会、家庭和学校各个领域，每一个育人主体都承担着相应的育人职责。具体来讲，育人是每一个社会成员的基本职责，一切具有社会影响力和社会关注度，以及政府和各单位的人都应当充分发挥其育人功能。此外，家长应当认真完成好其育人任务，对学生的思想政治素质进行培育和塑造，以全面推动育人工作的有效性和有序化。

与社会和家庭不同，高校是教书育人的主阵地，因而被视为最主要、最重要的育人主体。育人功能在高校的所有工作中均有所体现，而育人的职责和任务也是高校所有教职工的基本教育素养和使命。为此，以分工协作的基本要求为依据，所有高校班主任和辅导员、思想政治教师和其他专业课教师、管理人员及后勤服务人员都应当积极承担教学职责、履行教学任务，通过对自身优势的充分发挥，统一协调好管理育人、教书育人和服务育人的关系，以对育人工作的更好开展发挥重要的促进作用。

（二）全过程育人

全过程育人是从时间层面提出的一个与育人工作相关的概念。具体来讲就是，学生的学习生活、成长成才的全过程都要与育人工作紧密相连，要在学生的校园生活、社会生活及家庭生活中融入思想政治教育，从而提升育人工作的无间断性。

在校园生活中，全过程育人集中表现为思想政治教育从学生入学到毕业的一以贯之。简单来讲就是，要让学生在校期间始终处于一种思想政治受教育状态。同时，要紧紧围绕学生来开展育人工作，确保思想政治教育内容和方法始终与学生不同时期的特征、变化和需求相吻合，切实保障各个阶段的衔接性。在社会生活中，全过程育人的实现需要社会充分发挥育人功能，以保障学生在毕业求职期及工作中能够继续接受思想政治教育，以进一步培养正确的思想政治观念。在家庭生活中，则需要家庭为学生提供思想政治教育，以保障学生的家庭生活及暂时离开学校思想政治教育环境的假期生活依然能够充满思想政治教育氛围，而不至于出现空白和断档现象。

总之，全过程育人的实施要求必须在社会生活、家庭生活和校园生活中渗透育人思想，从而确保育人工作的有序化，以实现资源合理、高效的配置，使育人资源与学生各阶段的需求相适应，并实现思想政治工作延伸性和贯穿性进一步增强的效果，以有效避免断档现象，促进全时段、零遗漏的全程育人模式的形成。

（三）全方位育人

作为一个围绕育人工作提出的空间概念，全方位育人旨在通过对不同载体和多样化教育方式的充分利用，将育人与教学、服务和管理有机融合，并通过有机结合隐性教育和显性教育来实现育人工作的多层次（线上线下、校内校外、课上课下）、多角度。同时，还强调实现人模式空间维度的全覆盖育。相较于片面性和单向的育人，全方位育人更强调均衡发展学生的德、智、体、美、劳。

二、三全育人的基本特征

三全育人工作的开展，既要围绕育人的核心进行，又要服务于育人目标的达成。在三全育人体系中，育人既占据着核心主导地位，又是该体系的明显特征。此外，三全育人注重调动一切人员参与育人工作，使得育人工作在学生的学习、生活和成长过程中一以贯之。对多载体、多渠道的综合利用，使各个层面资源对育人工作的参与积极性得到充分激发，这也可被视为三全育人参与主体广泛性、过程持续性及路径全面性特征的集中体现。

（一）以育人为核心的特征

育人是三全育人的最终目标，也是其核心特征的集中体现。育人是三全教育的根本出发点，也是其最终所追求的目标。通过渗透与开展三全育人，最终要达到的目标是培养学生的良好思想品德、全面提升学生的综合素质，以使其更好地适应社会的发展要求。由此可知，整个三全育人体系的核心就在于育人，以此为中心所开展的全员育人、全过程育人和全方位育人都服务于育人目标的达成。在整个三全育人体系中，育人的主导性意义十分重要，只有坚定这一核心，才能确保三全育人目标的明确性，才能充分发挥其应有的价值。也正是在这一核心的影响下，以人为本的理念才在三全育人中得到了内化，并动员了一切可支配的力量，从而促进了教书育人、管理育人和服务育人新格局的形成。以持续性教育为基础，促进学生良好思想道德素质的形成，并使学生能够以社会发展的要求为依据对自身的言行加以规范，从而达到知行合一的目标，收获教书育人的良好效果。

（二）参与主体广泛性特征

基于对所有育人工作参与者积极性的充分调动，三全育人使育人主体内涵得到了进一步丰富，同时也对育人主体广泛性的特征进行了集中体现。在人们的传统思维认知中，高校是育人工作的主体。进一步来讲就是，高校思想政治教育工作的负责教师就是学校育人工作的主体。在这种观念影响下，很多岗位和教职工并未在传统教育模式中足够重视育人工作，甚至也间接引起了家庭和社会忽略其育人责任的现象。与之相反，三全育人理念的渗透则在育人工作主体参与积极性的提高方面发挥了重要作用。首先，在三全育人理念中，任何人都可以是育人主体，无论是学校的所有职工，抑或是社会的所有成员，都可以被看作是育人的主体，这也就意味着所有人都具备至关重要的教育功能，都承担着育人的基本职责，这在一定程度上实现了育人主体范围的扩大化。同时，在教书育人、管理育人和服务育人的育人新格局打造上，三全育人强调要调动一切人员的力量，这一点促进了育人主体范围的扩大化，即将学校所有的岗位和教职工包含在内，在对育人主体的内涵加以扩大的同时，使教育职责的要求得到了进一步增加。在三全育人的相关理论中，除了要保障教学任务的完成度，教育工作也需要实现育人的要求。其次，在三全育人要求所有人员参与育人工作的理念影响下，社会成员和家长也应承担育人主体的责任，使育人主体领域得到进一步拓展，使育人主体的层次性得到显著增强。人既是三全育人的实施者，也是其教育对象。因此，若想使育人工作有序、有效地进行，就必须对人员要素进行充分把握。

（三）过程的持续性特征

在学生的学习、生活和成长过程中，将育人一以贯之是三全育人的重点内容。在此基础上，它还强调对学生各个阶段的特征和学生成长发展规律的要求进行认真研究，这是其过程持续性特征的集中体现。一方面，根据三全育人的基本内涵，学生学习、生活和成长的完整过程，以及高校管理、教育和服务的完整过程中都要体现育人的重点，只有这样，才能为育人工作有条不紊地进行下去提供保障，进而构建循环式的育人工作模式，确保学生成长过程中育人工作的有序性和有效性。另一方面，不同的学生在不同的阶段都会有不同的个性，而这种个性也会在一定程度上影响学生的心理和思想，这既表明了学生思想发展的规律，也呈现出反复性、长期性的发展趋势。整体上来讲，三全育人与学生的思想发展规律和实际相吻合，并强调以学生各个时期的特性为出发点来组织更具针对性的教育内容，进而使教育的有效性得到保证，使各个阶段之间的衔接更加有效，使断档现象出现的概率得到有效降低，使育人过程的持续性得到有效保证。

（四）路径的全面性特征

三全育人的育人手段集中表现为多种渠道、多个层面的协同育人，以及对全方位育人格局的构建，是其育人路径全面性的集中体现。一方面，通过对多元渠道和载体（如组织育人、资助育人、服务育人、管理育人、心理育人、网络育人、文化育人、实践育人、科研育人和课程育人等）的利用，实现了多维度、全面性育人体系的构建。基于对多种育人资源的整合，对育人在课堂方面的局限性进行了突破，并实现了育人实施路径的进一步拓展。另一方面，立足全覆盖、多层面的育人理念，三全育人打破了学校层面的局限，使育人空间实现了向社会层面和家庭层面的延伸。通过协同社会、家庭和学校三方力量，形成了育人合力，并带动了育人空间的拓展。而除了对高校校园文化和网络课程等资源进行利用，高校三全育人建设还通过对社会实践资源（如文化基地、博物馆等）、家庭教育和家风教育等资源渠道的利用和融合，实现了育人路径进一步丰富。社会、家庭、学校进一步统一的效果，并使育人路径的全面性和层次的综合性得到了有效保证。通过三全育人，育人体系实现了其向不同层面、不同载体的扩展，在使育人方法的灵活性、多样性得到保证的同时，又确保了系统性和全面性，使育人工作的开展和实施更具多维度和综合性。

三、三全育人的建设价值

在发展过程中，如果提出了某种新的理念，那么说明时代发展需要这样的理念，但我国发展步入新时代之后，现实社会要求教育达到更高的水准，使用全新的教育模式。

在这样的情况下，三全育人教育理念被提出来了。高校进行三全育人建设除了满足时代环境下教育发展提出的需要，也是满足高校思想政治教育本身的发展需要。

（一）保障立德树人根本任务的实现

对于高校来讲，立德树人是建校之本，高校开展的工作都需要从立德树人的角度进行评判。总的来看，高校在发展过程中应该始终把人才培养当作本职，注重人才德育方面的教育。与此同时，高校应该始终以正确的政治观念指导学校发展，这样才能培养出既具备知识学识又有较高素质水平的学生。三全育人建设可以让高校的人员更好地整合，可以让育人持续更长的时间，也可以构建出更立体化、更多角度的育人格局。

第一，三全育人建设可以帮学校人力资源力量得到更好的整合，有助于学校更好地贯彻落实立德树人的思想。三全育人建设可以让社会、家庭及学校明确人才的发展目标，可以让三者共同发挥力量推动三全育人建设目标的实现。借助于三全育人建设，教育主体能够承担起自身在立德树人方面的职责与使命，教育者也会以身作则，在教育中坚持以德服众，教育者会通过自我教育的方式严格要求自己，在此基础上去教育学生。可以说，开展三全育人建设可以为高校培养出德才兼备的师资队伍，可以为学生的成长树立优秀的教师榜样。除此之外，三全育人建设还能够加强高校党委的领导，在高校党委的正确领导下，不同的部门可以共同开展协调一致的教育工作，可以让立德树人思想贯彻落实在与教育有关的各个部门，能够真的在基层建设起各部门人员共同参与的育人工作体系。在这样的工作体系当中，管理者、辅导员、专业课程教师、思想政治教师、后勤人员都能够协调配合，共同致力于育人目标的完成，这样的工作体系为育人任务的实现提供了基本保障。

第二，开展三全育人建设可以让立德树人思想真正落实在学校管理、学校教育及学校服务的整个过程中。立德树人思想可以真正贯穿于学生的成长过程，也就是说，三全育人建设让教育有了更大的范围，让教育有了更多的时间，这有助于让学生养成终身学习的良好习惯。三全育人建设可以让学生始终用以德修身的思想严格要求自我成长。这在一定程度上让道德教育变成了持续性教育。三全育人建设除显现出教育持续性之外，还强调学生教育应该体现出阶段性特征。当学生处于不同的学习阶段时，三全育人建设应该使用不同的适合学生当下阶段的教育方式，针对性地对学生的品德思想进行培养，这极大地提升了德育教育的效果。目前，学生普遍注重个性，强调思想表达，所以立德树人工作需要有针对性地开展。立德树人建设应针对学生的成长全过程进行教育，这样的教育方式符合当下学生的发展需要。

第三，高校三全育人建设可以让立德树人教育内容、教育载体、高校社会实践、高校校园文化及课堂教育等方面形成有机联系，能够打造出立体化的育人格局。借助于三全育人建设，学校各个体系可以更好地落实立德树人思想，立德树人思想可以深入融合到学校的管理、教学及服务等方面，这样就可以构建出思想统一的、立体化、多元化的育人体系。与此同时，三全育人建设还可以综合发挥不同渠道、不同载体的作用，可以做到课堂教育和网络教育的结合，也能够同时实现隐性教育和显性教育的互补。在三全育人建设环境下，立德树人思想会在校园中、互联网中、学生的生活中有深层次的体现。

（二）引领并培育学生价值观念

大学阶段，学生仍然处于探索世界的初级阶段，而且学生没有形成稳定的价值观念，没有办法分析不同价值观念的本质，在一定程度上，学生可能会受到错误价值观念的误导，所以需要开展思想价值观念教育。三全育人建设可以让学生积极主动地参与思想教育，也能够为思想教育提供更大的空间，极大地保障了思想教育的持续性，这对于学生价值观念的培养是十分有利的。

第一，三全育人能够将学校的所有岗位调动起来，让岗位充分发挥教育作用，育人工作的开展需要学校各个部门的积极参与，需要学校所有岗位的人员承担育人职责。学校在开展育人工作的时候，应该始终坚持正确思想的指导，这样才能为学生树立共同的榜样。学校应该使用正确的思想进行学生管理与服务，让学生感受到正确的价值观念，让学生默默地受到积极影响。这样的教育属于从隐性角度进行教育，可以在一定程度上配合课堂这样的显性教育，让思想政治教育获得更好的成效。

第二，对价值观念的培养并不是一朝一夕能够完成的，需要学校长期坚持。也就是说，学校不能期望通过开设一门课程的方式完成思想价值观念方面的教育，三全育人建设的出现让思想政治教育没有了时间的局限，没有了空间的局限，避免了之前教育只能出现在特定时间、特定地点的局限性。三全育人建设可以在学生整个成长过程中、生活过程中、学习过程中对学生的价值观念成长进行引领，可以从知、意、情、信、行等多个方面持续性地对学生的价值观进行教育。三全育人建设除可以持续进行教育之外，还会针对性地为学生提供能够满足他们思想价值观念形成需求的内容，也就是说，三全育人建设始终以学生作为建设中心，为学生各方面的成长提供支持。

第三，三全育人建设会综合利用多种多样的载体和资源。也就是说，三全育人建设让价值观培育覆盖更大的范围，也让价值观培育有了更多的资源可以利用。三全育人建设除可以借助课堂作为基本的教育渠道之外，还可以借助网络和文化进行教育。可以说，它在多个空间内为学生提供了接受价值观教育的途径，途径的丰富有助于学校更好地引领学生价值观的发展。

（三）整合家庭、学校和社会教育

三全育人模式中，除学校会对学生进行育人教育之外，家庭和社会也会开展大学生育人工作，三全育人模式可以对三者的关系进行协调，保证三者在培养学生的时候有相同的培养目标，力量也可以协调配合。

大学生育人目标的实现需要借助学校作为主阵地，而且学校一直是社会当中人才培养的主要场所，学校也会以培养社会需要的人才作为自身的发展目标，学校开展教育最终是为了让社会可以更好发展，是为了社会发展能够获得需要的人才。家庭是社会的基本组成单位，家庭对人才进行教育也是为了让人才更好地满足社会发展需求，让人才可以更好地适应社会。从社会的角度来看，社会教育也是为了自身的更好发展，社会教育的本质目的是加速社会发展。也就是说，社会教育需要为社会发展服务。所以，总的来看，不管是从学校角度、家庭角度，还是社会角度出发，我们都可以发现所有类型教育最终的任务都是促进社会更好发展、为社会服务的。在家庭教育、学校教育、社会教育有了统一的目标之后，学校、社会及家庭就可以构建其关联。在培育社会需要的人才时协调统一地发挥作用，三全育人理念的出现可以更好地指导学校、社会、家庭开展教育实践，可以让教育获得更优秀的效果，可以让教育更好地推动社会发展。

分析学校、社会、家庭之间的配合可以发现，在三全育人思想的指导下，学校、社会、家庭实现了资源的充分整合、充分利用，学校在依托自身的课程及校园文化为人才培养提供资源支持的时候，学校也会借助社会博物馆等场所为社会实践提供载体支持，学校和社会之间的配合做到了人才培养当中的理论和实践结合，学校在联合家庭进行教育时，也应该在一定程度上对家长进行观念方面的教育，让家长更加关注家庭在教育当中的重要性，让家长为学生塑造一个良好的成长环境，家长也应该以身作则，为学生树立良好榜样。

四、三全育人的构建路径

三全育人教育理念和目前时代发展的需要是基本吻合的。在新时代下，高校对学生进行培养时要遵循先进的教育理念作为基本的指导理念以及指导思想，在高校发展过程当中应用三全育人教育理念，需要结合高校发展的具体实际，只有将三全育人理念应用于实际的思想政治工作中，三全育人建设才能得到有效推进。

（一）在学校中形成各个岗位的共同合力

高校想要开展三全育人建设，需要全体职工的共同努力，三全育人工作的顺利开展需要全部岗位的职工发挥自身的作用、承担自身的责任。只有所有的岗位都具有育人功能，并且形成育人方面的合力，才能在高校中构建出集合管理、服务及教学于一体的育人格局。

1. 加大育人管理方面的力度

高校应该做到不同部门、不同岗位之间的联动，这样育人效果才能得到有效保障。

高校应该始终在党委的领导下开展育人活动，党委应该从总体角度统筹学校工作的开展，总体对高校工作开展进行评估和监督。高校党委必须加大自身对思想政治教育工作的领导力度，应该在高校发展当中发挥核心指导作用。高校必须深刻认识到思想政治教育的重要作用，必须直接面对当下高校发展最为重要的课题，那就是如何对人才进行培养、培养出什么样的人才。高校进行人才培养时必须结合时代发展需要，结合国家战略。高校思想政治教育工作的开展应该由高校党委牵头，学校的其他管理部门积极配合党委的指令。不同的部门要注重彼此的合作，这样工作才能协调开展。

第一，高校应该结合学校自身情况为三全育人建设制定具体的方案，方案当中应该明确学校不同部门要负责的主要内容，方案当中应该根据岗位明确不同岗位的详细职责，让所有的岗位都可以明确到自身在育人方面要承担的责任。与此同时，党委和学校的管理部门应该积极配合，指导不同的岗位协调开展育人工作，这样就可以在校园内构建出协同育人的整体格局。

第二，育人工作的开展需要学校进行强有力的监督，学校应该制定育人工作评价标准、育人工作奖惩制度，在个人评价及部门评价当中纳入育人方面的工作指标，学校应该公开表彰在育人方面取得突出效果的相关部门或者相关个人，对有突出表现的部门或者个人进行表彰能够有效激励部门或者个人的工作积极性，这有助于育人工作更好地推进。与此同时，学校也应该适当批评育人工作不积极的部门或者个人，引领这些部门或个人改变自身的工作态度，让他们意识到育人工作开展过程中有哪些错误的地方，这样才能指导他们快速改正错误，正确地对待育人工作。

2. 教师应该发挥自身在育人方面的主体作用

高校在推进育人工作的时候主要依赖教师作为工作主体。三全育人教育模式当中教师是教育工作的主要负责人，承担了重要的育人职责。高校开展育人工作时主要依托的就是高校的师资队伍，育人工作的开展会直接受到教师自身能力的影响，高校师资队伍的建设直接关系到三全育人教育模式在应用中的成败。教师想要在育人工作当中更好地发挥自身的主体作用，就应该形成坚定的信念并注重自身理论知识水平及政治素质水平的提升。

第一，教师应该坚定育人信念，教师只有形成了非常坚定的育人信念，才可能在教学中真正展现出自身的主体作用，教师只有信念坚定，才能正确认识育人工作，才能真正在教学中展现出教学的育人作用，坚定的育人信念可以让教师从思想层面完全认可三全育人工作，教师也会自觉承担自身在育人方面的职责。教师不会认为三全育人工作是他们的负担，相反，教师会认为三全育人思想更好地指导了他们工作的开展，促进了他们对教学的认识与研究。教师开展育人教育需要教师深入了解课本当中的知识，教师职业之所以受到人们的推崇、尊敬，是因为教师除教书之外还会育人，是因为教师对学生的成长有重要的指导作用。教书育人一直都是教师这个职业的主要职责，教书和育人是不可分离的。在具体的课程教学活动中，教师应该将教书和育人整合起来。如果教师只进行了知识的教学，而没有进行育人，那么教师的工作是没有彻底完成的。教师需要在传授知识的过程中发挥知识的育人作用，潜移默化地对学生的思想进行教育，这样教师才能算是成功地完成了工作任务。三全育人教育目标想要实现离不开课堂这个主要阵地的支持，也离不开教师这个重要的主体，教师只有形成了坚定的育人信念，才能自觉地在课堂中开展日常工作，可以说坚定的育人信念是三全育人工作取得成效的基本保障。

第二，教师应该注重自身理论水平及政治素质水平的提升。教师的思想政治理论知识应该达到一定的储备量，其思想政治素质也应该达到较高的水平，这样才能胜任教师这个职业，也只有教师达到了标准要求，教师才可能教育出具有优秀政治意识和高水平政治素养的学生，教师开展育人工作需要借助于大量的理论知识，让学生形成正确的价值观念，教师只有储备了大量的理论知识，才可能顺利开展评估工作。所以，对于育人工作来讲，教师的知识、素养都是非常重要的影响因素。

3. 辅导员和班主任也应该发挥自身的引导作用

辅导员或者班主任引导作用的发挥需要他们主动地和学生进行学习生活以及情感方面的交流，只有辅导员和班主任积极主动地走入学生的日常生活、日常学习，辅导员和班主任才能真正了解学生的思想，才能有针对性地为学生提供思想方面的指导。

学生在学校中接触得最多的就是辅导员及班主任，学生日常生活学习有关的事情都是由班主任和辅导员负责的，对于学生来讲，班主任和辅导员是非常亲密的朋友和师长。所以，辅导员和班主任应该注重自己和学生感情的建立，积极发挥自身在培养学生思想价值观念方面的作用，平时应该和学生进行更多的日常生活交流、情感交流、学习交流，了解学生目前的思想情况。辅导员和班主任可以借助于谈话的方式向学生渗透正确的价值观念，应该和学生进行平等的交流，展开温馨的谈话，这样才能让学生放松下来，也只有这样，才能了解没有任何伪装的真实的学生。谈话过程中，辅导员和班主任应该尊重学生的个人思想和主体地位，要慢慢地引导学生转变之前的错误想法，并且培养学生形成自我管理意识、监督意识，让学生借助于正确的思想来约束自身的行为。

4. 注重后勤服务人员育人意识的培养

高校开展教学工作需要后勤工作人员提供有效的支持，大学生的日常学习、日常生活也离不开后勤服务。后勤工作主要负责大学生日常的物资支持、环境建设、环境保护及人员支持。后勤服务人员也是高校人员组成的重要部分，高校应该注重对后勤服务人员思想的培养，然后引导服务人员形成育人意识，明确育人责任，承担育人使命。通常情况下，后勤服务人员当中依靠劳动获取相关收益的人数比较多。这样的后勤服务人员可能存在知识水平、教育经历等方面的不足，在这种情况下，高校就应该对后勤服务人员进行更大力度的引导和教育。具体来讲，让后勤服务人员具备育人意识应该从以下两个角度出发。

第一，针对后勤服务人员开展育人思想教育，然后让服务人员意识到育人教育的基本内涵及育人教育要完成的目标。通过教育，后勤服务人员可以了解自身所处的位置及自己担负的职责，后勤人员会对自己的职责形成全新的认知，会在工作当中对自己树立新的职业形象，重新找准自己的定位，培养自己形成更强烈的自信心、责任感。后勤工作人员也会在育人思想的指引下更加关注自身的一举一动。

第二，对后勤服务人员进行知识方面的教育，提高他们的知识水平。后勤服务人员在高校这个工作环境当中接触的一般都是高校教师及学生，这些人员都是受过高等教育的，自身的知识水平比较高，也有较高的思想素质。所以，后勤人员想要承担起育人方面的职责就必须拥有相当的知识水平，这样他们才能同高校师生进行相同内容的交流，才能使用相同的表达方式。也只有在知识水平提升之后，后勤服务人员才能理解大学生的所作所为，才能和大学生进行更友善的沟通，形成良好关系之后，有助于后勤服务人员更好地发挥自身在育人方面的作用。

（二）以学校为育人主渠道，家庭社会为辅助渠道

三全育人指出应该从整体角度、多个层面全面地开展育人工作，如果想要全面推进育人工作，那么育人工作的主体就不能仅仅局限于学校层面，还应该涉及社会层面、家庭层面，这样才能实现育人工作的全覆盖。全面开展育人工作要求学校、社会及家庭协同参与育人工作，形成育人方面的凝聚力，这样才能真正让育人工作渗透到学生成长的方方面面。

1. 发挥学校育人主渠道作用

让课程载体具有的主体作用充分发挥出来，助力学校育人工作的开展。学校教育使用的主要教育途径是课堂教育，课堂教育依据的主要内容是课程，三全育人工作的开展也需要依赖于课程作为基本载体。课程载体应该在三全育人工作当中发挥主体作用，主体作用的发挥强调思想政治课程要和其他的课程进行充分融合，要让学生在学习专业课程的时候也能了解思想政治教育的知识。除此之外，教师也应该充分挖掘专业课程当中包含的具有思想政治教育作用的课程内容，利用这样的课程内容引导学生思想价值观念的正确发展。另外，学校在依赖思想政治课程作为三全育人工作的主要渠道时，还应该关注理论和实践活动的同时开展。

（1）思想政治课程应该充分结合其他的专业课程

课程载体作用的发挥不能仅仅依赖思想政治，还应该结合其他的专业课程，让所有

的课程共同发挥育人作用。三全育人工作想要完成工作任务，需要借助于不同课程形成的育人合力。教师应该深入挖掘课程当中包含的思想政治内容。与此同时，教师也应该在教学的多个环节当中加入思想政治教育环节，学校在开展思想政治课程教育的时候应该对思想政治教育体系进行改革与创新，要将其他的专业课程纳入到体系中，要构建出不同专业相互支撑、相互合作、共同进行育人教育的综合体系。

思想政治教育专业应该带头开展思想政治教育体系的建设，体系建设应该始终以思想政治课程作为基本核心，然后邀请其他专业课程的加入，思想政治课程应该积极融入其他专业课程。它的融入可以实现教学智育教育、德育教育的同时展开，有效解决之前思想政治课程和学生专业课程学习有隔阂的问题，可以更好地引导学生树立正确的价值观念、思想观念，而且两种课程的结合可以让专业课程当中所涉及的思想政治教育内容资源更好地发挥作用。理工科专业在进行教学时可以专门讲解与本学科发展有关的历史人物史。在讲解历史和人物史的过程中，可以利用人物发展、人物探索经验的介绍来向学生传递该人物具有的高尚品格，引导学生向榜样学习、开展自我教育，让学生对自我发展形成严格约束。理工科开展这类课程的时候，也可以邀请思想政治专业课程的教师进行理论教学方面的指导。

思想政治课程在结合专业课程的时候，要注意培养专业课程教师对思想政治教学的重视意识，这样专业课程教师才能积极挖掘课程当中的思想政治教育内容，才能配合思想政治教师共同开展育人工作。对专业课程教师进行引导主要是让教师明确自身在育人方面的职责，所有的教师都应该把思想政治教育当成是自身的职责，都应该在育人方面发挥积极作用，除思想方面意识到思想政治教育的重要性之外，也要培养专业教师在开展思想政治教育活动方面的能力。

对专业教师进行思想政治教育能力的培养，需要让教师先理解思想政治教育涉及哪些课程内容及基本结构，了解思想政治教育的主要价值，这样教师才能明确地去挖掘专业课程当中有效的思想政治教育内容，也只有这样，专业教师才能找到自身学科和思想政治教育学科的交叉内容，才能利用教材内容展开思想政治教学。教师在完成思想政治教学的时候需要先了解思想政治学科，这样才能逐渐养成该学科需要的教学能力，才能做到学科之间的深入融合。除此之外，思想政治教师和专业教师也应该进行更多的沟通，虽然两个学科的教师主攻的教学领域不同，但是他们有一致的育人目标。育人目标与任务的完成也需要不同学科教师之间的良好配合。

高校党委应该加强对思政建设工作的领导，注重对不同的部门进行协调管理。党委应该根据思政建设的具体需要制作工作方案，从整体、从上层的角度为思想政治课程接下来的发展做出规划。党委的组织和领导是思政课程与专业课程进行充分融合的基本保障。

与此同时，也要制定思想政治课程和专业课程结合的评价体系、监督体系、考核体系、激励体系，应该将思想政治课程与专业课程之间的充分融合当作是学院工作考评的重要指标，并且当作是教师个人绩效考评、职称评定的重要指标。而激励体系的建设可以让取得突出教学成就的教师获得奖励，激励体系是对优秀教师优秀教学成果的鼓励与支持。在这样的鼓励下，教师必然会持续对思想政治课程和专业课程的结合进行深层次的研究，一定会更好地承担自身的职责。

（2）课程教学方法应该进行改革与创新

思想政治工作的开展主要依托课堂教学，在思想政治理论课教学过程当中，如果教师从始至终只使用一种教学方式，那么学生难免会觉得思想政治课程乏味、枯燥无聊，这不利于学生对思想政治课程兴趣的培养，学生不会愿意主动地参与课堂，严重时甚至会厌恶课程内容。这一问题的解决需要思想政治教师了解当下学生的兴趣，了解学生的真正需要。

目前，大学生更加注重个性表达，思维更加活跃，对新事物有强烈的兴趣，愿意学习新事物。所以，思想政治教育工作的开展应该考虑当代大学生的个性特征、喜好，并在此基础上，在课程内容当中添加能够引起大学生兴趣的因素。比如，教师可以让之前的经典案例结合当下的时代热点，更好地吸引学生的注意力，让学生对话题形成了更强烈的兴趣，这样学生会觉得课程有趣，不会产生枯燥无聊的感觉，也会更愿意和教师进行深入的互动。当前的学生性格大多是积极乐观的，强调自我心情的愉悦，所以他们渴望从课堂学习中获得愉悦的感觉，更喜欢快乐课堂，不喜欢枯燥的课堂，在这样的情况下，思想政治教师可以借助于网络热点，引入网络中相对流行的游戏，激发学生对学习的兴趣。目前，高校的思想政治教师队伍中有很多中青年教师，这些教师和网络的接触更多，也更了解当代大学生的兴趣，中青年教师更应该致力于为学生提供他们感兴趣的内容，更应该积极寻找学习和娱乐游戏之间的交叉内容。教师可以借助这样的交叉内容激发学生的学习兴趣，让学生更好地接受思想政治教育，从而提高思政教学的质量。

（3）加强理论学习和实践学习的融合程度

实践活动的开展需要相关理论的支持，而理论的正确性也需要实践去检验，三全育人理念也不例外，需要将个人实践和理论的结合才能发挥效果。

目前，高校越来越重视思想政治教育工作的开展。但是，仅仅是在思想层面重视是不够的，有一些学校并没有创造思想政治教育工作开展的实践条件，也没有投入经费。在这样的情况下，高校想要更好地开展思想政治实践教学，需要利用社会中已经建设完成的实践场地，如博物馆、文化馆、纪念馆。高校可以在节假日、寒暑假组织学生去参观这些场所，通过实际的参观去检验理论的正确性；同时，学生也可以了解我国历史发展过程当中伟人们的高尚情操，通过实际的参观，让学生形成更浓厚的兴趣，学生会更愿意了解思想政治课程内容，这有助于学生主体性的激发。在后续的课堂教学中，学生也会更加配合教师开展各种各样的活动。除此之外，学校也可以联合当地的志愿机构让学生积极参与其组织的各项志愿活动。这样，学校就可以为学生提供校外的实践组织基地，通过参加各种各样的志愿活动，学生对思想政治教育实践活动的兴趣也会有更高的提升。

第二，借助于校园文化载体为学生的成长提供更好的育人氛围。校园文化可以成为思想政治教育活动开展的有效载体。校园文化主要是通过校园氛围去潜移默化地影响学生的成长，校园文化可以向学生渗透正确的价值观念，让学生形成正确的思考方式，养成良好的生活习惯。也就是说，校园环境也具有育人作用，可以帮助思想政治教育工作更好地开展，学校可以通过特色校园文化的建设，让校园文化成为思政活动的重要载体，一个学校良好的风气可以培养出更高质量的学生，可以让学生在德育方面的成长有更好的氛围支持。①为学生的成长构建独特校园文化。独特的校园文化是一个学校的重要标志、重要代表，如果学校可以构建出非常独特的校园文化，那么学校的学生也会更加骄傲、更加自豪，学生会在心理层面、精神层面更加认可学校的教学成果。独特的校园文化也为学生的精神发展及品德发展提供了良好的氛围支持，借助于校园文化，学生可以了解学校的发展历史，可以对学校所信奉的教学理念、所坚持的发展道路有更深层次的理解，形成更强烈的认知，学生毕业之后也会更愿意向其他人分享自己的学校，学生也会更加怀念自己的学校生涯。②注重校风、教风及学风的建设。这三个方面的建设是开展校园文化建设需要关注的重点方面。校风对学生思想观念、日常行为会产生潜移默化的影响，学校在构建良好的校风时应该强调学生的日常管理、学生的考试管理，学校应该建立严格的考风考纪，严格要求学生诚信考试，要引导学生自主抵御不良风气的影响，学校应该引导学生拒绝物质方面的攀比，应该引导学生去进行成绩奖学金等方面的比较，这样可以构建出更好的校风。

教风代表的是学校教育群体的素质水平。教风可以综合展现一个学校教师的道德素养、政治素养、才学素养及行为作风。学校的发展会受到教风的重要影响，如果学校有良好的教风，那么学校会高举精神旗帜，注重道德标杆地树立。良好的教风会为教学工作的开展提供更好的环境，也可以引导学生、激励学生，让学生的精神层面得到更好的教育。

优秀教风的培养要求学校管理层注重教学方法的创新，注重管理措施的改革，学校应该始终把学生的需要当作重点，从学生的角度出发去解决学生的学习需要、生活需要。学校只有始终关注学生、尊重学生，根据学生的需要去进行创新与改革，教育方式、教学管理才能发挥良好作用，才能培育出更优秀的学生，而且学校的管理者、教师应该平等地看待学生，应该注重自身工作态度的和蔼可亲，这可以让学生感觉教师是朋友，是可以亲近、可以信赖的人，这样学生才更容易打开自己的心扉，从情感层面接受教师的关怀和教育，而不仅仅是命令方面的纯粹服从。良好的教风功能有助于教学效果的提高，更有助于教学目标的完成。

教风的形成需要借助于校风的帮助。学校的校风会从整体上对教风的培养产生影响，如果一个学校的校风是认真严谨、诚实负责，那么教风也会受到良好的影响。在校风这个大环境的影响下，教师、教学管理者自然会对自身提出更高的要求，自然会注重教学方法、工作态度方面的积极转变。当学校的教风是有自身独特的办学特色时，学校的教风也会相应地显现出这方面的特色。也就是说，学校的校风会从各方面向教风进行渗透，在不断发展、不断升华的过程中，学校就会形成与校风相匹配的教风，良好的教风会让学校在社会当中有更好的声誉、有更高的知名度，学校自然而然会吸引更多优秀的生源，学校的学生质量也会有明显的提升。

第三，借助于网络载体创造出更优秀的育人效果。当今时代是互联网普遍应用的时代，互联网对人们的日常生活信息获取、思考方式、交流方式会产生重要影响。在互联网普及的情况下，人们也会更加注重使用互联网进行交互，对于思想政治教育来讲，完全可以依托互联网作为载体展开更丰富多样的教育活动。思想政治教育和网络的结合符合当下学生的发展需要，符合当下教育现代化发展的要求，而且互联网和思想政治教育的结合可以让思想政治教育活动利用网络具有的便利优势，可以让教师和学生进行更充分的交流互动。除此之外，思想政治教育也可以借助互联网快速传播，扩大教育范围。

疫情防控期间，我国人民遵循党的领导以及防疫政策，足不出户、居家办公、居家学习。在这样的情况下，教育部门也发布了相关通知，要求"停课不停教，停课不停学"。想要完成这一要求，必须借助互联网技术，思想政治教师完全可以借助于互联网作为知识的传播途径，对学生进行思想观念方面的教育。可以说，在当今时代，网络在教育方面已经显现出了重要作用。

借助互联网进行育人需要遵循现实思想政治教育的相关原则，需要借鉴现实思想政治教育的经验。在此基础上，综合考虑当今时代的鲜明特征，在思想政治教学当中引入适合的新时代元素，这样的结合能够让思想政治教育在当今时代更好地发展，能让思想政治教育获得全新的成果。举例来说，慕课就是依托于互联网建设出来的一种全新的在线教育模式，这种教育模式的特点是大面积覆盖、全天性开放、在线互动学习。慕课是在网络快速发展之后出现的一种全新的学习形式，它代表一种全新的教学理念，它的出现让传统的课堂教学局限被打破，让学生有更多的信息来源途径，有更多样的学习方式可以选择。慕课为学生提供大量的互联网知识资源，为学生提供可以在线进行知识交流、知识学习的平台，它的出现让学生的个性化学习需求得到了更好的满足。学生可以从平台当中搜索他们想要学习的名师的公开课程，自主选择喜欢的课程内容，自主进行资料查找，自主进行内容分析。也就是说，学生可以完全自主地进行课程内容的理解与吸收，不仅学生可以利用这个平台学习，教师也可以借助该平台去学习新的教学方式，获取更多的教学知识。分析高校目前的发展情况可以发现，高校可以使用慕课这种教学模式，让学校进行教学风格方面的创新，也可以借助慕课的方式为学生提供选修课程。可以说该平台的出现为思想政治教育内容的传播提供了更多的渠道，让思想政治教育内容可以传播到更大的范围，也为学校思想政治教学形式的创新提供新的选择。除此之外，借助网络进行知识传播，可以更好吸引学生的关注，学生更喜欢借助网络进行学习，而且学生可以自主选择时间和地点进行学习，这让学生掌握了更多的学习自主权。

2. 社会应该发挥育人方面的作用

人们是生活在社会环境当中的，所有活动的开展需要依赖于社会环境提供支持。所以，育人工作的开展也不例外，也需要借助于社会这个主体。社会和学校、家庭共同组成了育人主体联盟。它们都具有育人方面的职责与使命，社会想要发挥出育人功能，就需要整个社会都注重学生思想道德素质方面的培养，要让整个社会都注意到道德培养的重要性。当前社会比较注重学生智力培养，在这样的情况下，就应该引导社会当中的人们关注人才的德育培养，要让社会更加认同德育的重要作用。

第一，社会应该同时关注学生的德育和智育方面的平衡发展。之前，社会普遍关注学生在智育方面的发展，而当前社会要关注的是引导人们注重思想政治教育的重要性，关注学生的思想道德素质方面的成长，要对学生进行智育和德育方面的综合教育，这样学校、家庭及社会才能形成共同推进思想政治教育活动开展的合力。也只有注重德育方面的教育，才能建设出一个良好的社会环境氛围。从社会的角度来看，人才的培养不能仅仅关注物质方面的需要，还要关注学生在精神方面提出的发展需求。如果学生物质方面非常丰富，但是精神世界非常贫瘠，这会导致培养出来的人才虽然掌握大量的科学知识，但是没有较高的道德素质水平，这样的人才会对社会的发展会产生不利的影响。新时代下，人才的培养应该同时注重德育和智育，应该同时关注物质和精神，这样才能培养出合格的社会主义接班人。

第二，加强人们对思想政治教育的社会认同。加强社会认同可以让社会群体更深层次地了解思想政治教育的内涵和价值，可以让社会群体更加注重思想政治教学方面的实践。这里提到的社会认同指的是社会当中的群体集中认可某一方面的信仰和价值，并且采取了相同的行动。如果思想政治教育有了更强的社会认同，那么社会群体将会更容易接受思想政治教育，更认可思政价值理念，这在一定程度上有助于高校思想政治教育活动的推进。

在加强人们对思想政治教育社会认同的过程中，首先应该引导人们了解思想政治教育的主要内容、思想政治教育要遵循的规范以及思想政治教育使用的教学方式。在此基础上，引导人们认可思政教育的内容和结构。其次，要让社会群众对思想政治教育具有的内涵和价值形成更深层次的了解，了解了思想政治的本质价值之后，人们会对思想政治教育活动形成更强的信任，人们在参与思想政治教育活动之后也能获得更强烈的满足感、成就感。也就是说，这个阶段人能够做到情感上认同思想政治教育。最后，要引导社会群众将思想政治教育所提出的观念价值转化成自身的行为指导思想。也就是说，让思想政治教育的内容发挥指导作用，约束人们的行为，这样思想政治教育才算真正体现出了自身价值，才算真正在实际当中发挥了效用。社会群体在积极践行思想政治教育内容的要求时，也会从活动当中对自我有更深的了解，社会群众可以看到自我价值，当社会群体认识到自身价值之后，会更加注重自身价值的发挥，也就会更加积极主动地参与思政教育活动，严格遵循思政教育提出的行为规范。

3. 加强家庭思想政治教育的建设力度

家庭是学生日常生活所依赖的重要空间，对于思想政治教育来讲，家庭也是非常重要的教育载体。家庭可以在思政教育活动当中发挥育人作用，能够在一定程度上推动育人活动的开展。家庭想要在思想政治教育当中发挥作用需要家庭当中的成员，主要是家长学习新的教育理念，承担自身在教育方面的职责，并且积极地为学生树立正确的榜样，为学生成长创造优秀的家风。

第一，引导家长更新教育观念。想要实现家长教育观念的更新需要学校或者社会引导家长进行思想转变。比如，学校可以举办家长会，和家长进行积极的沟通，让家长形成强烈的育人意识，这样家长就会承担自身的育人责任。学生成长过程中大部分的成长环境都是家庭，学生会在家庭当中开展各种各样的生活活动、学习活动。家长除要监督陪伴学生的成长之外，也要引导学生形成正确的价值观念，还要让学生认识到自身的社会责任。家庭也是学生学习的另一个重要课堂，家长的价值观念、平时的行为习惯都会影响到学生的思想发展、行为发展。

开展家庭思想政治教育建设，首先要引导家长把家庭场所看成是对学生进行思政教育的主要场所，要让家长意识到自身也是思政教育开展的重要主体，学校应该引导家长配合自身的工作，也要定期对家长展开思想政治方面的教育。学校的辅导员教师应该加强和家长之间的沟通，以辅导员作为连接桥梁，学校和家长可以进行更好的教育衔接，持续对学生成长进行正确教育理念的灌输。通过对家长教育观念方面的教育，家长会意识到除了学校之外，自己也需承担育人的重要职责，这样家长会更愿意配合学校开展各种各样的活动，家庭也会成为开展学生思想政治教育的重要场所，家长也会自觉地成为习近平新时代中国特色社会主义思想的重要传播者。家庭对思想政治教育活动的参与可以让学生的日常生活也受到良好的监督和管理，当学生回归家庭之后，家长就要承担起学生思想成长方面的育人职责，避免学生思想出现不良波动。

第二，创建优良的家风。想要构建出优秀的家风，需要家长在家庭中做好榜样、以身作则，需要家长尊重学生的主体思想，需要家长为学生构建良好的家庭氛围。家风代表的是一个家庭长久以来形成的一种家庭风貌。家风的形成会受到一个家族思想信仰、价值观念、行为习惯的重要影响。

家风可以通过潜移默化的方式对学生的思想品德发展产生渗透作用，也在一定程度上引导学生思想观念的形成。如果家庭有良好的家风，那么学校所进行的思想政治教育就会无缝衔接到家庭当中，思想政治教育必然会获得更好的教育效果。大学生是非常特殊的学生群体，社会对大学生提出的思想品德方面的要求也是非常高的。所以，大学生除在学校接受思想政治方面的教育之外，回归家庭之后在一定程度上也需要继续进行思想政治方面的教育。这时良好的家风就是至关重要的。如果家长能够以身作则，为学生树立正确的榜样，向学生传递正确的价值观念，那么学生的发展就会受到积极的影响，就会受到正确的引导。优秀的家长会严格遵循思想道德规范去规范自身的行为，会在道德方面高度自律，这样的家长就是学生成长过程当中的积极榜样。在他们的影响和带领下，学生自然而然会养成正确的价值观念，会更加注重以理服人，也会平等地看待他人。

第三，强调家庭教育的重要性。家庭教育想要发挥作用必须建立在彼此尊重的基础之上，家庭成员只有从平等的角度出发才能进行有效的沟通，家长应该使用正确的和孩子交流的方式，以此来引导孩子价值观念的形成。家庭教育会对学生日后的学习生活、价值观念产生重要影响。家庭观念会在一定程度上影响学生最初对世界的看法、对世界的评价、对生活的认知。

良好的家庭教育需要家长以身作则，尊重学生的主体性，从平等的角度和学生进行沟通，这样学生才能和父母建立信任关系，才可能遵循家长的引导。大学生已经成年，有强烈的个性发展需要，注重平等，强调尊重。所以，家长应该站在平等的角度和学生进行交流，这样家庭教育才能真正发挥效用。除此之外，家长还需要了解学生在不同成长阶段的不同特点。在不同的成长阶段，学生个性、思想的变化都是不同的，家长需要针对性去处理学生的个性变化、思想波动。家长只有和学生进行深入的交流，才能真正了解学生的情感需求、思想发展需求，才能做出正确的处理措施。在家庭生活当中，家长应该与学生及时沟通，只有经常进行沟通，家长才可能及时关注学生思想方面出现的变化，才可了解学生学习和生活遇到了哪些困难。家长和学生的沟通必须温和，这样才能心平气和地解决学生发展过程中出现的情感波动、思想波动，引导学生形成正确的价值观念，为学生提供和谐、平等的家庭氛围。只有家长真正尊重学生主体、真正平等地和学生交流，学生才可能和家长建立亲密的信任关系，主动倾诉自己的问题和情感，也只有这样，学生才可能把家长当作是自己精神方面的寄托，将自己的实际想法告诉家长。综合来看，家长需要做到以上提出的要求，这样家庭教育才能真正发挥作用，家庭、学校才能形成合力，共同助力学生的发展。

（本节编者：李超君）

第二节　科学的评价体系

一、学生评价体系

为了掌握学生的学习情况与日常动态，学生评价成为教育领域最常用的评价手段。测验是学生评价目前使用频率最高的工具。除此之外，其他方法也可以用来评定学生的个性发展情况、思想品德状况及学业成绩。作为最容易吸引教育工作者注意的常规任务，学生评价有助于教师了解学生最近发生的变化情况与学习进展情况。

（一）学生评价的类型划分

划分标准不同，学生评价类型也存在差异。目前，常见的学生评价类型主要围绕以下两种标准划分而来。

1. 根据学生的学习表现评估学生的学习潜能

鼓励学生积极进取，促进学生全面发展，是构建学生评价体系的根本出发点。为了准确了解学生的能力倾向与学业成就，学习兴趣与个性素质，可以针对学生的学习表现，将学生评价划分为最佳表现评价和通常表现评价。

学生的学习表现与学习动机密不可分。在学习动机的驱使下，学生通常能够取得理想的学习效果。目前，用来评估与衡量学生学习效果的学业成就测验，以及用来评判并预测学生学习潜能的能力倾向测验，都属于最佳表现评价。

观察并记录学生的学习行为与日常表现，并借此评估学生的学习态度与学习兴趣，这种考察与评判学生个性素质和综合能力的评价方法即为通常表现评价。

然而，最佳表现评价结果与通常表现评价结果不可以互相替代。借助能力倾向测验与学业成就测验得到的学生评价信息，不能作为评判学生日常行为与个性素质的参考依据。

2. 根据学生的课堂表现评估学生的学习效果

围绕学生在课堂教学活动前后表现出的学习状态，可以将学生评价划分为预备性评价、形成性评价、诊断性评价和总结性评价。

课堂教学活动开始前，为了掌握学生的技能基础与知识水平，学生学习兴趣与教学模式的匹配情况，以及学生预习任务的完成情况，教师采用的评价手段即为预备性评价，也被称为安置性评价或者定位性评价。

在正常开展课堂教学活动的过程中，学生取得的学习成果及需要改进的学习缺点，这些反馈信息主要来自形成性评价。

在课堂教学活动稳步推进的过程中，借助访谈与测验等手段，查明学生反复犯错的原因，并由此形成高度专业化的评价内容，这种评价手段即为诊断性评价。

课堂教学活动结束后，为了判断教学目标的实现程度，并为教学策略调整提供有效信息，由此形成的学生评价类型属于总结性评价。

（二）学生评价的重要作用

教师在教学过程中合理使用学生评价形成的反馈信息，有助于提高教学活动的针对性。总体来说，学生评价对教学活动的促进作用，主要表现在以下五个方面：

1. 有助于教师把握课堂教学方向

学生的学习起点在某种程度上规定了教师课程讲解的边界。借助提问、作业检查、测验、谈话等手段，实施预备性评价，既可以帮助教师了解学生的预习情况，也有助于教师在阐述课程价值与意义的过程中做到有的放矢。

2. 有助于教师调整课堂教学策略

教师完成课程单元讲解任务以后，为了判断学生课程知识点的掌握情况以及教学目标的实现情况，需要实施总结性评价，了解学生的学习成果与既定教学目标之间的差距，并以此为基础，及时作出科学合理的教学决策调整。比如，总结性评价结果显示，学生的知识掌握情况与既定教学目标存在较大差距，面对这种情况，教师在开始讲授新的课程单元前，既需要面向全体学生开展教学补救工作，也需要针对知识掌握情况特别不理想的学生，采取个别辅导措施。

3. 有助于教师改进课堂教学方法

在教学过程中实施的学生评价，能够帮助教师及时获得与教学活动有关的反馈信息。当教学活动取得了理想的效果时，教师可以及时巩固已有的教学成绩；当教学效果与预期目标差距较大时，教师需要分析问题成因，有针对性地改进先前使用的课堂教学方法。

4. 有助于教师选取有针对性的教学方法

在学习过程中，学生会遇到不同类型的难题，如果不能及时解决这些难题，单纯通过施压或是责备，试图改变学生的学习态度，往往不能取得理想的效果。面对学生遇到的学习障碍，教师借助诊断性评价结果找准问题成因，并及时采取有针对性的补救措施，才能真正帮助学生解决困难。

5. 有助于教师激发学生的学习动机

学生面对评价结果与学习预期之间的差距，通常会产生难以抑制的焦虑。教师合理利用评价结果，帮助学生化焦虑为动力，能够有效提高学生的学习积极性。

（三）学生评价的现代特征

随着社会的不断发展，现代的学生评价已经和原来的学生测试大不相同了，现代的学生评价有着自身显著的特点，这些特点主要体现在以下方面：

1. 注重评价功能的形成性

在现代教育评价体系中，能否参与和推动教育的发展是一个重要的标准。在最初的教育评价阶段，测验主要是用来评价学生的，通过测验可以选出适合参与教育的学生。但现在的学生评价发生了改变，主要是用来判断和改善教育的。通过学生评价可以使教育朝着更适合学生的方向发展，这是传统教育评价与现代教育评价最显著的区别，也是教育发展最明显的标准。

2. 注重评价类型的多样性

根据现代教育理念，教育评价是为教育服务的，而且要提供的是全方位、多角度的服务。传统教育评价只是简单地总结性评价，而现代教育评价则会针对教育不同阶段的需求，循序渐进地开展不同阶段的评价，包括定位性评价、形成性评价、诊断性评价等多种评价方式。这些多样性的评价方式，可以为不同阶段的教育提供有针对性的评价，使教育评价在推动教育发展方面发挥更重要的作用。

（四）学生评价的基本原则

评价是激励学生奋发上进的重要手段。为了保证评价结果能够帮助学生重塑信心、战胜困难、超越自我、开拓创新，学生评价必须遵循以下基本原则：

1. 发展性原则

对学生的全面发展起到推动作用，是学生评价的根本宗旨与服务核心。在实施学生评价的过程中，教师既不能将评价本身作为评价设计的终极目标，也不能将评价当作打压学生的手段，更不能将评价当成提高升学率的手段。发展性原则是学生评价最基本的原则，该原则关注的是评价能否对学生发展起到一定的促进作用。该原则致力于用发展的观点看待学生，进行评价的目的是帮助学生建立自信，迅速发现并及时解决学生在学习过程中遇到的各种难题，并利用评价得到的反馈信息，帮助学生实现长远、健康的发展。

2. 全面性原则

帮助学生实现全面发展，既是教学目标的规定内容，也是学生评价的设计方向。全面评价学生在学习领域取得的成果，需要使用多种评价手段。测验作为灵活方便、简单实用的评价工具，可以用来评估学生学习效果与教学目标之间的差距，但是不可以将测验作为唯一的评价手段。此外，全面性评价原则要求教师必须根据评价内容选择合适的评价方法，二者的顺序不能颠倒。

3. 明确性原则

为了促进学生的全面发展，教师将评价目的与要求提前告诉学生，显得极为必要。具体来说，教学活动开始前，教师将评价目的与评价要求明确告诉学生，可以帮助学生提高学习活动的针对性。然而，在日常的教学实践中，部分教师选择在考前修订考试大纲，并根据修订后的考试大纲设计试卷，这种教学行为明显违背了学生评价的初衷，无法实现利用评价促进发展的积极效果。根据明确性原则的要求，教师的教学组织活动必须围绕教学目标展开，并根据教学目标有针对性地指导学生完成相应的评价活动。与此同时，学生也必须提前掌握教学目标的主要内容，这是学生评价遵循明确性原则的基本要求。

4. 过程性原则

在课堂教学活动的开展过程中，教师可以采用不同的评价方法，科学评估学生的学习效果。比如，利用预备性评价了解学生的基础情况，利用形成性评价掌握学生的学习成果，利用诊断性评价查明学生的学习缺点，利用总结性评价判断学生的学习水平。学生评价并非简单的学生分级鉴定，将学生评价限定为单纯的总结性评价，无疑是对学生评价的曲解与误读。学生享受的评价服务种类，在真正意义上决定了现代教育的质量水平。

（五）学生评价的主要步骤

学生评价需要遵循科学的评价规律，妥善处理技术要点，稳步提高评价质量。为了确保学生评价工作的顺利开展，在利用学生评价衡量学生的学习行为时，大致需要经历以下三个步骤：第一，设计评价方案。确定教学目标是评价方案设计的首要环节。在目标制定与方案落实过程中，教师需要预测学生的行为表现，设计信息的反馈途径，确定评价方式及代表性样本的获取方法。第二，实施评价。第三，分析评价结果。

1. 评价方案的设计

第一，确定教学目标，通过考试预测学生的行为表现。教学目标是设计考试内容的重要依据。考试作为学生评价的基本工具，可以用来监测学生的学习情况，以及教学目标的实现情况。教学目标是进行学生评价设计的核心。教学目标在教育和教学过程中具有重要作用，是教学的指南，也是对学生进行评价的依据。因此，在教学活动开始之前就要确定和呈现教学目标。每一门课程都要将教学目标作为评价学生的基本依据，没有这个依据，学生评价工作是无法开展的。

教育工作者的教学意向就是通过教学目标体现出来的，但在实际教育过程中，还是会发生很多突发状况，这是教育工作者事先无法预料的。所以，为了尽量克服这些突然情况的影响，对教育活动进行全面客观的评价，要事先针对各种突发情况做好预案。

第二，将教学目标具体化，并尽量对目标产生的负效应表现进行预测。上文提到的教学目标是较为抽象的，抽象的目标不适合作为学生评价的直接依据，应当将目标尽量具体化，使其成为可观察的目标，这样才能更好地满足评价需要。

确定教学目标对评价学生学习成果具有关键的作用。将教育目标具体化，使目标满足评价需要，这一点至关重要。同样重要的还有一点，就是要对教育过程中可能出现的负效应进行预测，并要对这种负效应可能出现的行为表现进行适当预测，这样才能在出现这些表现时及时采取有力措施积极进行回应。

第三，设计得到学生反应的方法、确定评定方式和得到代表性样本的途径。简而言之，这两步主要都是为了得到学生学习进展的信息，获取学生学习的方法与途径。

2. 评价的具体实施

评价实施过程需要进行记录，如测试卷的印刷、考场的组织、考试的安排等。这些问题都需要进行详细研究。如果进行的是非测验形式的评价，那么评价的组织实施还会有更多问题需要研究。

3. 对结果的分析

学生评价的最后阶段就是对结果进行分析。这种分析包括对评价质量的分析，还包括对教学过程中产生的问题的分析，当然这些问题都是通过实施评价才发现的。

二、教师评价体系

（一）教师评价的模式

在教师评价的模式下，教师评价的准则是核心，这种评价方法将评价准则与途径进行了有机结合。

1. 教师职责评价模式

这一评价模式的提出者是斯克里文，其研究基础就是教师职责的评价准则。斯克里文希望这种方法既实用又有效，但不可否认的是，实用和有效这两个要求之间是有冲突性的。

在这种评价模式下，教师是负责任的专业教育者，而且他们在履行教育职责时也具有一定的自主决定性。这一模式有这样的假设前提：对于教学效能核定和系统的专业发展的需要，教师都是认可的，而且这两者都是经过系统评价的；对于那些无效的、非必需的、不公正的或者无用的评价活动，教师也是希望能够避免的。所以，为了找到有效的评价方法，我们需要找回初心，反复询问"学校把教师请来干什么？如何判定这些工作是否已被充分地或很好地完成？"

说起教师的职责，我们自然会想到的是要传授给孩子适当的知识。具体说来，可能最常见的就是批改作业、完善教材、同家长沟通交流等。实际上，上述行为都是在基本职责基础上的次级职责。对教师职责进行评价既可能是复杂、费时和无益的，也可能是有效的、可管理的和具有程序性的。所以，这就需要我们对教师的基本职责进行明确的说明。应当说教师的基本专业职责应包括以下方面：

第一，了解自身职责。例如，对本地区本学区基本法律法规、规章制度的了解，对学校的特定期望的了解，等等。

第二，了解学校及社区。如了解学校及教职员工的特征、背景、教育理念和人文社会环境等。

第三，了解教材。这里主要有两方面内容：一是特定专业范围内的专业知识。在专业知识领域内，教师要能对教学内容进行基本的筛选、备课和输出，能用恰当的方法检测出学生对这些知识的掌握程度，教师要能准确回答出本专业领域内的多数问题。二是交叉学科的通识知识，如英语、学习方法、计算机知识等。当然，这些通识知识在不同阶段和不同层次上又会有不同的要求。

第四，教学设计。斯克里文将教学设计分成以下六个方面：

一是教程设计：教师根据本门课程的基本要求、测试程度，结合学生的成绩、能力和对信息了解程度等方面，制定符合实际的教程计划。

二是教材的选取与更新：对于所提供的教材，教师能够在多大程度上进行选择和更新是影响该步骤的重要因素。但教师选取和更新的内容应当是正确的、新颖的和全方位的，如果可以的话，还要尽可能是经过自己精心设计的。

三是教学资源的合理使用：教师可以合理使用教学资源，如图书馆、计算机、教室和教学设备等。

四是教程与课堂教学评价：教师需要了解学生在教学内容、方法，教学程度、进度等方面的需求，通过了解学生在上述方面的需求和能力，对学生做出评价；而且教师需要了解关于课堂教学是否成功的信息。因此，教师要通过讨论、调查、观察、谈话等方式在课堂上或课外去搜集相关信息，为以后的深入分析和完整记录做准备。

五是特殊群体需要的知识：教师在教学过程中很有可能会遇到一些特殊群体，如学习进度特快或特慢的人、使用他族语言的人等，这些特殊群体对知识会有特殊需要，因此也要了解这些特殊需要。

六是人力资源的使用：要能够恰当使用专业人才，在专业的领域和适当的时候能够有专业人才可使用，如影音专家、课程编制专家等。

第五，收集学生学习信息。这一职责的内容主要包括四个方面：

一是考核技能：教师要能够设计、管理和筛选组织一些适当的测验，通过测验使老师和学生以及管理部门提供一些学生在学习进步方面的基础信息。这种测验包括整体的观察、项目分析等。

二是评分、判断的知识：评分有综合评分和单项评分，对于这两种评分方式，教师要清楚地知道二者的优缺点，懂得如何设计和应用评分规则，掌握每次测验的效果及进行中间判断的差别，学会控制测验产生的焦虑反应，通过评分查找严重的学习错误。

三是评分的过程：尽可能地避免各种偏差，在论文式测验中更应如此。

四是分数的分配：分配分数时要做到前后一致，即同等的完成质量应当给予相同的分数分配。

第六，提供学生学习信息。教师应当将学生学习信息提供给学生家长、管理部门和学生自己，针对学生，教师提供的学习信息应当主要是学生的课堂表现以及测验结果；针对管理部门，教师应做到的是根据学生一段时间的学习情况，发现教学问题及学校在教学设备和后勤支持上的不足，寻求学校的帮助；针对家长，教师应当及时将学生情况与家长进行沟通，使家长了解学生个体和班级整体的学习情况，教师还可以通过交流得到家长相应的支持和理解，共同帮助学生进步提高。

第七，课堂技巧。这里的技巧包括两方面的技巧，一是沟通的技巧，二是管理的技巧。其中管理的技巧不局限于课堂管理技巧，还应包括紧急情况下能够从容面对和合理安排的技巧。

第八，个性特征。这里主要指专业提升和正确积极的敬业态度。

第九，专业服务。专业服务包括：一是专业知识，这里的专业知识包括本专业历史、作用、性质和当前主要问题等方面的知识；二是专业道德；三是教师之间的互相帮助和对新同事的帮助；四是除教学外开展的一些专业工作，如组织一些课题小组、出版专业文章、安排学术论坛等。

2. 收集教师职责评价资料的方法

这里的收集方法主要包括：一是判断。要由多方进行判断，既应当有被评教师、其他教师，也应当有学生、家长及相关管理部门的有关人员。但是，教师之间跨学科的交叉评价是教师评价模式中不太提倡的，只有具有相同学科背景的教师对教学内容的判断才是具有重要参考意义的。二是已形成的资料。例如，学生的出勤记录、成绩情况、推荐材料、学生的作业、测验等。教师的记录包括课时安排，有关学生、班级或教材的整体材料。个人的记录包括原始的业务档案、表扬与批评信、要求转班或入学的申请及评分的记录等。三是观察。这里有管理人员、学生和教师的观察。观察的范围有教师在课堂、办公室、会议室等场所的表现，还有教师处理各种人际关系的方式。四是测试的资料。这种测试是他人安排实施的。五是教师自述材料，如自己的发展计划、个人自评、个人学习成果、课程评分的依据、教材选择的基础等。

（二）教师认知发展评价模式

教师认知发展评价模式由加利福尼亚州立大学科斯塔等人开发，是一种新方式，将一些不可观察的教学技能作为被评因素，从而开启了一种新的评价思路。教师的认知发展评价是对教师自我修正能量的诊断和评定。教师的自我修正能量指的是教师能够参与到自己的教学认知过程中，并对这一过程有所意识、不断改进的能力。"能量"一词，就代表着拥有一种能够去做的能力（还包括目前尚未具备的能力）。教师对教学的认知过程在教学活动的前、中、后都有发生。

（三）教师活动评价模式

教师活动评价模式由雷德芬提出，大致包括以下六个步骤。

1. 建立职责准则

要开展评价活动并成功完成，首先必须要对工作的内容进行确定，这一点对评价活动来说是十分必要的。教师和管理人员都需要清晰地理解自己岗位的工作范围、工作内容与工作职责，对于评价人员而言，同样需要对这些有深入的了解。

2. 鉴别社会需要

由教师与学生合作确定的社会需要，具有影响未来教学基本方向的现实价值。巩固并扩大教育领域，书面记录师生的基本需求，整理师生提及的非正式意见，并在实际的教学活动中，明确双方的社会角色，是社会需要鉴别的主要内容。

3. 确定目标与行动方案

在确定需要之后，就要开始进行评价活动目标与方案的确定。从活动目标评价法的角度来看，评价活动应对教师工作的各个角度和各个方面都有所涉及，尤其是要重点关注教师需要巩固、改进和提升的方面。在这一阶段，确定的目标可以是一般性的也可以是行为化的。一般性目标的制定过程本身并不复杂，但是由于缺乏观察、判断与实施的现实条件，容易造成评价活动脱离客观实际，单纯凭借主观想象对评价流程做出判断。行为化目标制定过程复杂，既耗时又对评价者的技能水平要求较高，当目标涉及情感因素时，整个过程将变得更加复杂。然而，与一般性目标相比，行为化目标拥有观察、判断与实施的现实条件，评价结果主观成分较少。总之，目标确定是目标实现的前提与基础。一般性目标与行为化目标都需要在指定时间内按照规定程序完成，定期检查目标的完成情况，可以为行动方案调整提供依据。

4. 实施行动方案

作为整体活动形式存在的评价活动，涉及的人员关系十分复杂。伴随着评价计划的稳步实施，评价者必须确定帮助被评对象的时间与形式。在这个过程中，与评价者和被评对象都有交往的活动负责人，不仅需要检查评价活动的开展情况，还要积极关心被评对象的日常生活，并与教师等评价者保持密切联系，只有做到这些，才能保证方案顺利实施。

5. 评价结果

在围绕评价目标落实评价活动的过程中，可能会得到与教师评价活动相关的其他成果。利用讨论的方式开展评价活动，需要整合并汇总教师的自我评价与他人评价，形成总结性评价报告作为可供参考的评价结果。

6. 讨论结果

作为教师活动评价模式的关键步骤，评价结果的讨论既要关注现实问题的解决办法，也要争取评价活动参与者的相互理解，并借助成绩与问题的讨论，明确评价活动的后期改进思路。

以上三种评价模式分别从不同的角度对教师评价准则和方法进行了探讨，这为人们对教师评价相关问题进行更深入的研究奠定了基础。

三、教学工作评价体系

（一）教学工作评价的意义

教学工作评价一方面能够反映出一所学校办学水平的高低，另一方面又可以用来评估考察学校的教学质量。教学工作评价的意义可以从以下三个方面来分析。

1. 教学工作评价能够引导学校端正办学方向

教学工作是最能够体现学校办学思想的地方，思想是否端正能够在教学工作中一览无余。教学工作的评价对象不仅包括教师的教学工作，还包括管理人员的教学思想。因此，它能够充分展示出学校的教学思想方向，并帮助学校对这一思想进行端正。

2. 教学工作评价能够督促学校工作人员关注教学质量

学校教学工作评价不仅考察任课教师在教学方面取得的成果，而且关注全校工作人员在促进教学质量提高方面做出的努力。学校教学质量的提高，需要教学工作评价发挥出其监督作用，它能够促进学校工作人员的教学思想与教学水平，对提升整个学校的教学质量有着至关重要的帮助作用。

3. 教学工作评价能够帮助学校发现并解决工作中的问题

任何学校都会在教学工作中存在一定的问题，而学校教学工作评价恰好能够帮助学校发现、分析、总结在教学工作方面存在的问题，从而有针对性地进行改进。

值得注意的是，学校教学工作评价往往会涉及对教师教学效果的评价，进行这一评判的主要目的在于能够对学校教学工作尤其是学科教学工作中的具体问题提供参考。这也是教学工作评价与教师课堂教学评价的重要区别。

（二）教学工作评价的范围

1. 教学思想建设

所谓教学思想建设，指的是教师必须完全理解并充分掌握教学大纲明确规定的要求，坚定不移地推行面向全体学生的素质教育，在因材施教的同时，要把握好知识与能力的关系，既要教书又要育人，要从多个角度保证学生实现个体的全面发展。

2. 教学管理制度建设

所谓教学管理制度建设，指的是要明确教师等相关人员在教学工作中始终遵循一定的行为规范，并对这一规范做出明文规定。教学工作中的行为规范主要包括学籍管理制度、教研组备课制度、听课与检查制度及一系列奖惩制度等。

3. 教研组建设

教研组建设，指的是教师梯队力量的建设，要对教师进行合理配置，保证教师团队的结构科学化、合理化，从而全面提升教师队伍的业务水平。此外，还要重视学科教研组的客观条件配置，不同的学科对客观条件有着不同的需求，如理科重视实验条件、文科重视图书资料、劳动重视实践地点、体育重视标准操场和跑道。

（三）教学工作评价的量表

量表是一种标准、一种客观的尺度。有量表作为标准物才能开展具体的测量与评价活动；反之，如果没有量表作为尺度，那么测量与评价活动将无法开展。

1. 名义量表

名义量表是一种最低水平的量表，但是在心理与教育测量学中一直被广泛应用，这种量表和分类之间有着密不可分的关系。在名义量表的水平上，对被测变量只能进行定性的描述。举例来说，在客观式选择题中，虽然每一题都给出了多个选项可供选择，但其实在作答的时候，这些答案只是被按对或错来进行区分的。

2. 位次量表

位次量表是一种用反映事物相对关系的数值来表示的量表。举例来说，按照学生成绩可以确定前三名，但这个数值仅能够代表一种次序，而不能进行加减运算。

3. 间距量表

在间距量表上，单位间的距离确定，但变量不具有 0 点。因此，所表示的数值可以做加减运算，但不能显示倍数关系。

4. 比率量表

比率量表是测量中最高水平的量表，它不但具有等距、等质的性质，而且具有 0 点，因此在物理学中被广泛应用。

对量表的分类一方面能够启发人们进行思考，另一方面对实际的测量活动也具有十分重要的意义。但是，受到数学发展的局限性影响，以上四种量表并不能将人行为与心理等其他重要量表区分出来。因此，从事实上看，它对于很多教育测量中出现的事实还无法进行明确有效的解释。举例来说，在论文式测量中，"分"应当怎样。众所周知，语文老师在批改一篇作文的时候，并不是仅仅按照名义量表中提供的固定尺度来打分的，也并非按照其他三种量表进行评价。由此可见，再引进一种模糊量表是十分必要的。

事实上，模糊量表其实一直被人们所运用。美国数学家扎德于 1965 年提出模糊数学，在此之前，人们对"模糊描述"变量还没有清晰的认识，而认识对变量的描述，实际上对认识论文式测验和行为评定中的打分方法具有十分重要的意义。学习和心理变量的模糊关系描述法对分类描述进行了推广。在分类描述中，变量的分类原则是非此即彼的，但我们的生活中存在着很多具有模糊界限的现象，不能单纯地用对错、是非来界定，这些现象中普遍存在着一种模糊的状态，不是"非此即彼"的，而是"亦此亦彼"的。举例来说，我们在考虑学生的学习动机时，就不能单纯地用好和坏来表述，而是要作出动机明确、动机不太明确、动机不明确这样的评价，从这个描述中就可以看出变量本身所具有的过渡性和模糊性。而使用模糊数学对变量进行描述，就是在认识到这种中间过渡状态的前提下进行的。同学生的学习动机一样，教师的教学态度也是一个模糊的概念，无法用好和坏来直接评价。对于一位教师教学态度的描述，我们可以说较好，这首先确定了好的程度，然后可以再用一个数字来表示这个较好的程度，这就是对变量进行模糊描述的过程，这一过程从本质上讲确定了变量属于的状态及程度。

还有一点需要指出，实际进行的测量活动虽然能够按照上述几点进行分类，但这种分类的意义只是相对的。第一，人们对事物的认识是不断深入的，测量的工具也在这种认识中不断完善，人们开始会使用较低水平的量表对事物属性进行描述，而后来则开始使用较高水平的量表。第二，对于复杂的测量活动，可以在不同的阶段使用不同的量表。举例来说，在对某个班级的学生进行视力测试，确定近视眼人数时，首先，要对每一位学生进行视力测试，按照名义量表的数值确定学生是否患有近视；其次，将所有患有近视的学生累计，得出总人数，在这一步又使用了比率量表。在测量时，应对以上两点有充分的了解和认识，否则可能会出现对测量活动认识不清晰的情况。

通常来说，量表的级别越低，人们运用起来越简单。因此，名义量表的运用是最广泛的。但在教育评价中，如果需要对一些较为模糊的事物进行评价时，人们通常会使用等级量表的形式。从本质上来看，这种形式将模糊量表还原成了多类别的名义量表，从而有利于人们对模糊属性的事物进行评价。

（本节编者：刘丹丹）

第三节 教育工作各项标准

评价准则问题在任何评价活动中都会出现。所以，从教育评价整体来讲，就需要格外重视科学评价准则的制定。比如，在"教师工作"的评价过程中，就需要探讨教育工作中的各项标准。

由历年教师评价的结果得知，下述方式中，不仅仅是评价技术最简单的途径，也便于教师接受。需要说明的是，教师评价受很多因素的影响，教学质量是核心考核要素，考核人员应该抓住重点，不要本末倒置。

第一，教师应与学生建立良好的关系，并让这种关系的建立与教学任务结合在一起。受诸多因素的影响，在师生的日常交往和师生关系的建立过程中，不可避免地会出现许多矛盾和问题。因此，教师必须以一种积极主动、平等守信的心态来与学生交流、互动，建立良好的沟通关系；教师要想提高教学成果，就需要进一步了解学生的生活阅历和学习经历，并了解这些经历对学生学习的影响；教师要感知学生学习过程中的特殊情况，并进行及时调整。

第二，鼓励学生主动参与多样化的教学实践。教师要对学生积极主动的自我表达进行鼓励，无论是在课堂上还是课外，都要将自己的见解勇敢地表达出来；鼓励和引导学生围绕教学内容质疑；充分发挥其对校内外活动的组织协调能力。

第三，培养学生对个人思想明确表达的能力。教师要具备清晰的思路和较强的逻辑能力；运用形象生动的语言，确保深入浅出地表达中心思想。

第四，确定思想表达能力。思路清晰，逻辑表达能力强；语言深入浅出，鲜明生动。

第五，整理相关资源，争取资源的最大化利用。教师要合理利用现代化多媒体教学设备；科学有效地应用互联网资源，了解本学科的发展前景；充分利用周围的人脉资源，帮助学生高效进行调研活动。

第六，新环境下的融合及自我评判能力。教师要根据当前教学的任务，合理安排教学计划，并在教学过程中及时查漏补缺，弥补授课短板；根据目前的教改目标，调整自己的授课要点；从学生目前的知识掌握状态，发现授课中的不足，并及时调整，保障完成教学目标。

对于教师改进工作而言，基于这种教师评价标准而获得的反馈信息具有重要的指导意义。换言之，教师的总结性评价也可以对这些积累起来的资料进行有效借鉴。

（本节编者：李超君）

第四节 评价方法

一、学生评价方法

考察与评估学生的阶段性学习成果，即为学生的成绩测评。如何编制一份综合考察试卷，是教育测量的一项重要考核标准。但是，教师评价学生的标准可以从改变以往教学理念、革新思想道德教育方式、科学制定评价标准、实现班级管理、深化家庭教育一体化等方面入手，开展思想道德教育，以提高教育的实效性。

心理学家弗洛伊德认为，早期经历对于一个人成年后的个性发展有着不可低估的影响。从心理学角度看，人的内在品质是无法直接洞察而来的。就现阶段而言，尚未研究出一个直接测量工具，可以让教师得到学生真正成长与进步的实际情况。如果被评价者的个性无法为其他人所观察到的同时又缺乏合理有效的测量方法，那么这种情况就会导致被评价者无法得到科学客观的个性评价。

外在展现出来的行为是人内在心理品质的集中表现。所以，人们对他人个性、品质和能力的了解可从对他人言行的观察入手，从这个角度来讲，这不失为对一个人的个性和其他内在、抽象品质进行判断的重要方法。人们对其他人内在品质的认识，一般采用的是从细节之处着手预见其未来的发展趋势，从表面现象探究内在本质，由具象存在思考微观思维，由外在探究内在的方法，同时，这也是对人的心理品质进行评价的重要方法。具体来讲，这种认识思路主要涵盖以下方法。

（一）刺激—反应法

作为一种对人的心理进行测量的基本方法，"刺激—反应法"在各种教育测验和心理测验中的应用，就是基于一种外界刺激来对被评价独享的反应进行观察的过程，这个完整构成又可分为系统的刺激、突然的刺激和模拟自然的刺激三种不同类型。

1. 系统的刺激

各种系统性的刺激多通过多样化的心理测验表现出来，而用于心理测验的各种手段（如问卷表、自陈量表、投射技术），都是基于评价者的精心设计而提供的系统刺激，这种系统刺激主要包括以下三种方法。

第一，量表测定法。量表测定法是对学生的态度进行了解的过程中应用最为普遍的方法。而态度测量的工具就表现为态度量表，它是一种包括若干问题在内的测量工具，当通过提出这些问题来刺激被测者的时候，被测者需要给出相应的反应；它不仅拥有多元化的形式，更具有极强的针对性，即可以实现专门围绕某一种态度对象进行设计。

在态度量表的设计过程中，通常需要重点考察两个指标：其一是态度的方向，也就是针对所测问题，被测人所给出的相应反应（可以是肯定，也可以是否定）；其二是态度的强度，也就是被测者在认知所测项目、表现情感等方面的程度，简单来讲就是态度的深度或力量。

在评价过程中渗透量表法，既要保障评价项目与被测态度之间的相关性，以实现有效评价，又要设计清晰的、具有可分辨性的项目。在态度测量方面，应用较为普遍的量表有博格达斯量表、里克特量表和瑟斯顿量表等。

第二，自由反应法。应用量表法对态度进行测定，其测定对象主要是一种情感态度，倘若要对态度中的因素进行全面掌握，就需要应用尊重人们自由表达权、充分反映人们的态度的自由反应法。比如，可以询问被测者如何看待思想教育这种开放性问题，并让被测者以任何形式和内容进行回答。

第三，投射调查法。作为一种应用间接方法来对一个人是如何看待某一事物进行了解的过程，投射调查法对人们的态度进行测定主要是通过对人们在某种刺激物刺激下所产生的联想进行分析来实现的。在大多数人看来，这种联想集中反映了某个刺激物所承载的人们内心深处的憧憬和想象、要求与思想、意识与方法等。相较于自由反应法，该方法的独到优势在于能够使被评价者态度的表达摆脱时间和空间的局限，简单来讲就是，将自己内心深处潜藏的真实情感与态度在一种悄无声息的状态中得到投射。

2. 突然的刺激

作为一种社会生物，人往往有一种趋利避害的本能属性，他人在日常生活中所看到的人所展现出来的面貌可能并不真实。在某些特定的情境中，经过特别的设计，被评价者对刺激所作出的反应往往会尽可能地与其所认为的社会能够接受的方式保持一致。在一种突然刺激的作用下，能够使人们对真实信息的捕捉更为有效。在心理学看来，在突然刺激的影响下，人往往会说出真心话，并展示出其本来面目，但在一般场合中，这些真心话并不会轻易被说出来，其本来面目也并不常见。可以说，基于一种突然刺激，人们很难观察到的被评人的情绪倾向在这种特定场合中暴露无遗。

3. 模拟自然的刺激

在模拟自然刺激的过程中应用最为普遍的方法就是情境性测验。它以已知情境中人们的态度、志向为依据，来对人们在另一相似情境中的相似个性特征进行预测。具体来讲，情境性测验需要对一种自然情境进行模拟，还需要对被评价人员在特定情境下的反应进行观察，并完成相关信息的收集，在此基础之上对其在相似情境中的心理品质进行判断。

在测量与评价社会交往能力时，就可以应用模拟自然的刺激反应方法。比如，某个学校举办了一场旨在对学生的社会交往能力进行全面了解的晚会，并邀请本校不同专业且日常交集基本为零的学生前来参加。晚会的整体氛围十分融洽，举办者在开场之前需要说明本次晚会的初衷，即为大家提供一个休闲娱乐的时间，以帮助学生有效缓解繁重的学习任务所带来的心理和身体负担。晚会上半场，学生可以自由交流，下半场就是正式的晚会，临近结尾时，举办者需要给每一位与会者发放一个纸条，要求与会者在纸条上一一列举新结识同学的基本信息（如姓名、性别、专业、年级及学校职务等）和其他相关信息。通过调研发现，每位与会者在交往能力方面具有明显的差异，在这种差异影响下，他们就会主动地结识那些与个人兴趣爱好相吻合的同学，也会在数量和结识深度上有所区别。通过对比数量和深度两个维度的信息，举办者就可以以一种客观的角度来评价与会者的交往能力。

以上所提到的三种方法都是基于特定的刺激来对被评者的预期反应进行观察的方法。从某种程度上来讲，这种思路和方法也为人们对他人的心理素质进行评价提供了参考和借鉴。

（二）现象—本质法

除了刺激—反应法，日常生活中应用较为普遍的另一种评价方法就是对被评对象进行直接观察，基于观察学生的行为，教师还需要以评语的形式来点评学生的思想品质。以哲学的观点来看，以显现在外的行为为切入点就是由表及里、由现象到本质的集中体现。综合对比刺激—反应法和对被评对象的日常生活进行观察可知，前者是对特定刺激下被评对象的表现进行收集，后者是对真实生活情境下被评对象的表现进行收集。

但是，事物的本质并不等同于事物的表现形式，现象具有明显的多变性、多元性和多样性。所以，必须立足现象来评价事物，通过对事物本质属性的精准把握来对事物进行正确地评价，然后通过对这一属性的现象性外观表现的观察来对该事物进行评价、了解和判断。在评价心理品质的过程中应用这种方法，需要建立在人们对被评对象的本质的深刻理解和全面认识的基础之上，只有满足这个基本前提，才能确保评价主体能够正确把握本质，才能保障心理评价的有效性。

二、教师评价方法

（一）教师自评

作为教师评价的重要组成部分，教师自评既能够完成必要信息的收集，又能够使教师对自我树立正确、客观的认识和判断。从某种程度上来讲，教师对自我的评价过程集中反映了教师对自我的激励和提高。

（二）学生评教

作为教学的主体，学生能够深刻地了解教学目标的达成情况、良好师生关系的构建情况等，以学生的视角来评价、描述与界定教学环境，所得到的评价结果也更为客观。教师的教学效能因素对学生有直接影响力，相较于其他突然出现的评价人员，学生观察的细致、全面优势更加凸显。除了极大地便利了师生之间的交流，学生参与评教工作对于教学水平的显著提高同样具有重要意义。对于其他学生而言，他们也可依照学生的评教结果来完成个人选课。

（三）同行评议

除了对形成性评价发挥着重要的潜在影响，同行评议有助于营造一种和谐向上的氛围，以促进教师的专业发展。而之所以同行评议具有如此重要的地位和作用，就在于同行在教师能力的评价方面具有绝对的发言权。同时，由于评价者十分熟悉课堂教学环节、教材内容及教师需要具备的能力和素养。因此，由同行对教师进行评价，并给出相应的意见和建议就有明显的实用价值，对于提高教师的工作效率和质量具有重要意义。为了使同行评议的质量得到显著提高，学校应当进一步完善听课与观摩制度，使教师能够正确看待别人的长处和自身的不足，并在取长补短的过程中，实现双方的共同进步，同时使同行评议中的主观臆测成分得到有效降低。

（本节编者：李超君）

第五节　评价手段

以一定的教育价值观或教育目标为依据，采用科学手段，对信息进行系统收集和分析解释，并从价值层面判断教育现象，这就是教育评价。通常来讲，作为教育质量显著提升的重要举措，教育评价手段可以分为预评价和再评价。

一、预评价

所谓"预评价"，通常指的是同一个人既是被评价对象，也是评价主体，由其开展的自我评价，也可称其为"预备性评价"。除了从数据信息方面来支持后续再评价活动，预评价也对自我改革有着重要的促进作用。具体有以下作用：

第一，预评价的目的是为再评价提供信息资源。评价者对自己的了解最为透彻，所以提供的都是重要的信息，可以说，预评价决定了再评价的信息程度。

第二，预评价是被评价人进行自我反思、自我诊断的过程。

第三，预评价过程也是被评价单位自我调整的一个过程。所谓"预评价"，是个人、企业单位和社会团体站在全局视角来审视检查、分析评估某一时期、某一项目、完成或部分完成的某些工作，以发现其中的成长与进步、总结成功或失败的经验及规律性认识，并清晰认识个人与他人的差距，以对教育工作整改起到了促进作用。

二、再评价

由专家组成员作为评价主体给出的专业评价，即为再评价，也可称之为"确定性评价"，具体作用如下。

第一，再评价有助于提升可靠性。确保所有教育行为、教育思想、教育体制与教育基本规律的一致性，为实现教育的本质回归提供必要的支持和保障，这是教育评价改革的最重要目的。而教师评价活动的开展就是引导教师树立教书育人的根本价值追求。再评价是自我评价的二次审查，能纠正自我评价的偏颇。评价活动中可以对自我评价夸大优势、弱化劣势的情况予以改正，从而提升评价活动的合理性和科学性。

第二，再评价有助于提高评价的客观性、权威性。再评价的专家组成员都是来自社会各界的专业人员，由他们根据调查信息开展评价工作，能提升评价的客观性和权威性，学生的接受程度也比较高。

教育评价中的专家组成员因为分工不同、部门不同，决定了他们评价的出发点不同，利于横向比较发现评价单位存在的问题。

（本节编者：李超君）

第六节　形成性考核

以使"学习"成为一项终生活动，不再受限于时间和空间为建设愿景，充分整合各种不同的学习网站，使各种应用服务和学习资源的优势形成一股合力，从而完成涉及各个层级、各种学校和教育机构的终身学习与服务体系的构建。全国各地的高等院校人才培养模式和教学评价方式也发生巨大改变，大家将关注点转移到学习过程评测方面，更加注重教学质量考核。

形成性考核的内容是考查教育客体的学习过程，是一种以非集中性为主要特征的考核方式。与集中性考核有严格的考核地点和时间限制不同，形成性考试不再受限于地点和时间，变得更加自由、灵活和自主，在整个学习阶段都可以开展形成性考核，以重点掌握学生的阶段性学习效果和学生吸收知识的不同程度等实际教学水平。同时，也可以在学习的某一时期组织形成性考核。从考核地点来看，无论是学校安排的指定考场，还是学校范围之外的场所，均可用于形成性考核的组织。其最终想要达到的效果是了解学习者的学习情况，实现教学模式进一步优化、教学质量显著提升，充分激发学生学习的自主性，从而提升其综合素质。

一、形成性考核的优势

（一）对学习情况进行实时反馈，以促进学习效果的提升

"形成性考核"指的是评价学生在教学活动中的学习行为和能力发展全过程的方式。这种评价考核方式能够系统化地反映学生的实际学习情况、阶段性的学习成果，从而可以衡量是否完成学习教学任务，为后续的教学方案调整提供可靠参考。形成性考核也是促进师生关系的重要桥梁，教师可根据学生的阶段性学习成果，了解其对课堂知识掌握的现实水平，并提高教学的针对性，学生也可以根据形成性考核的结果，对自己的学习方法进行有意识地调整与优化，从而实现学习呈现显著提升的最终目标。

（二）确保公正客观的考核结果，并调动学生学习自主性

形成性考核具有多样性，在一些以"学习者为中心"的学校里，形成性考核这种更为动态和科学的评估手段已经成为学校评价体系中一个重要的指标。教师将对学习者的某个阶段的所有学业活动、学习态度、学习自信心，包括学生做出的种种努力都给予及时的反馈与指导，并能够使教师根据学生进度调整和修正教学计划和内容；而学生则能

够根据这些形成性考核评价，结合教师的指导意见，更深入地理解课堂知识，并积极思考创新，激发学生学习的主动性，使其完成知识考核的目标。此外，这种方式能充分考核能力、价值观、情感、学习态度，提升学生的综合素质。

二、形成性考核的优化

（一）在授课过程中渗透小班额、导师组的方式

将小班制度与形成性考核有机结合，既能够对学生进行很好的照顾，另一方面可以减少教师的授课负担，能实现全班师生的互动教育，使教师能关照到每一位学生，从而促进良好教学关系的建立，更好地完成教学任务。形成性考核的人数一般为 25～30 人。此外，也可以应用导师组授课的方式来开展形成性考核工作，导师组通常包括擅长不同教学方式的多位教师，由其共同完成一门课程的教学任务，并选定一人为主讲老师，其他辅助，多人努力，共同完成形成性考核任务。针对一些教师资源匮乏的学校，为了完成形成性考核，可将教师资源放宽至研究生。

（二）加强授课教师的继续教育

对于教师而言，形成性考核是一种新时期的教学考核，加上教学本身存在的问题，所以要强化授课教师的继续教育，包括两方面：一方面，这是教师对自身教育学和心理学的知识强化，针对这部分普及教育，可采用公开授课的方式进行集中培训；另一方面，形成性考核教学模式的培训是由各行业专家通过实地观摩加指导的方式，直观教学，方便让授课老师实践模仿。此外，教研立项的方式也应当在各高校形成性考核中普遍应用，基于必要资金资助，为其提供所需资源，助力其完成形成性考核的深入研究。

（本节编者：李超君）